专利代理人执业培训系列教程
ZHUANLI DAILIREN ZHIYE PEIXUN XILIE JIAOCHENG

专利复审与无效代理实务

ZHUANLI FUSHEN YU WUXIAO DAILI SHIWU

中华全国专利代理人协会　中国知识产权培训中心/组织编写

陶凤波/主编

知识产权出版社
全国百佳图书出版单位

图书在版编目（CIP）数据

专利复审与无效代理实务/陶凤波主编. —北京：知识产权出版社，2013.1（2019.3 重印）

ISBN 978 – 7 – 5130 – 1867 – 8

Ⅰ. ①专⋯ Ⅱ. ①陶⋯ Ⅲ. ①专利权法—法律文书—中国—教材 Ⅳ. ①D926.13

中国版本图书馆 CIP 数据核字（2013）第 017503 号

内容提要

本书针对专利申请复审和专利权无效宣告领域的专利代理中的典型问题和常见问题，系统介绍了专利申请复审及无效宣告程序设立的法律依据、历史沿革、启动条件及审查流程，详细阐述了代理实务中需要完成的工作内容、方法和步骤，并辅以丰富的案例。对读者而言，是从理论和实践两个层面的全面提升。

读者对象：专利代理行业从业人员，企事业单位从事专利工作的人员。

责任编辑：李　琳　王祝兰　　　　　责任校对：韩秀天

封面设计：犀角兽工作室　平面设计　　责任印制：卢运霞

‖专利代理人执业培训系列教程‖

专利复审与无效代理实务

陶凤波　主编

出版发行：知识产权出版社有限责任公司		网　　址：http://www.ipph.cn	
社　　址：北京市海淀区气象路 50 号院		邮　　编：100081	
责编电话：010-82000860 转 8116		责编邮箱：lilin@cnipr.com	
发行电话：010-82000860 转 8101/8102		发行传真：010-82000893/82005070/82000270	
印　　刷：北京嘉恒彩色印刷有限责任公司		经　　销：各大网上书店、新华书店及相关专业书店	
开　　本：787mm×1092mm　1/16		印　　张：17	
版　　次：2013 年 4 月第 1 版		印　　次：2019 年 3 月第 2 次印刷	
字　　数：356 千字		定　　价：46.00 元	

ISBN 978 - 7 - 5130 - 1867 - 8

《专利代理人执业培训系列教程》
编 委 会

主 任：贺 化

副主任：宋建华 马 放 杨 梧 李建蓉

编 委：廖 涛 徐治江 王冬峰 徐 聪
高 康 葛 树 张茂于 白光清
毛金生 王宏祥 马 浩 乔德喜
林柏楠 李 勇 林德纬 任 虹
徐媛媛

《专利复审与无效代理实务》

主 编：陶凤波

编写组成员：（按姓氏笔画排序）

吕晓章 朱 朔 任晓兰 陈 昕
邵 伟 党晓林

审稿人员：（按姓氏笔画排序）

于 萍 王霄蕙 叶 娟 刘 犟
李 越 李 熙 张茂于（组长）
郑 直 黄 颖

序　言

目前，知识产权在推动经济社会发展中的作用和地位越来越凸显，已经成为世界各国竞争的一个焦点。温家宝总理曾经指出："世界未来的竞争，就是知识产权的竞争。"我国正处于转变经济发展方式、调整产业结构的转型期，全社会的研发投入大幅增加，知识产权保护意识不断提升，专利申请数量快速增长，我国知识产权事业正处于重要的战略发展机遇期，要求我们必须直面知识产权工作面临的巨大挑战。

随着国家知识产权战略的实施，企业创新行为更加活跃，创新主体对专利中介服务的需求增加，专利中介服务业务量激增，专利代理行业的市场需求逐年增大。2011年，我国年度专利申请量达到 1 633 347 件，其中委托代理机构代理申请的达到 1 055 247 件，自 1985 年专利代理制度成立以来年度代理量首次突破 100 万件。其中，代理国外申请 128 667 件、国内申请 926 580 件。以上各项数据充分表明，我国专利代理行业的主渠道作用越来越明显，已经成为实践知识产权制度的重要支柱之一。专利代理事业的蓬勃发展也促使了专利代理人队伍的不断壮大，截至 2012 年 10 月 31日，全国执业专利代理人人数已增至 7 949 人，专利代理机构达到 909 家。作为"第二发明人"，专利代理人的工作是一项法律性、技术性都极强的工作，需要由经过专门培训的高素质人员来完成。目前，我国专利中介服务能力随着专利事业的发展取得了举世瞩目的成绩。

随着国际形势的变化和我国知识产权事业的发展，专利代理能力提升面临前所未有的机遇与挑战。申请量、代理量的不断增大，专利审查工作的严格细致，对专利代理工作提出了更加高效、更加准确、更加专业的工作目标。社会需求的不断扩大，发明人、企业发明的多样化，对专利代理人的能力和水平也提出了更高的要求，迫切要求专利代理人全面提升服务能力。应当说，全面提升专利代理能力是知识产权事业发展的必然要求。专利代理人执业培训，是全面提升专利代理人服务能力的重要途径。《国家知识产权战略纲要》对知识产权中介服务职业培训提出了明确要求："建立知识产权中介服务执业培训制度，加强中介服务职业培训，规范执业资质管理。"《专利代理行业发展规划（2009 年—2015 年）》则对专利代理服务执业培训作出了系统性的安排。

为此，中华全国专利代理人协会在上述国际、国内形势的背景下，深入贯彻落实《国家知识产权战略纲要》和《专利代理行业发展规划（2009 年—2015 年）》的要求，组织编写专利代理人执业培训系列教程，具有历史性的意义。中华全国专利代理人协会精心组织，挑选在业界具有盛名的相关领域专家组成编写工作组，聘请来自国家知识产权局、最高人民法院知识产权审判庭、相关高校的资深专家与专利代理界的资深专家组成统稿及审稿工作组，并专门成立组织协调工作组承担大量的组织、协调工作。可以说，中华全国专利代理人协会对专利代理人执业培训系列教程编写工作的精心组织和有序推进，有力地保障了该系列教程的编写质量。作为专利代理人执业培训教材的垦荒者和实践者，他们为我国知识产权事业作出了重要贡献。

此次编写的专利代理人执业培训系列教程，内容涵盖专利代理职业道德、专利代理事务及流程、专利申请代理实务、专利复审及无效代理实务、专利侵权与诉讼、专利咨询服务等各个方面。这一套系列教程具有如下特点：开创性——编写专利代理人执业培训系列教程尚属首次，具有开创意义；实操性——此次编写的专利代理人执业培训系列教程在内容上注重贴合我国法律实践，对于实际操作具有重要指导意义；全面性——此次编写的专利代理人执业培训系列教程涵盖专利代理人中介服务的方方面面，能够全面提升专利代理人的服务能力；权威性——此次承担专利代理人执业培训系列教程编写任务的同志均是相关领域的专家，具有丰富的实务经验和理论水平。相信通过这样一套集开创、实操、全面、权威为一体的专利代理人执业培训系列教程的编写与出版，能够有效提高专利代理机构的服务质量以及专利代理人的业务能力，推动提高专利代理行业的业务水平。

专利代理能力的提升，是一个永恒的时代话题，一个永远跳跃着的音符。感谢为本套系列教程的组织、编写和出版付出心血的所有工作人员，大家的工作有利于提高全社会知识产权创造、运用、保护和管理能力。我相信，专利代理人执业培训系列教程的出版，对于推动专利代理能力的全面提升具有历史性的意义，必然有利于推动专利代理行业又好又快地发展，有利于服务和保障知识产权事业的发展大局。走过筚路蓝缕的岁月，迎接荆棘遍布的挑战，我相信随着专利代理能力的进一步提升，专利代理界将为我国创新型国家建设和经济发展方式的转变作出更大的贡献！

贺化

2012 年 12 月

前　言

专利申请的复审程序和专利权无效宣告程序中的代理工作是专利代理实务中的两个重要环节。本书涵盖了与专利复审和无效代理实务相关的一些重要问题。作为一本主要由代理人写给代理人看的书，本书通过梳理专利复审与无效宣告程序中可能碰到的问题，从代理人的角度进行诠释和理解，并试图给出一些分析问题的思路和解决问题的技巧。相信本书的出版对专利代理人将有所帮助，对其他从事专利工作的人员也有一定的借鉴意义。

本书尝试以案例来诠释专利复审与无效代理实务相关的问题。本书大部分案例甄选自专利复审委员会针对发明、实用新型作出的复审或无效决定。为提高案例的可读性，在编写时对大部分案例进行了简化或改编。虽然如此，本书仍保留了部分在程序和/或实体上较为复杂的案例，意在通过对这些案例的分析，给读者以思路和工作方法的启迪。希望读者在阅读本书的案例及案例分析时，不要过多地关注案例中的结论，而是从案例中找到代理思路。

需要说明的是，自1985年至今，《专利法》和《专利法实施细则》历经三次修改，《审查指南》也进行过数次修订。本书所选案例，如果没有特别说明，所适用的均是作出复审或无效决定时所依据的法律、法规和规章。这些法律、法规和规章由于《专利法》《专利法实施细则》修改以及《审查指南》修订时某些法律条款或规定在形式和内容上的变化，可能与目前施行的《专利法》《专利法实施细则》以及《专利审查指南2010》的相关规定表面上存在不相对应之处，例如，关于权利要求是否清楚，修改前由《专利法实施细则》第20条第1款加以规范，修改后变更为《专利法》第26条第4款。但是，由于相关规定的内容并未发生实质性改变，因此，这些案例的诠释和其中所反映的法律思维，即使对理解修改后的相关法律条款或规定仍然具有一定的参考价值。

本书的编写倾注了编写组人员、审稿组人员、统稿组人员大量的心血与汗水，在此谨向他们致以诚挚的敬意。感谢国家知识产权局、专利复审委员会和中华全国专利代理人协会的各级领导以及其他关注本书的同仁，他们在本书编写过程中给予了悉心的指导，提出了宝贵的意见和建议。感谢柳沈律师事务所、永新专利商标代理有限公司、北京三友知识产权代理有限公司、中国国际贸易促进委员会专利商标事务所、专利复审委员会在本书编写过程中提供的无私帮助。特别鸣谢中华全国专利代理人协会

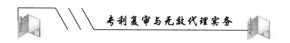

副秘书长徐媛媛同志在编写全过程中给予的指导。永新专利商标代理有限公司贾庆忠律师、穆豪亮律师、钱开耘律师，柳沈律师事务所葛青律师、郭婉莹律师，北京三友知识产权代理有限公司李辉先生对部分章节提供了编写和修改建议，在此也深表谢意。

目　　录

第1部分　专利申请复审和专利权无效宣告程序介绍

第 2 部分　专利申请复审请求的代理

第3部分　专利权无效宣告阶段的代理

第 1 部分

专利申请复审和专利权
无效宣告程序介绍

第1章　专利申请复审程序介绍

专利申请复审程序（以下简称"复审程序"）是因专利申请人对驳回决定不服而启动的行政救济程序，同时也是专利审批程序的延续。与初步审查或者实质审查等在前的专利审批程序相比，由于审理部门不同，适用的法律程序有异，复审程序具有其自身的特点。本章旨在通过对复审程序进行简单介绍，使代理人对复审程序的要求有一个整体的认识，并对其他主要国家或地区的专利申请复审或类似制度有所了解。

第1节　专利申请复审制度介绍

1　什么是专利申请的复审

向国家知识产权局专利复审委员会（以下简称"专利复审委员会"）请求复审是《专利法》规定的专利申请人享有的权利之一，是当专利申请经过初步审查或者实质审查被驳回后，法律给予专利申请人的一种救济途径。

复审请求案件包括对发明、实用新型、外观设计专利申请的初步审查作出的驳回决定不服而提出复审请求的案件，还包括对发明专利申请实质审查中作出的驳回决定不服而提出复审请求的案件。只有被驳回申请的专利申请人才有权启动复审程序，而且，专利申请人必须在收到驳回决定之日起3个月内向专利复审委员会提出复审请求。

复审程序在性质上属于行政复议程序，但仅限于对国家知识产权局作出的驳回决定不服提起复审请求的情况，由专利复审委员会进行受理和审查，并作出决定。对国家知识产权局作出的其他行政决定（例如不予受理通知书、视为撤回通知书等）不服提出的行政复议请求，由国家知识产权局行政复议机构受理。

当事人对专利复审委员会作出的复审请求审查决定（以下简称"复审决定"）不服提起行政诉讼的，被告是专利复审委员会。当事人对国家知识产权局作出的其他决定不服提起行政诉讼的，被告是国家知识产权局。

2　设置专利申请复审制度的意义

根据《专利法》的规定，国家知识产权局对其受理的发明、实用新型和外观设计三种专利申请均要进行初步审查；发明专利申请的申请人请求实质审查或者国家知识产权局认为确有必要的，还要对该专利申请进行实质审查。经初步审查或实质审查，国家知识产权局认为专利申请不符合《专利法》及其实施细则的有关规定的，可以作出驳回该专利申请的决定。

《专利法》设置专利申请复审制度，其目的就是为了更为充分地保障专利申请人的合法权益不受侵害。专利申请人对驳回决定不服，允许其提出申诉，是保障专利申请人合法权益的一个重要环节。

3 其他主要国家或地区的专利申请复审及类似制度

建立专利制度的国家和地区几乎都有与我国的复审程序（参见本章第4节）相对应的程序。但是，由于各国专利制度的具体设计存在不同，其复审制度也略有差异。

3.1 美 国

美国专利法规定，专利（Utility Patent）申请的申请人可以在任何权利要求被两次拒绝授权后的2个月（可延长，最长6个月）内向美国专利商标局（USPTO）内的专利审判与申诉委员会（Patent Trial and Appeal Board，PTAB，原 the Board of Patent Appeals and Interferences，BPAI）提起申诉（notice of appeal）。❶ 该申诉程序与我国的复审程序基本对应。经过 PTAB 审查维持原驳回决定的，发明人/申请人可以向法院起诉。

3.2 欧 洲

《欧洲专利公约》规定，可以对欧洲专利局的受理部门、审查部门、异议部门、法律部门作出的决定提出申诉（appeal）。负责受理和审查申诉的部门是欧洲专利局内部的申诉委员会（Board of Appeal）。申请人提出申诉的时限是自收到欧洲专利局的决定之日起2个月。❷

3.3 日 本

日本专利法第121条规定，收到驳回决定的专利申请人对决定不服的，可以在驳回决定副本送达后3个月之内提出复审请求。在日本，在作出复审决定前，同样需要经过前置审查与合议审查阶段。与我国的复审程序所不同的是，日本特许厅的审判部经过复审，认为复审理由成立的，可以直接作出授予专利权的决定。

3.4 韩 国

韩国专利法❸第67条之二（67bis）规定，专利申请人在收到驳回决定后30日

❶ 35 U. S. C. § § 6 (a)，134 and 306，MPEP Chapter1200.
❷ European Patent Convention，Article 106 – 112，112a.
❸ http：//www. kipo. go. kr/upload/en/download/PatentAct. pdf.

内，可以向知识产权审判院（Intellectual Property Tribunal）提交专利复审（reexamination）请求，同时可对申请文件进行修改。在韩国，复审程序也要经过前置审查。审判院作出复审决定后，专利申请人不服的，可以向韩国专利法院起诉。专利申请人对专利法院判决不服的，可以向韩国最高法院上诉。在韩国，经过复审后同样可以直接授予专利权。

第 2 节　专利申请复审的法律依据及历史沿革

专利申请的复审制度自 1984 年最初制定《专利法》的时候即已确立。在 1992年、2000 年和 2008 年三次修改《专利法》时，其内容与范围仅进行过一些细微调整。❶

1　专利申请复审的法律依据

现行《专利法》及其实施细则中，专利申请复审的法律依据包括《专利法》第41 条和《专利法实施细则》第 59～64 条。《专利法》第 41 条规定了专利复审委员会的设立和复审决定的效力及后续程序。《专利法实施细则》第 59～64 条分别规定了专利复审委员会的组成、复审请求的形式要求、提出复审请求时对申请文件的修改要求、前置审查、复审程序和撤回复审请求及其后果等内容。

2　专利申请复审法律依据的历史沿革

2.1　1984 年《专利法》及其实施细则

1984 年制定的《专利法》及其实施细则中，涉及专利申请复审的条文为《专利法》第 43 条和《专利法实施细则》第 58～63 条。首先，以上条文划定了专利申请复审请求的范围，即复审请求仅限于对专利局的驳回决定不服而提出的请求。另外，由于《专利法》中还规定了异议程序，因此，可以请求复审的案件也包括经过异议被驳回的专利申请。其次，以上条文还规定，专利复审委员会针对实用新型和外观设计专利申请作出的复审决定是终局决定，复审请求人只有对专利复审委员会针对发明专利申请作出的复审决定不服的，才可以向人民法院起诉。另外，根据《专利法实施细则》的规定，复审程序要经过前置审查程序。

2.2　1992 年《专利法》及其实施细则

1992 年修改《专利法》及其实施细则时，涉及专利申请复审的条文仍为《专利

---

❶　《专利法》在制定和各次修改时，其相应的《专利法实施细则》的制定或修改均晚于《专利法》。为简便起见，在此以《专利法》制定或修改的年份统称之，而不特别指明对应的《专利法实施细则》的制定或修改年份。

法》第43条和《专利法实施细则》第58~63条。但是，由于《专利法》增加了撤销程序，取消了异议程序，因此在《专利法》第43条中，请求复审的客体变为"驳回申请的决定"和"专利局撤销或者维持专利权的决定"，提起复审请求的主体由"专利申请人"变为"专利申请人、专利权人或者撤销专利权的请求人"。另外，专利复审委员会针对实用新型和外观设计复审请求作出的复审决定依旧为终局决定。此外，《专利法实施细则》中还首次对前置审查的内容进行了细化。

2.3 2000年《专利法》及其实施细则

2000年修改《专利法》时将其中涉及专利申请复审的法条变为第41条。在条文内容上主要有两点改变：一是取消了撤销程序，删除了条文中涉及撤销程序的内容；二是根据TRIPS的要求，取消了专利复审委员会对实用新型和外观设计复审请求作出的决定为终局决定的规定，对于专利复审委员会针对三种类型的专利申请作出的复审决定，复审请求人不服的，均可以向人民法院起诉。

2.4 2008年《专利法》及其实施细则

2008年修改《专利法》及其实施细则时，除了在《专利法实施细则》第60条第2款中对于复审请求不予受理的条件进行了明确规定外，其他内容均无变化。

第3节 复审程序的启动条件

复审程序的启动条件主要涉及五个方面，即：复审请求的客体正确、主体适格、在规定期限内提出复审请求、按规定缴纳费用和文件形式符合要求。❶

1 复审请求的客体

向专利复审委员会提出的复审请求应针对国家知识产权局作出的驳回决定。复审请求不是针对驳回决定的（比如针对国家知识产权局发出的不予受理通知书、视为撤回通知书等），专利复审委员会将不予受理。

2 复审请求的主体

只有被驳回专利申请的申请人可以向专利复审委员会提出复审请求。复审请求人不是被驳回申请的申请人的，其复审请求将不被受理。

被驳回申请的申请人属于共同申请人的，复审请求人必须是全部申请人。如果复审请求人不是全部申请人，专利复审委员会将通知复审请求人在指定期限内补正；期满未补正的，其复审请求视为未提出。

---

❶ 参见《专利审查指南2010》第四部分第二章。

3 提出复审请求的期限

复审请求人向专利复审委员会提出复审请求，必须自收到国家知识产权局作出的驳回决定之日起3个月内提出，提出复审请求的期限不符合上述规定的，复审请求将不被受理。因延误期限而丧失权利的，可以请求恢复权利，但需要满足严格的条件。

4 文件形式

复审请求人提出复审请求时，应当提交符合规定格式的复审请求书，同时说明复审请求的理由；必要时提交修改的申请文件或有关证据。复审请求人应当提交上述文件一式两份。

5 费 用

复审请求人需要在提出复审请求的同时或者自收到驳回决定之日起3个月内缴纳复审费，未缴纳或者未缴足复审费的，其复审请求将被视为未提出。发明专利申请的复审费为1000元，实用新型和外观设计专利申请的复审费均为300元。

第4节 专利申请复审请求的审查流程

复审请求提出后，其审查流程包括复审请求的形式审查、前置审查、合议审查（书面审查和口头审理）、复审决定（维持或撤销驳回决定）的作出等阶段。❶ 具体流程如图1-1所示。

复审请求人在专利复审委员会作出决定前，可以撤回其复审请求。复审请求人在专利复审委员会作出决定前撤回其复审请求的，复审程序终止。

1 形式审查

专利复审委员会收到复审请求后，首先进行形式审查。形式审查合格是受理复审请求的必要条件。形式审查阶段主要审查本章第3节中所列的相关内容是否符合规定。不符合规定的，专利复审委员会将根据情况发出视为未提出通知书或者不予受理通知书。❷

---

❶ 参见《专利审查指南2010》第四部分第二章、第四章。
❷ 参见《专利审查指南2010》第四部分第二章第2节。

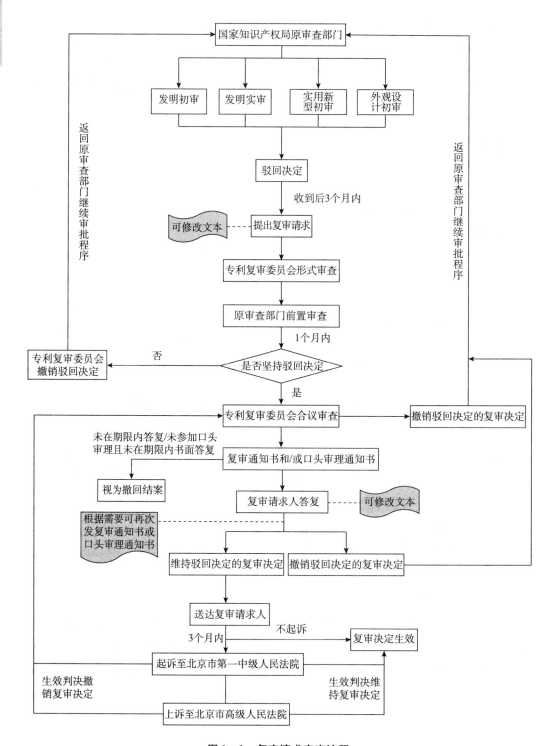

图1-1 复审请求审查流程

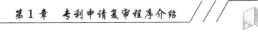
表1-1列出了复审请求形式审查的内容和相应处理方式。

表1-1　复审请求的形式审查

序号	形式审查内容	要　求	未满足要求的处理
1	复审请求客体	专利局作出的驳回决定	不予受理
2	复审请求人资格	被驳回申请的申请人；被驳回申请的申请人属于共同申请人的，必须是全部申请人	不是申请人的，不予受理
			不是全部申请人的，发出补正通知书；期满未补正或者经两次补正仍不合格的，视为未提出
3	提出复审请求的期限	应当自收到驳回决定之日起3个月内	不予受理
4	文件形式	规定格式的复审请求书，说明理由，必要时附具证据	如果不符合规定格式要求，将发出补正通知书；期满未补正或两次补正不合格，视为未提出
5	费用	应当在提出复审请求的期限内足额缴纳	视为未提出
6	委托手续	1. 除委托权限仅限于办理复审程序有关事务的情形之外，委托手续应当在专利局办理	将发出补正通知书；期满未补正的，视为未委托
		2. 委托多个代理机构的，应当书面指定收件人	未指定的，将复审程序中最先委托的代理机构视为收件人；不能分清先后的，通知复审请求人在指定期限内补正；期满未指定的，视为未委托
		3. 根据《专利法》第19条第1款规定应当委托专利代理机构的复审请求人，应当委托代理机构提出复审请求	不予受理

2　前置审查

形式审查合格后，专利复审委员会将向复审请求人发出复审请求受理通知书，并将复审请求书（包括附具的证明文件和修改后的申请文件）连同案卷一并转交作出驳回决定的原审查部门进行前置审查。原审查部门经前置审查后，将作出"前置审查意见书"。除特殊情况外，前置审查应当在收到案卷后1个月内完成。

前置审查意见分为三种类型：①复审请求成立，同意撤销驳回决定；②复审请求人提交的申请文件修改文本克服了申请中存在的缺陷，同意在修改文本的基础上撤销驳回决定；③复审请求人陈述的意见和提交的申请文件修改文本不足以使驳回决定被撤销，因而坚持驳回决定。

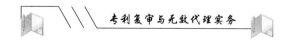

经前置审查，原审查部门同意撤销驳回决定的，专利复审委员会将据此作出复审决定，并通知复审请求人。

3 合议审查

原审查部门经前置审查不同意撤销驳回决定的，专利复审委员会将组成合议组进行合议审查。经过合议审查，有下列情形之一的，合议组将发出复审通知书或者发出复审请求口头审理通知书进行口头审理：

① 复审决定将维持驳回决定。

② 需要复审请求人依照《专利法》及其实施细则和审查指南有关规定修改申请文件，才有可能撤销驳回决定。

③ 需要复审请求人进一步提供证据或者对有关问题予以说明。

④ 需要引入驳回决定未提出的理由或者证据。

原则上，在复审程序中，合议组一般仅针对驳回决定所依据的理由和证据进行审查。但是，如果合议组发现审查文本中存在以下缺陷，也可以对与之相关的理由及其证据进行审查：

① 足以用在驳回决定作出前已告知过申请人的其他理由及其证据予以驳回的缺陷。

② 驳回决定未指出的明显实质性缺陷或者与驳回决定所指出缺陷性质相同的缺陷。

一般情况下，合议组在复审程序中不会引入新的证据，但是，根据规定，合议组可以引入所属技术领域的公知常识，或补充相应的技术词典、技术手册、教科书等所属技术领域中的公知常识性证据。

4 复审决定

经复审请求人陈述意见或者进行修改后，合议组仍认为复审请求不成立的，将作出维持驳回决定的复审决定。合议组进行复审审查后，认为复审请求成立，或者专利申请文件经复审请求人修改，克服了驳回决定指出的缺陷的，将撤销驳回决定，由原审查部门继续进行审批程序。

5 复审决定的后续程序

复审决定撤销驳回决定的，专利复审委员会将把案卷送回原审查部门，由原审查部门根据复审决定继续审批程序。在继续审查过程中，原审查部门不得以同样的事实、理由和证据作出与该复审决定意见相反的决定。

复审请求人对复审决定不服的，可以自收到复审决定之日起 3 个月内向北京市第一中级人民法院起诉；在规定的期限内未起诉或者人民法院的生效判决维持该复审决定的，复审程序终止。

第2章 专利权无效宣告程序介绍

在专利申请授权后，任何单位或个人认为该专利权的授予不符合《专利法》及其实施细则的规定，都可以向专利复审委员会提出宣告该专利权无效的请求，由专利复审委员会对该请求进行审查。通过这种方式启动的程序就是专利权无效宣告请求审查程序（以下简称"无效宣告程序"）。由于无效宣告程序启动的特殊性，以及其背后往往伴随着专利侵权纠纷，出于公平和效率的考虑，《专利法》及其实施细则和《专利审查指南2010》中对于无效宣告程序作出了一些特殊的规定。本章旨在通过对无效宣告程序的简单介绍，使代理人对无效宣告程序有一个整体的认识。

第1节 专利权无效宣告制度介绍

1 什么是专利权的无效宣告

请求宣告专利权无效是《专利法》赋予社会上的任何单位或个人的一项权利。专利权的无效宣告是指，在专利权被授予后，任何单位或个人认为该专利权的授予不符合《专利法》及其实施细则的有关规定，而请求专利复审委员会宣告该专利权无效的一种制度。

无效宣告案件既包括对经过实质审查的发明专利权提出的无效宣告请求，也包括对未经实质审查的实用新型和外观设计专利权提出的无效宣告请求；既包括对尚在专利有效期内的专利权提出的无效宣告请求，也包括对因期限届满而已终止或在期限届满之前就已终止的专利权提出的无效宣告请求；既包括他人提出的无效宣告请求，也包括专利权人本人提出的无效宣告请求。

关于无效宣告程序究竟属于何种性质，是行政机关处理平等民事主体之间就专利权是否有效发生的纠纷的民事裁决程序，还是行政机关纠正不当授权的行政确权程序，业内一直存在争议。目前主流观点认为，无效宣告程序虽因民事主体之间的纠纷而起，但其实质上是行政机关接受社会公众的监督，借助无效宣告请求人提出的无效宣告请求纠正不当授权的行政确权程序。当事人不服专利复审委员会作出的无效宣告请求审查决定（以下简称"无效宣告决定"）而提起的诉讼，为行政诉讼。

2 设置专利权无效宣告制度的意义

专利权是一种对发明创造享有的专有权，是由国家知识产权局代表国家经过对专利申请进行审查后，认为其符合《专利法》及其实施细则的相关规定而授予的权利。专利权具有排他性，对符合《专利法》及其实施细则规定的专利申请授予的专利权，是专利权人因对社会作出贡献而应依法享有的权益；相反，如果一项专利权的授予不符合《专利法》及其实施细则的规定，则是对社会公众权益的不合理限制和侵害。

专利权是一种无形财产权，对这种财产权及其归属的确定比有形财产要复杂、困难得多，它需要经过一系列的法律程序。对于经过审查并获得授权的专利权而言，该财产权的成立和归属仅处于法律上的推定状态。在专利申请的审批过程中，由于一些主、客观因素的影响，难免会出现少数不符合《专利法》及其实施细则规定的专利申请被授予专利权的情况。设置专利权无效宣告程序，就是向社会、向那些对国家知识产权局授予的专利权有不同意见的公众，尤其是那些与该专利权有直接利害关系的人提供一个请求取消该专利权的机会。❶

由此可知，设立专利权无效宣告程序的目的就是为了纠正不符合《专利法》及其实施细则的专利申请被授予专利权的现象，通过无效宣告程序来取消对这些已经取得法律效力的财产权的承认，从而维护社会和公众的合法权益，保证专利制度的正确运行。

3 其他主要国家或地区的专利权无效宣告制度

任何国家都无法避免其授予的专利权存在不符合有关法律规定、不应当被授权的情况，因此，建立相应的纠正机制是建立专利制度的国家的必然选择。其目的是一旦认定专利权不应当被授予，即可宣告专利权无效，以维护社会公众的权益不受侵害。关于专利权无效宣告制度，目前有代表性的两种模式是：德国模式和美国模式。❷

德国模式：由不同的法院分别受理专利侵权诉讼案件和专利无效诉讼案件。例如在德国，宣告专利权无效的请求由德国联邦专利法院（FPC）受理；指控侵犯专利权的请求由德国联邦州法院受理。在专利侵权诉讼中，被控侵权人向德国联邦专利法院请求宣告专利权无效的，侵权审理法院一般会中止侵权案件的审理，等待德国联邦专利法院对专利有效性的审理结果；被控侵权人没有请求宣告专利权无效的，侵权审理法院不得质疑专利权的有效性，应当推定所涉及的专利权是一项有效专利权，并以此为前提对被控侵权行为是否构成侵权行为进行审理。

美国模式：针对授权后的专利，美国专利法规定的程序相对复杂，除了再颁程序

❶ 陈鸣，袁德. 专利代理 [M]. 北京：专利文献出版社，1994：392.
❷ 尹新天. 中国专利法详解 [M]. 北京：知识产权出版社，2011：472-477.

外，还包括单方再审（*ex parte* reexamination）、授权后重审（post‐grant review）和双方重审（*inter parte* review）程序，这三个程序均由专利审判和申诉委员会（PTAB）审理。

单方再审程序是任何人认为专利权的授予不满足专利性的要求而提起再审的程序。在单方再审程序中，再审请求人的任务仅仅是启动该程序，在 PTAB 开始审理后，再审请求人不再参与。

授权后重审与双方重审程序是 2011 年《美国发明法案》中新设立的两个程序。启动"授权后重审程序"的时间为专利授权之日起 1 年内，可以以任何理由请求宣告专利权无效；启动"双方重审程序"则需在专利授权 1 年以后或者在"授权后重审程序"终止后，并且只能以专利或出版物为证据、以新颖性和创造性为无效宣告理由。针对 PTAB 在以上程序中作出的决定，均可向美国联邦巡回上诉法院上诉。

另外，在美国联邦地区法院审理专利侵权纠纷的过程中，如果被控侵权人质疑专利权的有效性，该法院也会一并审理专利权是否有效的争议，但其审理结果仅对争议双方当事人有效。

采用德国模式的国家有德国、奥地利、日本、韩国等。我国在 1984 年建立专利制度之初选择的是与德国类似的模式，但是我国的专利复审委员会和德国联邦专利法院的性质有所不同，专利复审委员会的无效宣告决定是行政决定，对无效宣告决定可以提起行政诉讼而启动司法程序，而德国联邦专利法院的决定是司法判决，对其判决不服可上诉到德国联邦最高法院（FSC）。

第 2 节　专利权无效宣告制度的法律依据及其历史沿革

专利权无效宣告制度自 1984 年制定《专利法》之初即已确立，1992 年、2000 年和 2008 年三次修改《专利法》时，其内容和范围都有一定的变化。

1　专利权无效宣告制度的法律依据

现行《专利法》及其实施细则中，关于专利权无效宣告的规定见诸于《专利法》第 45～47 条和《专利法实施细则》第 65～72 条。其中，《专利法》第 45 条是启动无效宣告程序的法律基础，第 46～47 条对于无效宣告请求的审查和后续程序以及专利权被宣告无效的效力作出了规定。《专利法实施细则》第 65～72 条则分别从无效宣告请求的理由、形式要求、证据的提交、专利文件的修改等方面进一步作出了具体规定。

2　专利权无效宣告制度的历史沿革

总的来说，专利权无效宣告制度的变革主要可归结为两个方面：一是无效宣告决

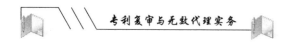
定的可诉性，二是宣告专利权无效后的追溯力。

2.1 关于无效宣告决定的可诉性

根据 1984 年制定的《专利法》第 49 条第 2 款和第 3 款的规定，只有对专利复审委员会针对发明专利权作出的无效宣告决定，当事人才可以向人民法院起诉。专利复审委员会针对实用新型和外观设计专利权作出的无效宣告决定为终局决定，当事人即使对该无效宣告决定不服，也没有诉权。上述规定一直持续到 2000 年修改《专利法》时。

2000 年修改《专利法》时，将修改前的第 49 条序号改为第 46 条，并对其条文进行了修改。修改之一就是，取消了修改前《专利法》第 49 条关于专利复审委员会对宣告实用新型和外观设计专利权无效的请求所作出的决定为终局决定的规定，改为当事人对专利复审委员会就所有三种专利权作出的无效宣告决定不服的，均可以向人民法院起诉。

另外，就诉讼主体而言，2000 年修改后的《专利法》第 46 条还增加了当事人对专利复审委员会决定不服向法院起诉的，法院应当通知无效宣告请求程序的对方当事人作为第三人参加诉讼的规定。这一修改是为了适应专利权无效宣告程序的特点和实际需要作出的，对完善无效宣告请求的司法审判工作，确保双方当事人的合法权益具有突出的意义。

该条款在 2008 年修改《专利法》时未作改动。

2.2 关于宣告专利权无效后的追溯力

1984 年制定的《专利法》第 50 条规定了宣告专利权无效的效力，即"宣告无效的专利权视为自始即不存在"。1992 年修改《专利法》时，增加了该条第 2 款至第 4 款。2000 年修改《专利法》时，在将条文序号由第 50 条修改为第 47 条的同时，基于取消撤销程序而适应性地删除了该条的第 4 款，并且还根据需要对文字做了一些调整，将修改之前的该条第 2 款所述的"专利管理机关作出并已执行的专利侵权处理决定"改为"已经履行或者强制执行的专利侵权纠纷处理决定"。2008 年修改《专利法》时，再次对本条进行了修改，修改之处在于：①将第 2 款所述的"裁定"改为"调解书"；②大为简化了第 3 款的表述方式，并在其中增加了在明显违反公平原则的前提下，应当全部或者部分返还专利侵权赔偿金的规定。❶

2.3 其他方面的变化

在《专利法》及其实施细则的修改中，还存在一些其他变化，比如：

（1）提起无效宣告请求的时间

1992 年《专利法》修改时增加了撤销程序，因此，在 1992 年修改后的《专利

---

❶ 尹新天. 中国专利法详解 ［M］. 北京：知识产权出版社，2011：485－486.

法》第 48 条中，将提出无效宣告请求的时间由之前的"专利权被授予后"修改为"自专利局公告授予专利权之日起满 6 个月后"。2000 年修改的《专利法》取消了撤销程序，于是，在将条文序号修改为第 45 条的同时，适应性地将该条文中的这一时间点修改为"自国务院专利行政部门公告授予专利权之日起"。2008 年修改《专利法》时，对该条文的内容未做改变。

（2）对专利复审委员会作出无效宣告决定的及时性的要求

2000 年，为了消除案件积压，缩短审查周期，在《专利法》第 46 条（修改之前的《专利法》第 49 条）中，增加了专利复审委员会对宣告专利权无效的请求"应当及时审查和作出决定"的要求。

（3）对无效宣告请求理由、证据的要求

2000 年，同样为了消除案件积压，缩短审查周期，在《专利法实施细则》的修改中，在无效宣告请求理由的增加、证据的举证期限等方面，较之前的相应内容，作出了相对严格的规定。

比如，《专利法实施细则》第 64 条规定："无效宣告请求书应当结合提交的所有证据，具体说明无效宣告请求的理由，并指明每项理由所依据的证据。"第 65 条中规定："专利权无效宣告请求书不符合本细则第 64 条规定的，专利复审委员会不予受理。"

又比如，在增加的第 66 条中，将无效宣告请求人增加无效宣告理由和补充证据的期限限定为自"提出无效宣告请求之日起 1 个月内"，"逾期增加理由或者补充证据的，专利复审委员会可以不予考虑"。这一规定对无效宣告请求人提出要求，有利于固化无效宣告请求的理由和证据，既可避免对专利权人的突袭，又可避免无效宣告请求人通过不断增加无效宣告理由和补充证据拖延审查程序。

（4）对专利权人修改专利文件的要求

1984 年的《专利法实施细则》对于无效宣告程序中专利权人修改专利文件没有作出规定。1992 年修改《专利法实施细则》时，在第 67 条中增加"专利权人可以修改专利文件，但是不得扩大原专利保护的范围"。2000 年修改《专利法实施细则》时，将涉及专利文件修改的内容从第 67 条中剥离出来，单独在第 68 条予以规定。其中，除了将可以修改的对象明确为"权利要求书"之外，还进一步明确规定："发明或者实用新型专利的专利权人不得修改专利说明书和附图，外观设计专利的专利权人不得修改图片、照片和简要说明。"这一规定在 2008 年修改的《专利法》中未作任何修改。

（5）关于口头审理的规定

2000 年修改《专利法实施细则》时，增加了第 69 条关于口头审理的规定。

（6）关于无效宣告程序中指定期限能否延长的问题

为了避免无效宣告请求人或专利权人借延期请求而不合理地延长审查周期，2000

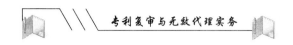

年修改《专利法实施细则》时，增加了第70条，规定"在无效宣告请求审查程序中，专利复审委员会指定的期限不得延长。"

（7）关于当事人处置原则的例外

2008年修改《专利法》及其实施细则时，业内学者就无效宣告程序的性质有过热烈的讨论。为了体现无效宣告程序纠正不当授权的行政确权性质，在《专利法实施细则》第72条中增加了关于当事人处置原则的例外规定，即"专利复审委员会作出决定之前，无效宣告请求人撤回其请求或者其无效宣告请求被视为撤回的，无效宣告请求审查程序终止。但是，专利复审委员会认为根据已进行的审查工作能够作出宣告专利权无效或者部分无效的决定的，不终止审查程序。"

第3节　专利权无效宣告程序的启动条件

无效宣告程序的启动，与前面提到的复审程序一样，也需要满足一定的条件。

1　无效宣告请求的客体

无效宣告请求的客体应当是已经公告授权的专利。无效宣告请求不是针对已经公告授权的专利的，专利复审委员会将不予受理。如果有人在专利申请被授予专利权前认为该专利申请不应该被授予专利权，不能提出无效宣告请求，只能向国家知识产权局有关审查部门提出意见，提出的意见和证据作为公众意见供审查部门在审查时参考。

2　依请求启动

无效宣告程序应当由无效宣告请求人依法提出无效宣告请求才能启动，专利复审委员会不能依职权主动启动无效宣告程序。

3　对无效宣告请求书的要求

无效宣告请求书应以书面形式提交，并且应当具体说明提出无效宣告请求的理由。这些理由仅限于《专利法实施细则》第65条规定的理由，即：被授予专利的发明创造不符合《专利法》第2条，第20条第1款，第22条，第23条，第26条第3款、第4款，第27条第2款，第33条或者《专利法实施细则》第20条第2款，第43条第1款的规定；或者属于《专利法》第5条、第25条的规定；或者依照《专利法》第9条规定不能取得专利权。此外，提交证据时，应当指明每项理由所依据的证据，并结合提交的证据具体说明无效宣告理由。

4 费 用

无效宣告请求人必须自无效宣告请求提出之日起 1 个月内足额缴纳无效宣告请求费。

第4节 无效宣告请求的审查流程

无效宣告请求提出后，经历的审查流程包括：形式审查、合议审查和无效宣告决定的作出三个阶段。具体流程详见图 2–1。

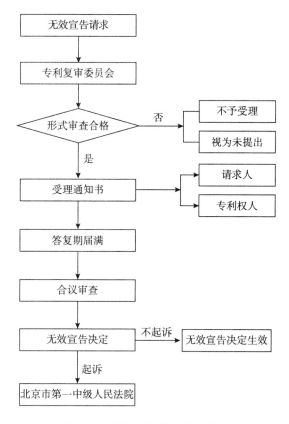

图 2–1 无效宣告请求审查流程

1 形式审查

专利复审委员会在收到无效宣告请求人提交的无效宣告请求书后，先进行形式审查。形式审查的主要内容包括：①无效宣告请求的客体是否为已经公告授权的专利，是否已被生效的无效宣告决定宣告无效；②无效宣告请求人是否适格；③无效宣告请求的范围是否明确，理由是否为法定无效宣告理由，证据的提交是否符合要求；④文件是

否符合规定格式；⑤是否足额缴纳费用；⑥委托手续是否合格等。具体内容详见表2-1。

第2章

表 2 - 1 无效宣告请求的形式审查

序号	形式审查内容	具体要求	处理方式
1	无效宣告请求的客体	1. 是否为已经公告授权的专利	否，不予受理
		2. 是否已被生效的无效宣告决定宣告无效	已被宣告无效的，不予受理
2	无效宣告请求人资格	1. 是否具备民事诉讼主体资格	否，不予受理
		2. 以《专利法》第23条第3款为由提出无效宣告请求的，无效宣告请求人是否为在先权利人或利害关系人	否，不予受理
		3. 专利权人针对其专利权提出无效宣告请求的，无效宣告请求人是否为共有专利权的所有专利权人，是否请求宣告专利权部分无效，证据是否为公开出版物	否，不予受理
		4. 是否为非共有专利权人的多个无效宣告请求人共同提出一件无效宣告请求	是，不予受理
3	无效宣告请求的范围、理由和证据	1. 范围是否明确	否，发出补正通知书；期满未补正，视为未提出
		2. 是否为《专利法实施细则》第65条第2款规定的理由	否，不予受理
		3. 是否属于一事不再理范畴	是，不予受理
		4. 以《专利法》第23条第3款为由提出无效宣告请求，是否提交了证明权利冲突的证据	否，不予受理
		5. 是否具体说明无效宣告理由	否，不予受理
4	文件格式	无效宣告请求书是否符合规定格式	否，发出补正通知书；期满未补正或两次补正不合格，视为未提出
5	费用	是否在规定期限内缴足无效宣告请求费	否，视为未提出
6	委托手续	是否符合《专利审查指南2010》第四部分第三章第3.6节规定	否，根据具体情况视为未委托或无效宣告请求不予受理

无效宣告请求经过形式审查符合《专利法》及其实施细则规定的，专利复审委员会将发出无效宣告请求受理通知书，并将无效宣告请求书和有关文件的副本转送给专利权人，要求专利权人在收到通知之日起1个月内答复。

专利权人应该在收到转送的无效宣告请求书后按时答复，期满未答复的，将被专利复审委员会视为已得知转送文件中所涉及的事实、理由和证据，并且未提出反对意见。

2　合议审查

形式审查合格后，专利复审委员会将组成合议组对案件进行合议审查。在合议审查阶段，合议组通常会处理如下事项。

（1）转文

专利复审委员会会将专利权人的意见陈述书、修改的权利要求书、提交的反证和/或无效宣告请求人在规定的期限内提交或补充的证据和理由转送对方当事人。

（2）根据当事人的请求或者案情需要决定是否进行口头审理

在决定进行口头审理后，发出口头审理通知书，告知双方当事人举行口头审理的地点和时间等事项。任何一方当事人也可以向专利复审委员会以书面方式提出口头审理请求，说明要求口头审理的理由。一般来说，对于尚未进行口头审理的无效宣告案件，专利复审委员会在审查决定作出前收到当事人的口头审理请求的，合议组应当同意进行口头审理。

（3）按口头审理通知书指定的日期进行口头审理

原则上，专利复审委员会通常仅针对无效宣告请求人提出的无效宣告请求的范围、理由和提交的证据进行审查，不承担全面审查专利有效性的义务；但是，为了提高行政效率，当出现例如需要释明的情形、需要依职权引入无效宣告理由的情形以及需要依职权认定公知常识或者引入证据的情形时，专利复审委员也会行使依职权审查职能。

在合议审查的过程中，双方当事人可以在自愿的基础上进行和解。若达成和解协议，无效宣告请求人可以在专利复审委员作出审查决定之前撤回无效宣告请求，无效宣告程序终止。但是，如果专利复审委员会认为根据已进行的审查工作能够作出宣告专利权无效或者部分无效的决定的，专利复审委员会有权不终止审查程序。

3　无效宣告决定及后续程序

专利复审委员会合议组经过上述工作后，在查明事实的基础上，按照少数服从多数的原则通过表决作出无效宣告决定。无效宣告决定分为下列三种类型：①宣告专利权全部无效；②宣告专利权部分无效；③维持专利权有效。宣告专利权部分无效包括在专利权人提交的修改文本基础上维持专利权有效的情形。

根据《专利法》第 47 条的规定，被宣告无效的专利权视为自始即不存在。

无效宣告决定作出后，专利复审委员会将会把无效宣告决定书送达双方当事人。任何一方当事人如果不服无效宣告决定，可以在收到决定之日起 3 个月内向北京市第一中级人民法院提起行政诉讼。如果当事人未在收到审查决定之日起 3 个月内起诉或者人民法院生效判决维持专利复审委员会的无效宣告决定的，无效宣告程序终止。

第3章　关于复审和无效宣告及
相关行政诉讼的统计

　　本章给出近年来专利申请复审、专利权无效宣告案件及相关行政诉讼案件的一些
统计数据。●

第1节　专利申请复审案件及相关行政诉讼案件统计

　　随着专利申请量的逐年上升，专利复审委员会受理的复审案件数量近年来呈现非
常迅猛的增长趋势（参见表3-1），尤其是2009年，复审案件受理量同比增长1倍以
上。复审案件中，98%以上的案件涉及发明专利申请。

表3-1　专利申请复审案件及相关诉讼案件统计数据（2006~2011年）　（单位：件）

年　度	受理总量	结案总量	行政诉讼受理总量	行政诉讼结案总量
2006	2 894	2 667	61	
2007	2 565	3 514	58	
2008	4 360	3 867	86	66
2009	9 195	6 697	125	99
2010	12 369	9 005	169	183
2011	12 946	10 116	194	166

　　自1985年到2011年年底，专利复审委员会共受理复审请求案56 903件，审结
44 230件。

第2节　专利权无效宣告案件及相关行政诉讼案件统计

　　与复审案件的迅猛增长不同，专利复审委员会受理的无效宣告案件数量基本呈稳
定态势（参见表3-2）。相比而言，针对发明专利权的无效宣告案件量呈逐年上升
趋势。

　　● 数据来源于国家知识产权局各年度年报以及最高人民法院各年度发布的中国知识产权保护状态白皮书。

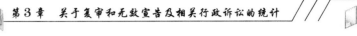

表3-2　专利权无效宣告案件及相关诉讼案件统计数据（2006~2011年）（单位：件）

年　度	受理总量	结案总量	行政诉讼受理总量	行政诉讼结案总量
2006	2 468	2 022	553	
2007	2 183	2 522	736	
2008	2 038	2 727	757	660
2009	2 247	2 310	858	810
2010	2 411	1 946	706	856
2011	2 749	2 567	770	678

　　自1985年到2011年年底，专利复审委员会共受理无效宣告请求案28 494件。截至2011年年底，已经审结26 231件。

第
3
章

第2部分

专利申请复审请求的代理

第4章 驳回决定的分析

代理人收到驳回决定时，需要对其进行分析，确定相应对策，向客户汇报，与客户讨论。本章重点介绍如何分析驳回决定以及在分析驳回决定时需要考虑的问题。

第1节 驳回决定的发生

1 发生驳回决定的情形

在专利申请审批过程中，在对发明、实用新型和外观设计专利申请进行初步审查（以下简称"初审"）以及对发明专利申请进行实质审查（以下简称"实审"）时，专利审查部门均有可能发出驳回决定。实务中，收到初审驳回决定的几率较小，绝大部分驳回决定出现在实审过程中。

2 驳回的条件

《专利法》第38条规定了驳回发明专利申请的条件："发明专利申请经申请人陈述意见或者进行修改后，国务院专利行政部门仍然认为不符合本法规定的，应当予以驳回。"与之类似，《专利法实施细则》第44条规定了初步审查不符合相关规定，经申请人陈述意见或者补正后，仍然不符合规定的，应当予以驳回。《专利审查指南2010》进一步规定❶："审查员在作出驳回决定之前，应当将驳回所依据的事实、理由和证据通知申请人，至少给申请人一次陈述意见和/或修改申请文件的机会。审查员作出驳回决定时，驳回决定所依据的事实、理由和证据，应当是已经通知过申请人的，不得包含新的事实、理由和/或证据。"其中：

① 对于发明、实用新型和外观设计专利申请的初审程序，申请文件存在明显实质性缺陷，在审查员发出审查意见通知书后，经申请人陈述意见或者修改后仍然没有消除的，或者申请文件存在形式缺陷，审查员针对该缺陷已发出过两次补正通知书，经申请人陈述意见或者补正后仍然没有消除的，审查员可以作出驳回决定。

---

❶ 参见《专利审查指南2010》第一部分第一章第2节、第一部分第二章第2节、第一部分第三章第2节、第二部分第八章第2.2节。

② 对于发明专利申请的实审程序，审查员在作出驳回决定之前，应当将其经实质审查认定申请属于《专利法实施细则》第 53 条规定的应予驳回情形的事实、理由和证据通知申请人，并给申请人至少一次陈述意见和/或修改申请文件的机会。

3 驳回决定的内容

驳回决定正文通常包括案由、驳回理由和决定三部分。案由部分记述被驳回专利申请的审查过程，驳回理由部分具体说明驳回依据的事实、理由和证据，决定部分指出专利申请不符合《专利法》及其实施细则规定的相应条款。❶

4 驳回决定的分析思路

面对一份驳回决定，代理人需要整体、全面地进行分析，既要分析驳回决定的细节，避免遗漏，又要从整体上分析导致申请被驳回的关键原因，避免因面面俱到而难以把握驳回决定的重点。

分析驳回决定，可以按照驳回决定的撰写顺序进行，不仅要关注其文字内容，还要关注未直接体现在文字内容中的问题，例如审查程序是否符合规定等。

为避免遗漏，代理人也可以从审查程序、事实认定和法律适用三个方面进行分析，即：

① 驳回决定的作出是否遵循法定程序。

② 驳回决定对事实的认定是否无误。

③ 驳回决定的法律适用是否准确。

在分析顺序上，建议代理人先分析程序问题，再分析实体问题（事实认定和法律适用），这样有利于避免实务中代理人对程序问题的疏漏。但实务中，对于决定是否请求复审以及选择何种请求复审的策略而言，严格界定驳回决定的问题究竟属于事实认定错误，还是法律适用不当，其实并不一定需要。

第 2 节　针对审查程序的分析

程序正义是实体正义的基础。审查程序是否合法，是判断驳回决定结论是否正确的重要方面。

1 请求原则

请求原则包括两层含义：第一，除《专利法》及其实施细则另有规定的外，实审

---

❶ 参见《专利审查指南 2010》第一部分第一章第 3.5 节、第一部分第二章第 3.5 节、第一部分第三章第 3.5 节、第二部分第八章第 6.1 节。

程序只能依申请人提出的实质审查请求而启动；第二，实审程序中，审查员只能根据申请人依法正式呈请审查的申请文件进行审查。在实审程序中，请求原则主要体现在审查员应当依据申请人依法以书面或电子形式最后确认的文本进行审查，若采用了其他申请文本，则违反请求原则。例如，申请人提交了修改文本，但驳回决定针对的却是修改前的申请文件。

1.1 驳回文本错误

【案例 4 – 1】

本案例引自第 10149 号复审决定。

本案中，申请人于 2004 年 6 月 30 日根据《专利法实施细则》第 51 条第 1 款的规定对申请文件进行修改，提交了说明书第 2 页、第 3 页、第 8 页、第 15 页、第 16 页、第 18 页、第 19 页的替换页。

实审程序中，第一次审查意见通知书和第二次审查意见通知书所针对的文本均为：2002 年 4 月 17 日提交的权利要求第 1 ~ 14 项、说明书第 1 页、第 4 ~ 7 页、第 9 ~ 14 页、第 17 页、第 20 页、附图第 1 页、摘要和摘要附图；2004 年 6 月 30 日提交的说明书第 2 页、第 3 页、第 8 页、第 15 页、第 16 页、第 18 页、第 19 页。但是，驳回决定所依据的文本却是：2002 年 4 月 17 日提交的权利要求第 1 ~ 14 项、说明书第 1 ~ 20 页、附图第 1 页、摘要和摘要附图。

【案例分析】

根据当事人处置原则，申请人提交了修改文本，意味着其已经放弃了之前的文本。如果驳回决定以申请人已经放弃的文本为依据，则驳回决定所依据的文本存在错误。核实申请文本是专利代理各个阶段都要涉及的工作。在收到驳回决定时，同样需要仔细核实驳回决定所依据的文本。

需要注意的是，在发现此类驳回决定针对的文本错误时，代理人往往希望据此使专利复审委员会撤销驳回决定，但是，如果驳回决定针对的文本中错误的部分与导致专利申请被驳回的缺陷无关，例如申请人对说明书的某些修改可能与权利要求缺乏创造性的驳回理由完全无关，在此情况下，仅仅存在文本认定错误问题是不足以达到撤销驳回的目的的。

1.2 驳回决定首页和正文中确定的文本不一致

驳回决定依据的文本在形式上会出现在驳回决定的首页中，不过在驳回决定的正文部分还会具体引述驳回决定所依据的文本的内容。例如，某驳回决定的首页指明："本驳回决定所依据的文本是 2003 年 3 月 12 日提交的权利要求第 1 ~ 10 项、说明书第 1 ~ 3 页、说明书摘要，2000 年 10 月 17 日提交的说明书附图第 1 页、摘要附图"，在驳回决定的正文中，对其具体内容作出如下引述："权利要求 1 请求保护一种糖化醪或麦芽汁的煮沸锅，其中包括不规则区域设置在与流体接触的底部上和/或侧壁上和/

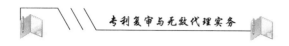

或与流体接触的另一表面上。"

收到驳回决定后，代理人需要核实驳回决定首页和驳回决定正文部分所依据的文本是否均与最后提交的文本一致。

【案例4-2】

本案例引自第10993号复审决定。

本案中，对于驳回决定所依据的文本，驳回决定首页的表述为："申请日提交的说明书第3~8页、附图1~3页；2003年10月23日提交的权利要求第1~5项、说明书第1~2页；2000年6月26日提交的说明书摘要及摘要附图。"驳回决定正文中，驳回所依据的文本却是："申请人于2002年10月8日提交的说明书和摘要以及于2003年10月23日提交的权利要求书。"

【案例分析】

确定正确的文本是审查结论正确的基础。申请人之所以提交修改文本，通常是想通过修改克服申请存在的缺陷。因此，代理人在分析驳回决定时，核实驳回文本是否正确非常重要。其中，不仅要核实驳回决定首页记载的驳回文本是否正确，还需要核对正文部分对驳回文本的引述（包括具体内容）是否正确。

发现此类"不一致"的情形并不必然意味着驳回决定的作出违反请求原则。尽管可以认定驳回决定的撰写存在瑕疵，但代理人还应从驳回决定的整体来看导致专利申请被驳回的缺陷是否针对的是申请人已经放弃的文本。

2 听证原则

专利申请的审查本质上是一种行政程序。行政程序的属性要求行政主体在作出对行政相对人的权益产生不利影响的决定前，应当告知行政相对人决定的依据，以保证其能够随之向行政主体表达意见、提供证据，使行政主体能够在充分听取行政相对人的意见的基础上作出行政决定，以确保行政决定的客观公正。听证原则是指，在专利申请的审查程序中，审查员在作出驳回决定之前，应当将驳回所依据的事实、理由和证据通知申请人，至少给申请人一次陈述意见和/或修改申请文件的机会。❶ 即审查员作出驳回决定时，驳回决定所依据的事实、理由和证据，应当是已经通知过申请人的，其中不应该包含未给予申请人答复机会的新的事实、理由和/或证据。但是，还应注意的是，专利申请的审查与一般的行政程序相比具有一定的特殊性，导致事实经常发生变化，如果只要事实发生变化就需再次履行听证程序，则是将听证原则的理解机械化，这样会导致审查效率降低。

---

❶ 参见《专利审查指南2010》第一部分第一章第2节、第一部分第二章第2节、第一部分第三章第2节、第二部分第八章第2.2节。

2.1　违反听证原则的情况

以下情形可能违反听证原则：

① 驳回决定所依据的事实相对于审查意见通知书中曾告知过申请人的事实发生变化，审查员没有再次发出审查意见通知书而直接作出驳回决定。

② 驳回决定增加新证据，特别是非公知常识性证据作为驳回的主要依据，或者驳回决定改变证据的组合方式。

③ 驳回决定改变法律依据。

【案例 4 − 3】

权利要求 1 的技术方案中包括结构特征 A 和方法特征 B。审查员在第一次审查意见通知书中指出权利要求 1 中的结构特征 A 本身的含义不清楚，进而导致权利要求保护范围不清楚，不符合《专利法实施细则》第 20 条第 1 款的规定。

申请人答复时，修改了权利要求 1 的结构特征 A。

审查员经审查后认为，修改后的权利要求 1 虽然克服了通知书指出的缺陷，但发现因特征 B 属于方法特征导致其所限定的产品权利要求保护范围仍然不清楚，不符合《专利法实施细则》第 20 条第 1 款的规定，遂直接以该修改文本中特征 B 存在缺陷为由驳回了该申请。

【案例分析】

本案中，驳回决定针对的方法特征 B 早在审查员发出第一次审查意见通知书所针对的文本中就已经存在，且结构特征 A 和方法特征 B 的问题之间不存在逻辑矛盾，不妨碍同时指出。根据全面审查的要求，审查员应当在第一次审查意见通知书中尽量将申请中不符合《专利法》及其实施细则规定的所有问题通知申请人，但是，审查员在该通知书中仅告知申请人结构特征 A 的缺陷。这意味着申请人在收到这样的通知书后，不会合理预期到权利要求 1 中的方法特征 B 也存在不符合《专利法实施细则》第 20 条第 1 款的缺陷。在申请人通过修改克服了通知书指出的结构特征 A 存在的缺陷的前提下，如果审查员发现权利要求 1 中方法特征 B 仍存在导致权利要求保护范围不清楚的缺陷，应当再次发出通知书告知当事人，给予申请人针对方法特征 B 陈述意见和/或修改申请文件的机会。如果直接作出驳回决定，虽然驳回决定引用的法律依据及审查标准均没有改变，但该驳回决定的作出违反听证原则。

【案例 4 − 4】

第一次审查意见通知书指出权利要求 1 相对于对比文件 1 不具备创造性，其中权利要求 1 与对比文件 1 的区别特征在对比文件 1 的其他技术方案中已经公开。申请人答复所述第一次审查意见通知书时提交了修改文本，在修改文本的权利要求 1 中增加了多个技术特征。之后，审查员直接针对该修改文本作出驳回决定。其中，针对权利要求 1 中增加的多个技术特征，驳回决定认为，其已经被一篇专利文献 2 公开。基于

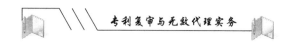

这一事实认定，驳回决定得出权利要求 1 相对于对比文件 1 和专利文献 2 的结合不具备创造性的结论。

【案例分析】

分析驳回决定是否违反听证原则，首先需要核查申请人在答复审查意见时所作的修改是否有事实改变的情况，以及审查员是否就此进行了评述并给予申请人至少一次答辩的机会。

本案中，申请人答复第一次审查意见通知书时修改了权利要求，在权利要求 1 中增加了多个技术特征。这种情况下，如果审查员认为权利要求 1 中增加的这些技术特征仍然没有给权利要求 1 带来创造性，应当在作出不利于申请人的决定之前，就权利要求 1 的修改仍然不足以克服缺乏创造性的缺陷的事实、理由和证据告知申请人，给予申请人至少一次答辩的机会。未予告知而径行改变证据的组合方式，即将权利要求 1 相比对比文件 1（对比文件 1 中不同技术方案的组合）不具备创造性的理由变更为权利要求 1 相比对比文件 1 和专利文献 2 的结合不具备创造性的理由，并据此直接作出驳回决定，违反了听证原则。

【案例 4-5】

审查员在第一次审查意见通知书中指出，权利要求 1~3 相对于对比文件 1 不具备新颖性，其中权利要求 3 引用权利要求 2。申请人答复该审查意见时，将原权利要求 2~3 的技术特征并入权利要求 1，并删除了权利要求 2 和权利要求 3。审查员直接驳回该申请，理由是修改后权利要求 1 与对比文件 1 相比不具备创造性。

【案例分析】

本案中，驳回决定所依据的权利要求 1 实质上是原权利要求 3。针对该权利要求，在驳回决定作出之前，审查员仅在第一次审查意见通知书中指出该权利要求相对于对比文件 1 不具备新颖性，但是，驳回决定的理由却是修改后的权利要求不具备创造性。显然，关于不具备创造性的理由，申请人首次看到是在驳回决定中，这一做法违反听证原则。

3 分析审查程序问题的方法

对于审查程序问题，特别是在驳回决定之前存在多次审查意见通知书的情况下，往往从驳回决定的文字表述上难以直接发现。此时，代理人可以考虑采用针对审查过程单独列表演示的方式梳理审查历史。例如，可以列出每次审查意见所针对的事实（例如，指出哪些权利要求或说明书的哪个部分存在缺陷，有修改时，标明修改前后的对应内容或关系）、不被接受的理由（例如，新颖性、修改超范围等）和证据，等等。采用这一分析方法，有利于查找到审查程序的每个细微问题。

【案例 4 – 6】

某申请，原始权利要求书包括 3 项独立权利要求（权利要求 1、权利要求 8、权利要求 9），从属权利要求 3 ~ 7 均引用权利要求 1 或权利要求 2。审查员在第一次审查意见通知书中认为：权利要求 1 ~ 7 不符合《专利法实施细则》第 20 条第 1 款的规定；权利要求 8 相对于对比文件 1 不具备新颖性；权利要求 9 的大部分技术特征被对比文件 2 公开，二者的区别特征属于公知常识，因此权利要求 9 相对于对比文件 2 不具备创造性。

针对上述审查意见，申请人提交了意见陈述书并提交了修改后的权利要求书（共 8 项权利要求），其中，删除原权利要求 1，将权利要求 8 和权利要求 9 修改为权利要求 1 和权利要求 2，顺序将原权利要求 2 ~ 7 修改为权利要求 3 ~ 8，均引用权利要求 1 或权利要求 2。

针对上述修改文本，原审查部门发出第二次审查意见通知书，引入了对比文件 3，认为：修改后的权利要求 1 相对于对比文件 1 和对比文件 3 不具备创造性；权利要求 2 相对于对比文件 3 不具备新颖性；权利要求 3 ~ 8 相对于对比文件 1 和对比文件 3 不具备创造性。

针对上述审查意见，申请人再次修改了权利要求书。主要修改之处为：在权利要求 1、权利要求 2 中增加两个技术特征，即对"菜单显示装置"进一步限定为"存储的一个或多个"，并加入了"再生处理装置"，删除了权利要求 4。

针对上述修改文本，原审查部门发出第三次审查意见通知书，指出：权利要求 1 中增加的"再生处理装置"修改超范围，不符合《专利法》第 33 条的规定。

针对上述审查意见，申请人又一次修改了权利要求书，其中，在权利要求 1、权利要求 2 中删除了"再生处理装置"特征，并加入了"待接收画面显示装置"的技术特征。

原审查部门在以上修改文本的基础上作出驳回决定。驳回的理由是：权利要求 1、权利要求 2 相对于对比文件 1 ~ 3 的结合不具备创造性；对比文件 1 ~ 3 已经公开了权利要求 3 ~ 7 的附加技术特征，因此权利要求 3 ~ 7 也不具备创造性。

【案例分析】

首先，本案审查过程非常复杂，很难直观地看出审查程序是否存在问题。此时，可以考虑针对审查过程采用审查历史结构或列表演示的方式对审查过程进行梳理。

（1）审查历史结构方式

■ 第一次审查意见通知书

☆　引用 2 篇对比文件；

☆　权利要求 1 ~ 7 不符合《专利法实施细则》第 20 条第 1 款的规定；

☆　权利要求 8 相对于对比文件 1 不具备新颖性；

☆　权利要求 9 与对比文件 2 的区别特征属于公知常识，权利要求 9 相对于对比文件 2 不具备创造性。

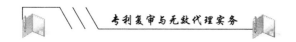

■申请人答复

☆ 提交了修改文本，将权利要求8和权利要求9修改为独立权利要求1和权利要求2，删除原权利要求1，将原权利要求2~7修改为权利要求3~8。

■第二次审查意见通知书

☆ 引入对比文件3；

☆ 权利要求1相对于对比文件1和对比文件3不具备创造性；

☆ 权利要求2相对于对比文件3不具备新颖性；

☆ 权利要求3~8相对于对比文件1和对比文件3不具备创造性。

■申请人答复

☆ 提交了修改后的权利要求1~7；

☆ 在权利要求1、权利要求2中对"菜单显示装置"进一步限定了"存储的一个或多个"，并加入了"再生处理装置"；

☆ 删除了权利要求4。

■第三次审查意见通知书

☆ 权利要求1中增加的"再生处理装置"修改超范围。

■申请人答复

☆ 在权利要求1、权利要求2中删除了"再生处理装置"特征，并加入了"待接收画面显示装置"。

■驳回决定

☆ 权利要求1、权利要求2相对于对比文件1~3的结合不具备创造性；

☆ 对比文件1~3已经公开了权利要求3~7的附加技术特征，权利要求3~7不具备创造性。

（2）列表演示方式（如表4-1所示）

表4-1 列表演示方式梳理审查过程

通知书/答复	1	2	3
第一次审查意见	针对的权利要求：1~7 理由：《专利法实施细则》第20条第1款	涉及内容：权利要求8 理由：《专利法》第22条第2款 证据：对比文件1	涉及内容：权利要求9 理由：《专利法》第22条第3款 证据：（对比文件2+公知常识）
修改方式	权利要求1删除 权利要求2~7修改为权利要求3~8	权利要求8修改为权利要求1	权利要求9修改为权利要求2
第二次审查意见	针对权利要求3~8没有提出任何审查意见	涉及内容：权利要求1 理由：《专利法》第22条第3款 证据：对比文件1+对比文件3	涉及内容：权利要求2 理由：《专利法》第22条第2款 证据：对比文件3

续表

通知书/答复	1	2	3
修改方式	权利要求 4 删除（序号变为权利要求 3～7）	权利要求 1 增加"再生处理装置"技术特征	权利要求 2 增加"再生处理装置"技术特征
第三次审查意见	针对权利要求 3～7 没有提出任何审查意见	涉及内容：权利要求 1 中的"再生处理装置"技术特征 理由：《专利法》第 33 条	涉及内容：权利要求 2 中的"再生处理装置"技术特征 理由：《专利法》第 33 条
修改方式	针对权利要求 3～7 没有修改	权利要求 1（删除了"再生处理装置"特征，增加"待接收画面显示装置"特征）	权利要求 2（删除了"再生处理装置"特征，增加"待接收画面显示装置"特征）
驳回决定	涉及内容：权利要求 3～7 理由：《专利法》第 22 条第 3 款 证据：对比文件 1～3	涉及内容：权利要求 1 理由：《专利法》第 22 条第 3 款 证据：对比文件 1～3	涉及内容：权利要求 2 理由：《专利法》第 22 条第 3 款 证据：对比文件 1～3

在上述审查历史结构和列表演示中，可以由驳回决定入手向前追溯，核实驳回决定的事实、理由和证据是否已经在之前的审查意见中出现过。

其次通过以上列表分析，可以清楚地看出，本案的审查程序存在以下问题：

（1）关于权利要求 1 相对于对比文件 1～3 不具备创造性

权利要求 1 整体上相当于原独立权利要求 8。关于独立权利要求 1，审查员在驳回决定中指出权利要求 1 相对于对比文件 1～3 不具备创造性。而在第一次至第三次审查意见通知书中针对该权利要求的证据和理由分别为：相对于对比文件 1 不符合《专利法》第 22 条第 2 款的规定、相对于对比文件 1 和对比文件 3 的组合不符合《专利法》第 22 条第 3 款的规定，以及不符合《专利法》第 33 条的规定，并未涉及对比文件 1～3 的组合。因此，驳回决定中权利要求 1 相对于对比文件 1～3 的组合不具备创造性的理由，在驳回决定作出之前从未告知过申请人并给其至少一次陈述意见和/或进行修改申请文件的机会，并且这种情形并不属于审查指南中规定的为了兼顾程序节约原则和听证原则而可以直接作出驳回决定的情形，因此违反了听证原则。

（2）关于权利要求 2 相对于对比文件 1～3 不具备创造性

权利要求 2 整体上相当于原独立权利要求 9。针对该权利要求，驳回决定中指出权利要求 2 相对于对比文件 1～3 不具备创造性。而在第一次至第三次审查意见通知书中针对该权利要求的证据和理由分别为：相对于对比文件 1 和公知常识不符合《专利法》第 22 条第 3 款的规定、相对于对比文件 3 不符合《专利法》第 22 条第 2 款的规定，以及不符合《专利法》第 33 条的规定，并未涉及对比文件 1～3 的组合。因此，驳回决定中权利要求 2 相对于对比文件 1～3 的组合不具备创造性的理由，在驳回决定作出之前从未告知过申请人并给其至少一次陈述意见和/或进行修改申请文件

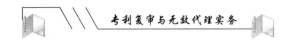

的机会，并且这种情形并不属于审查指南中规定的为了兼顾程序节约原则和听证原则而可以直接作出驳回决定的情形，因此违反了听证原则。

（3）关于权利要求3~7相对于对比文件1~3不具备创造性

权利要求3~7相应于原权利要求2和权利要求4~7。针对这些权利要求，驳回决定中指出这些权利要求相对于对比文件1~3不符合《专利法》第22条第3款的规定。而在第一次至第三次审查意见通知书中针对这些权利要求的证据和理由仅为：不符合《专利法实施细则》第20条第1款的规定，从未指出相对于对比文件1~3的组合不符合《专利法》第22条第3款的规定。因此，驳回决定中权利要求3~7相对于对比文件1~3的组合不具备创造性的理由，在驳回决定作出之前从未告知过申请人并给其至少一次陈述意见和/或进行修改申请文件的机会，并且这种情形并不属于审查指南中规定的为了兼顾程序节约原则和听证原则而可以直接作出驳回决定的情形，因此违反了听证原则。

4 审查程序问题的综合考量

在分析审查程序的问题时，代理人还需要注意：实质审查程序所应遵循的基本原则除请求原则、听证原则外，还有程序节约原则。以听证原则为例，该原则要求审查员在作出驳回决定之前，应当给申请人提供至少一次针对驳回所依据的事实、理由和证据陈述意见和/或修改申请文件的机会，但并不意味着只要申请人对其申请文件进行了修改，审查员就必须再次发出审查意见通知书。如若如此，审查程序可能永无尽头，程序节约原则将形同虚设。因此，对于听证原则中案件事实是否发生改变的把握忌机械僵化。

再者，因驳回决定的作出违反法定程序撤销驳回决定的，如果专利申请的实体缺陷依然存在，则极易导致审查部门将程序问题克服后依据原驳回理由再次驳回，这样出现的专利申请在程序之间的来回震荡将可能使申请人处于更加不利的境地。因此，专利复审委员会会综合考查复审请求人的诉求、审查程序瑕疵的程度和影响以及案件自身的前景等因素来决定是否以撤销驳回决定的方式来纠正审查程序问题。这是代理人不得不考虑的问题。

第3节　针对事实认定的分析

事实认定是法律适用的基础。如果事实认定存在失误，则驳回决定将可能因缺乏事实依据而在复审程序中被撤销。因此，对事实认定的分析不可小觑。

事实认定，根据载体的不同，可以分为对专利申请文件的事实认定和对专利申请文件以外的事实认定。

1　针对专利申请文件的事实认定

对于专利申请文件的事实认定，通常涉及对权利要求的保护范围及其中技术特征的含义的理解、对说明书文字描述或附图的理解、对技术方案产生的技术效果的确定等。尽管一般情况下代理人与审查员就专利申请文件的事实认定的争议较少，但是，由于任何驳回决定均会涉及这方面的内容，因此在分析驳回决定时，仍需仔细审核。

具体而言，对于专利申请文件自身的事实认定，重点需要考虑：

① 驳回决定针对的文本。

② 驳回决定对于权利要求书及其技术特征和说明书相关技术内容中相应技术特征的理解。

问题①主要涉及请求原则，在上述第 2 节"针对审查程序的分析"中已经详细介绍，在此不再赘述。本部分内容针对驳回决定对于专利申请技术内容的认定进行分析。

对于权利要求书和说明书中的技术内容（特别是技术特征），代理人需要确定驳回决定对于这些内容的理解是否正确，例如，对于技术特征含义和范围的理解是否符合相关规定以及是否偏离所属领域技术人员这一判断主体所应具备的视角。

例如，审查员在驳回决定中将权利要求 1 中的技术特征 a 分为三个并列的技术特征 a1、a2、a3，并将其分别和技术特征 b、c 相结合，形成三个并列的技术方案：a1 − b − c，a2 − b − c，a3 − b − c。❶ 这实际上是审查员对权利要求 1 的技术方案进行了解释，该解释就是审查员对专利申请文件自身事实作出的认定。在分析驳回决定时，代理人需要判断这种事实认定是否正确。

有些情况下，审查员对专利申请中某一或某些技术特征的理解与代理人不同，原因可能是对所属领域技术人员应知晓的普通技术知识的掌握不够，或者将权利要求的上位技术特征理解为说明书实施例的具体概念。

【案例 4 – 7】

本案例引自第 16622 号复审决定。

驳回决定针对的权利要求 1 和权利要求 2 如下：

1. 基因活化基质，包含生物相容性基质和编码一种基因产物的 DNA 分子，其中所述基质作为促进修复细胞浸润的支架，所述 DNA 分子被转移到修复细胞中。

2. 权利要求 1 的基因活化基质，其中所述 DNA 分子编码的基因产物是蛋白质、RNA 分子、反义分子或核酶分子。

驳回决定认为：权利要求 2 仅针对"基因产物"作出限定，未告知具体的 DNA

---

❶　参考第 11653 号复审决定。

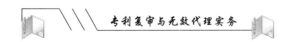

序列，因此，权利要求 2 的技术特征未表述清楚，不符合《专利法实施细则》第 20 条第 1 款的规定。

【案例分析】

本案涉及如何站在所属领域技术人员的角度理解技术特征。

驳回决定之所以认为权利要求不清楚，原因在于审查员认为，只有用 DNA 序列才能清楚地表征基因，用其他方式（比如基因产物）都无法表征。但是，在生物化学和分子生物学技术领域中，表征基因的方式有很多种，用 DNA 序列表征仅是其中最直观的一种方式。正如复审决定中所述，"基因"是本领域常规术语，在本领域中具有通常的含义，其广义可理解为有功能的核酸序列，是遗传信息载体。以编码的基因产物来限定 DNA 是描述 DNA 分子的一种常规方式。根据说明书的描述，这些基因产物均是本领域技术人员已知的、具有确切含义的物质名称。因此，在基因产物本身清楚明确的情况下，本领域技术人员可以清楚地理解权利要求并确定权利要求所要求的保护范围，驳回的理由不成立。

不同的人对于同样的问题难免存在认识上的分歧。关键是在分析驳回决定时，代理人首先要判断审查员对事实的认定是否确有错误。此时，不仅要依据专利申请文件自身的描述，还要从专利申请的技术内容和专利申请文件的上下文综合判断，特别是要站在所属领域的技术人员的角度进行分析。

代理人如果发现审查员事实认定存在错误，则要掌握足够的普通技术知识，充分了解案件背景，以便向审查员作出澄清和解释，同时做好提供相应证据的准备。

2 针对专利申请文件以外的事实认定

在审查程序中，代理人和审查员在事实认定上的争议更多地出现在针对专利申请文件以外的事实认定上，常见的情形包括：针对现有技术（对比文件）的事实认定、对于公知常识的认定等。

2.1 针对现有技术公开内容的事实认定

对比文件究竟公开了什么样的内容，是代理人和审查员最容易出现争议的地方。例如，审查员认为权利要求中的某个特征已经被某一篇对比文件公开，而代理人则认为，对比文件公开的技术内容与权利要求中的对应特征存在区别。

当驳回决定引用某一对比文件，认为该对比文件公开了涉案专利申请的某些技术特征时，代理人需要关注以下几方面的问题。

2.1.1 仔细分析并严格把握对比文件描述的具体内容

代理人在分析对比文件时，需要研究并客观准确地把握其中公开的技术信息。需要注意的是，在分析对比文件的内容时，代理人不要先入为主地受到驳回决定或所评述权利要求中对技术特征的描述方式的影响，而是要紧紧抓住对比文件自身公开的内容来理解和分析该对比文件。有时对比文件中的技术特征与专利申请被评述的特征之间的对应关系并不是特别明显，此刻，代理人对于对比文件公开的具体内容的把握就更为重要。

【案例 4 – 8】

本案例引自第 3862 号复审决定。

本案中，驳回决定认为权利要求 1 不具备创造性，理由是对比文件 2 公开了权利要求 1 中的以下技术特征："把架设在上述车身与桥壳之间的左右一对下垂臂布置成向后扩大着的状态，即在从车身上方看的平面图上，越向车身的后方，这一对下垂臂之间的间隔越大，呈向后扩大的状态"。

经核查，对比文件 2 所公开的技术内容中，没有发现任何一处提及或者暗示可以"把架设在车身与桥壳之间的左右一对下垂臂布置成向后扩大着的状态"，审查员对于对比文件 2 公开了权利要求 1 的上述技术特征的认定没有依据。

【案例分析】

认定对比文件公开的内容，应该以这些内容在对比文件中有确实的依据为前提。

实务中，有两种情况代理人需要特别注意分析对比文件公开的内容：一是驳回决定将分属对比文件不同部分的技术特征组合在一起与专利申请的一项权利要求进行对比；二是驳回决定不严格按照对比文件的表述方式描述对比文件的内容，而是参照专利申请权利要求的表述对对比文件中公开的具体内容进行概括。前一种情况需要重点考虑分属对比文件不同部分的技术特征是否属于同一技术方案，是否仅仅是在文字表述上处于同一篇对比文件而实质为不同的技术方案，因为如果是将对比文件中分属于不同技术方案的技术特征组合在一起构成一个虚拟的技术方案与专利申请的一项权利要求进行特征对比，则会违反单独对比原则；后一种情况下，代理人需要注意驳回决定进行对比的技术特征是否仅是文字表述上的不同，审查员是否对对比文件公开的技术内容进行了事后改变、扩充或臆造。本案中，对比文件 2 并无任何与权利要求 1 的上述特征相对应的文字描述，而且其附图所示的结构与上述特征也明显不同。

2.1.2　考虑对比文件隐含公开的内容

对比文件公开的内容不仅包括明确记载在对比文件中的内容，还包括对于所属领域的技术人员而言，隐含但可直接地、毫无疑义地确定的技术内容。

关于对比文件公开内容的认定，代理人和审查员的争议往往更多表现在没有明确记载的内容是否被对比文件隐含公开。

在此情况下，需要以所属领域技术人员的视角，综合对比文件的整体内容进行判断。一方面需要严格界定对比文件的公开范围，不能任意推断对比文件中没有公开的内容；另一方面，也不能机械地局限于对比文件的文字描述和附图绘制方式，而忽视对于本领域技术人员而言隐含公开的内容。

有时候，判断对比文件隐含公开的内容非常简单。例如，在第 20257 号复审决定

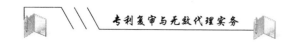

所涉及的案件中,"对比文件1中的磁铁10相当于本申请权利要求1中的吸附磁极,对比文件1中的磁铁2相当于本申请权利要求1中的固定磁极。且当插头7插入插座1时,磁铁2、磁铁10相互吸引"。合议组据此认为,根据异性相吸的原理可以确定,磁铁2与磁铁10是磁性相异的磁极,且本领域中插头和插座的外壳都是绝缘的,因此对比文件1中隐含公开了外壳是绝缘的特征。但是,大多数情况下并非如此。

下面通过几个具体案例来说明如何判断对比文件中隐含公开的内容。

【案例4-9】

本案例引自第10372号复审决定。

本案中,驳回决定针对的独立权利要求为:

一种磨轮,它包括背衬和磨边……所述磨边含有最多2~15体积%的磨粒,所述磨粒的最大粒度为60微米,磨边包含5~20体积%树脂粘结剂和至少40体积%空心填料;磨边内磨粒与树脂粘结剂之比为1.5:1.0~0.3:1.0。

驳回决定认为对比文件1公开了一种磨具,其包括背衬和磨边,磨边主要包括三部分(树脂粘合剂、空心填料、磨粒),其中,磨边包括10~25体积%的磨粒和25~45体积%的空心填料,磨粒粒度为0.1微米~400微米,该数值范围的一部分落在了权利要求限定的数值范围内。对于"磨粒与树脂粘合剂之比为1.5:1.0~0.3:1.0"这一特征(特征1),由对比文件1磨粒与空心填料的数值范围可知,对比文件1至少隐含公开了其中磨粒与树脂粘结剂之比为0.58:1的点值。在此基础上,将其扩展到较大范围是本领域的公知常识。在对比文件1的基础上结合公知常识获得权利要求1的技术方案,对本领域技术人员来说是显而易见的,因此权利要求1不具备创造性。

在提出复审请求时,关于对比文件1是否隐含公开了特征1,复审请求人认为,对比文件1仅仅公开了磨粒和空心填料的含量,没有公开树脂粘结剂的含量。由于本领域技术人员根据常识可以知道,与磨轮相比,砂布往往需要更多的树脂粘结剂来粘结磨粒。因此,在对比文件1没有公开树脂粘结剂的含量时,仅由磨粒和空心填料的量无法计算出"磨粒与树脂粘结剂之比为0.58:1"。

关于对比文件1是否隐含公开了树脂粘合剂含量以及磨粒与粘结剂的比例关系,复审决定认为,研磨器具的研磨表面成分按照体积来分主要包括磨粒、空心填料、粘结剂以及各种添加剂和孔隙,对比文件1中多个实施例和表格仅仅公开了砂布中磨粒和空心填料的含量,由于添加剂和孔隙所占的体积未知,所以仅仅由对比文件1中公开的磨粒和空心填料的体积含量并不能直接推算出粘结剂的含量,也无法得知磨粒与粘结剂的比例关系。驳回决定关于树脂粘结剂含量、磨粒与树脂粘结剂比例的推导缺乏事实基础。

【案例分析】

本案的争议焦点在于,如何判断对比文件隐含公开的内容。具体为,能否通过磨粒和空心填料的含量得出树脂粘合剂的含量,并进一步计算出磨粒与树脂粘结剂的比例关系。

（1）驳回决定的推导过程

驳回决定考察了对比文件1的实施例11，并根据实施例11的结果（表6）作出如下推导：

A. 表6中示出实施例11中总填料的百分比为46体积%，因此，磨粒与树脂粘结剂的含量应当是54体积%（100% – 46% = 54%）；

B. 假定磨粒占20体积%，则树脂粘结剂的含量为34体积%或更少（54% – 20% = 34%）；

C. 计算出磨粒与树脂粘结剂之比为0.58∶1.0（20% ÷ 34% = 0.58）。

这一推导过程存在如下问题：首先，对比文件1实施例1在制备磨粉浆时，除了在其中加入磨粒、空心填料外，还加入了其他固体添加剂硅酸钠铝。表6中示出了总填料体积百分比（为46体积%），但总填料体积中并没有包括硅酸钠铝的体积，因此，将除总填料体积比之外的部分认定为磨粒与树脂粘结剂的总体积，事实认定不正确。其次，对比文件1中并没有记载磨粒与树脂粘结剂的具体含量数值，以假定为基础推导并认为对比文件1隐含公开了磨粒与树脂粘结剂之比约为0.58∶1.0不符合客观事实。

（2）复审请求人的推导过程

复审请求人认识到驳回决定关于对比文件隐含公开内容的事实认定存在错误，但相比之下，其对于驳回决定事实认定错误的分析相对简单，具体推导过程为：

A. 磨粒和空心填料的含量：已知；

B. 树脂粘合剂的含量：未知；

C. 磨粒与树脂粘结剂之比：无法得出。

（3）复审决定的推导过程

相比而言，复审决定的推导过程逻辑严密，值得借鉴。具体过程如下：

A. 砂布中磨粒和空心填料的含量：已知；

B. 添加剂和孔隙所占的体积：未知；

C. 粘结剂的含量 = 总量（100%）– 砂布中磨粒和空心填料的含量（已知）– 添加剂和孔隙所占的体积（未知）= 未知，即由对比文件1中公开的磨粒和空心填料的体积含量并不能直接推算出粘结剂的含量。

本案例的启示为：首先，对比文件隐含公开的内容必须是可以从对比文件直接地、毫无疑义地确定的技术内容；其次，在认定隐含公开内容的推导中，每一步推导的依据都必须确实可靠，不能加入猜测和臆断的成分。本案驳回决定有关隐含公开的认定之所以出现错误，一是第一步推导依据的事实有误，二是在第二步推导中结合了审查员的假定（给磨粒取值20%）。

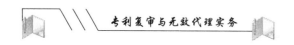

2.1.3　根据对比文件的内容推定不具备新颖性的判断

对于包含性能、参数特征的产品权利要求的新颖性判断，有可能采用推定的方法。根据《专利审查指南 2010》的规定，对于这类权利要求，应当考虑权利要求中的性能、参数特征是否隐含了要求保护的产品具有某种特定结构和/或组成。如果该性能、参数隐含了要求保护的产品具有区别于对比文件产品的结构和/或组成，则该产品权利要求具备新颖性；相反，如果所属领域的技术人员根据该性能、参数无法将要求保护的产品与对比文件产品区分开，则可推定要求保护的产品与对比文件产品相同，申请的权利要求不具备新颖性，除非申请人能够根据申请文件或现有技术证明权利要求中包含性能、参数特征的产品与对比文件产品在结构和/或组成上不同。

上述规定给出了进行推定的思路，同时还涉及在推定不具备新颖性时的举证责任分配。

【案例 4 - 10】

本案例引自第 9731 号复审决定。

本案中，驳回决定针对的权利要求 1 为：

一种四氟乙烯聚合物，该聚合物具有高拉伸性、可纤化特性和不熔融加工性能，最大标准比重为 2.160，拉伸断裂强度为 32.0N~49.0N，以及最大吸热比率为 0.15。

驳回决定认为：对比文件 1 公开了一种通过分散聚合制备的不能熔融加工的四氟乙烯聚合物（PTFE），其具有如下性能：①高的断裂强度，其断裂强度至少为 3.0kgf，优选至少为 3.1kgf；②应力松弛时间至少为 650 秒，优选至少为 675 秒，更优选为 700 秒；③标准比重不高于 2.165，优选不大于 2.160，更优选不大于 2.157。该 PTFE 可以制成膜、软管等。在实施例中，该聚合物在 $200kg/cm^2$ 的模塑压力下在室温下模塑。对比文件 1 中虽然没有测定该聚合物的吸热比率，但对比文件 1 和本申请所采用的聚合物制备方法完全相同，所用原料的组分、含量也相同。在原料组成、含量相同的情况下，采用相同的制备方法，最终得到的聚合物也应具有相同的物理性能；并且二者所测出的标准比重、拉伸断裂强度、应力松弛时间也相同。可见，对比文件 1 中得到的四氟乙烯聚合物的吸热比率值必然落入权利要求 1 范围内，权利要求 1 不符合新颖性的规定。

复审请求人在提出复审请求时，对申请文件进行了修改，修改后的权利要求 1 如下："一种四氟乙烯聚合物，该聚合物具有高拉伸性、可纤化特性和不熔融加工性能，最大标准比重为 2.160，拉伸断裂强度为 32.0N~49.0N，以及最大吸热比率为 0.15，其特征在于所述的四氟乙烯聚合物用溴酸盐和亚硫酸盐组合而成的氧化还原型聚合引发剂制得。"

复审请求人认为：①由于使用了溴酸盐和亚硫酸盐组合而成的氧化还原型聚合引发剂，本申请获得了比现有四氟乙烯聚合物具有更高强度的聚合物，对比文件 1 没有公开权利要求 1 中新加入的这一特征；②权利要求 1 中限定了聚合物的最大吸热比率为 0.15，对比文件 1 没有公开或启示该特征，本申请实施例 5 证明，该特征对于对比文件 1 公开的标准比重最大为 2.160、强度至少为 3.0kgf 的四氟乙烯聚合物来说不是必要特征，因此权利要求 1 具备新颖性。

原审查部门认为新增的聚合引发剂特征也已经被对比文件 1 公开，修改后权利要求 1 仍然不具备新颖性，因此坚持驳回决定。

复审决定撤销了驳回决定，具体理由为：

比较对比文件 1 和权利要求 1 的拉伸断裂强度可以发现，权利要求 1 要求保护的聚合物的拉伸断裂强度为 32.0N ~ 49.0N（相当于 3.26kgf ~ 5.0kgf），而对比文件 1 公开的聚合物的拉伸断裂强度为 3.0kgf 以上，优选 3.1kgf，实施例公开的具体值分别为 3.25kgf、3.23kgf 和 3.18kgf。由此可见，对比文件 1 概述部分概括的拉伸断裂强度范围宽于本专利申请权利要求 1 的相应数值范围，且对比文件 1 公开的上述宽数值范围的端点和实施例公开的具体值均未落入权利要求 1 的范围内。据此，权利要求 1 中的参数特征对要求保护的四氟乙烯聚合物具有限定作用，其与对比文件 1 的区别表明，二者要求保护的四氟乙烯聚合物在结构上存在区别。这种情况下，无论其他特征是否相同，对比文件 1 均不能破坏权利要求 1 的新颖性。

【案例分析】

本案的争议焦点在于，如何推定具备或不具备新颖性。作出推定的关键在于，权利要求中的性能、参数特征是否隐含公开了要求保护的产品具有某种特定结构和/或组成，这种特定结构和/或组成能否将要求保护的产品区别于对比文件公开的产品。作出推定的首要步骤是比较对比文件中的相关性能、参数与权利要求中的性能、参数特征是否相同。对于采用数值范围限定的参数，需要对比二者参数范围是否一致。如果对比文件未公开专利申请的数值范围，不能推定专利申请不具备新颖性。

本案中，参数范围不一致导致推定结论不成立的意见并非由代理人在复审请求中提出，而是合议组在审查过程中发现的。在此提醒代理人的是，在处理案件的过程中，需要自己注意发现驳回决定中的这类问题，不应过分寄希望于合议组。

【案例 4 - 11】

本案例引自第 11230 号复审决定。

本案中，驳回决定针对的权利要求 1 具有如下特征："卫生巾在充满液体时表现约至少 2 倍的厚度增加""在饱和状态下的侧向硬度与在干燥状态下的侧向硬度的比率不小于 0.9"。

驳回决定认为：尽管对比文件 1 没有公开权利要求 1 上述两个技术特征，但所述特征对于本领域技术人员来说，是通过有限的常规试验就能得到的，即在对比文件 1 的基础上，通过有限的常规试验就能得到具有与权利要求 1 相同材料、相同结构的产品，因此，权利要求 1 不具备创造性。

复审请求人认为，本申请的目的在于使卫生巾在干燥和湿润状态抵靠使用者的会

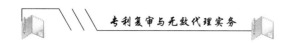

阴区域并保持在稳定的位置，同时降低结成束的可能性，在本申请提出之前，本领域技术人员没有可能知道侧向硬度的作用，也不可能导出"卫生巾在湿润时（因此能吸收更多的液体）抵靠穿用者的会阴部位是稳定的，并通过该穿用者的大腿抵御侧向压力。结果，降低结束的可能性"，并且对比文件1没有公开权利要求1的上述两个技术特征，因此，权利要求1具备创造性。

在复审审查过程中，专利复审委员会发出复审通知书，指出：权利要求1与对比文件1相比，其区别在于：卫生巾在充满液体时表现约至少2倍的厚度增加；在饱和状态下的侧向硬度与在干燥状态下的侧向硬度的比率不小于0.9。虽然对比文件1没有明确记载上述两个技术特征，但是卫生巾的性质是由吸收层的结构、材料、组分含量所决定的，由于对比文件1中吸收材料的基重、密度以及超吸收聚合物的含量与本申请中吸收层的基重、密度以及超吸收聚合物的含量相同或部分重叠，而相同结构、相同材料的产品其内在性质必然相同，并且，复审请求人不能根据申请文件或现有技术证明权利要求中包含性能、参数特征的产品与对比文件产品在结构和/或组成上不同，因此，推定要求保护的产品与对比文件产品相同，因而，独立权利要求1不具备新颖性，不符合《专利法》第22条第2款的规定。

复审请求人针对上述复审通知书进行了意见陈述，并对权利要求1进行了修改，在权利要求1中加入了特征"所述卫生巾还包括从卫生巾的纵侧边侧向向外突出的翼片"。

专利复审委员会发出第二次复审通知书，指出：权利要求1增加了技术特征"所述卫生巾还包括从卫生巾的纵侧边侧向向外突出的翼片"，该特征为常规选择，不需要花费创造性劳动，因此，权利要求1相对于对比文件1和本领域公知常识的结合不具备创造性，不符合《专利法》第22条第3款的规定。

复审请求人针对上述复审通知书进行了意见陈述，坚持认为权利要求1具备创造性。

针对权利要求1中的上述"卫生巾在充满液体时表现约至少2倍的厚度增加"和"在饱和状态下的侧向硬度与在干燥状态下的侧向硬度的比率不小于0.9"两个技术特征，复审决定作出如下认定：

根据说明书的记载可知，本申请通过将第二吸收层的基重、密度、超吸收聚合物的含量限制在一定范围内来获得在干燥和湿润状态下均稳定并降低结成束可能性的卫生巾，并且，通过对包括上述性能参数的第二吸收层的卫生巾进行测试，得到的结果是：该卫生巾在充满液体时表现约至少2倍的厚度增加，以及在饱和状态下的侧向硬度与在干燥状态下的侧向硬度的比率不小于0.9。由此可知，上述两个技术特征是由吸收层的结构、材料、组分含量所产生的必然结果。具体而言，卫生巾在充满液体时表现约至少2倍的厚度增加，这体现了卫生巾的优良吸收性质，而卫生巾的这种良好吸收性质是由超吸收聚合物的含量所决定的，此外，本领域技术人员熟知，卫生巾在饱和状态下的侧向硬度与在干燥状态下的侧向硬度的比率与吸收层的基重、密度以及超吸收聚合物的含量密切相关。由于对比文件1中吸收材料的基重、密度以及超吸收聚合物的含量与本申请吸收层的基重、密度以及超吸收聚合物的含量相同，而相同结构、相同材料的产品其内在性质必然相同，因此，可以推定对比文件1公开的产品在充满液体时也表现约至少2倍的厚度增加，其在饱和状态下的侧向硬度与在干燥状态下的侧向硬度的比值应当不小于0.9。

针对权利要求1中的在复审程序中增加的技术特征"所述卫生巾还包括从卫生巾的纵侧边侧向向外突出的翼片"，专利复审委员会认为，该特征为常规选择，不需要花费创造性劳动。

因此，复审决定认为独立权利要求1相对于对比文件1和公知常识的结合不具备创造性，最终维持了驳回决定。

【案例分析】

尽管复审决定最终以本案没有创造性为由维持了驳回决定，但是，本案审查过程中所涉及的如何推定权利要求不具备新颖性的问题具有典型意义。具体而言，合议组的推导过程是：

① 根据本申请说明书的描述，卫生巾充满液体时厚度的增加以及饱和状态下与干燥状态下的侧向硬度之比是由吸收层的结构、材料、组分含量决定的。

② 相同结构、相同材料的产品内在性质必然相同。

③ 对比文件1吸收材料的结构、基重、密度和超吸收聚合物的含量与本申请相同，因此，在无相反论据的情况下，对比文件1公开的产品也应具有上述两个争议的技术特征。

上述推导过程中，每个步骤都事实确凿，步骤之间逻辑紧密，这种"直接推导"得出的内容应该可以作为对比文件1公开的内容。

这个案例所带来的启示有如下三点：

① 如果需要进行"直接推导"，可以借鉴上述推导过程。

② 如果需要反驳"直接推导"，可以探究上述推导步骤中是否存在逻辑纰漏或者缺陷。例如，步骤①中，通过说明书的描述是否能够得出所述两个争议的特征是由吸收层的结构、材料、组分含量直接决定的这样的结论，是否还有其他的因素影响到上述两个特征的数值大小。如果还有其他因素影响，那么整个推导过程将存在疑问。

③ 本案中，复审请求人在提出复审请求乃至于答复复审通知书时，均仅仅从文字表面上争辩"对比文件1没有公开所述两个区别特征"，没有具体阐明性能参数与产品材料、结构之间的关系。如果复审请求人意识到问题的实质并不在于参数本身是否被公开，而在于产品的材料、结构与本申请相同，从而把重点放在如何使材料、结构存在区别上，则更能抓住问题的实质。

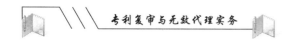

2.2　对比文件自身内容存在矛盾或错误

对比文件自身内容存在矛盾或错误会影响到对对比文件公开内容的认定。在此情况下，有可能驳回决定中只片面地将其中之一作为对比文件公开的内容，也有可能将错就错地将对比文件中错误的内容作为对比文件公开的内容，或者审查员根据其理解，对对比文件的内容进行修正，把修正后的内容作为对比文件公开的内容。无论出现哪种情形，代理人均需仔细核实对比文件公开的内容到底是什么。

【案例4－12】

本案例引自第16187号复审决定。

本案的权利要求1为：

一种光漫射层，其含有树脂基材以及与该树脂基材折射率不同的球状填充物，其特征在于，光漫射层的厚度T（μm）、树脂基材和球状填充物的折射率差Δn以及球状填充物对于光漫射层的体积含有率Cv（%）的关系满足$20 \leqslant T \times \Delta n \times Cv \leqslant 75$。

驳回决定认为，权利要求1相对于对比文件1实施例25不具备新颖性。申请人在答复审查意见通知书时认为，对比文件1实施例25中关于表皮层厚度的记载是错误的，对比文件1并没有公开权利要求1中的特征。对此主张，驳回决定未予接受。

复审请求人提出复审请求的主要理由有两点：

（1）对比文件1实施例25的记载有错误

对比文件1记载的实施例1～23和实施例24～26分别为两组实施例，其性质参数分别列于其表1和表2（参见表4－2）中。由对比文件1的表1中涉及的实施例1～23的反射偏振器的制备工艺可知，在对比文件1中提到的125μm的反射偏振器中，已经包括了皮层的厚度（即皮层厚度应小于反射偏振器的厚度）。表2所涉及实施例24～26的多层反射偏振器膜的制作方法与实施例1～23相同，结合实施例1～23的内容可知，实施例24～26中，皮层厚度也应小于反射偏振器的厚度。然而，对比文件1的表2中列出的实施例25中的皮层厚度为125μm，偏振器总厚度却为25μm，这一数据显然与如上推理相矛盾。这说明，对比文件1的表2中关于实施例25的记载存在错误。

表4－2　对比文件1中的表2（对比例3～4和实施例24～26的组成和结果）

实施例	颗　粒	颗粒的体积%	偏振器总厚度（μm）	皮层厚度（μm）	法向角增	p－偏振通过态的标准偏差400nm～650nm
对比例3	—	0.0	12.5	125	1.580	8.4%
24	Zeeosphe	2.5	12.5	125	1.578	6.2%
对比例4	—	0.0	25	125	1.555	8.3%
25	Zeeosphe	5.0	25	125	1.569	4.3%
26	PS/EM[b]	10.0	25	125	1.570	3.2%

（2）即便将错误进行修正，对比文件1实施例25也没有公开本申请权利要求所

记载的方案

结合如下三方面的内容（表 1 中反射偏振器的厚度为 125μm、两个皮层的厚度约为 12μm，表 1 和表 2 中反射偏振器的制备工艺相同，以及说明书第 19 页第 4 段的记载"用于实施例 24 ~ 26 的偏振器内的颗粒数量和类型以及皮层的厚度如表 2 所示变化"），可以推知，对比文件 1 的表 2 中实施例 24 ~ 26 的偏振器总厚度应为 125μm，皮层厚度是变化的，可见皮层厚度与偏振器总厚度的数值应该对调，即实施例 25 的偏振器总厚度为 125μm、皮层厚度为 25μm，由此得出实施例 25 中实际披露的参数数值应为"皮层厚度（25μm）、折射指数差值（1.61 ~ 1.53）、体积（5%）"，其与权利要求 1 完全不同。即对比文件 1 实施例 25 不能破坏权利要求 1 的新颖性。

合议组认为复审请求人的上述理由成立，依法撤销了驳回决定。

【案例分析】

本案争议的焦点在于，对比文件 1 实施例 25 中公开的数值是否存在错误，以及当对比文件存在错误时，如何确定对比文件公开的内容。

本案中，复审决定指出，对本领域技术人员来说，如果可以明确得出对比文件存在明显错误，同时根据对比文件上下文能修正该错误，则应当以修正后的内容作为对比文件实际公开的信息。相比驳回决定，复审决定的这一观点更加合情合理。

实际上，当对比文件自身内容存在矛盾或者错误时，理解对比文件的内容不能仅停留在对比文件某一处的文字表述上，需要从整体上理解，把握对比文件的技术实质。

根据矛盾或错误的性质和程度的不同，对比文件中的矛盾或者错误可以划分为以下两类。第一类是根据对比文件的上下文，能够明确知道所述矛盾或者错误确实存在，同时也能够知道所述矛盾或者错误的正确答案。此时，应当以修正后的正确答案作为对比文件公开的内容。第二类是根据对比文件的上下文，能够知道对比文件存在矛盾或者错误，但是，即使参考对比文件的整体，也无法知道如何解决该矛盾或者如何修正该错误。此时，应当具体问题具体分析，既不应当一概而论地认为对比文件存在瑕疵就不宜作为对比文件使用，也不应该一味将错就错地把对比文件中存在的矛盾或者错误作为对比文件的公开内容。

对于第一类情形，在确定对比文件自身存在明显矛盾或者错误的情况下，还需要探知作为本领域技术人员是否知晓其实际公开的内容，并将修正后的内容作为对比文件的内容。在确定存在明显矛盾或错误以及判断修正后的内容时，应该有确实的依据。

本案中，对比文件 1 的表 2 中的数据显示"皮层厚度应大于反射偏振器的厚度"，而根据文字描述，反射偏振器包含有皮层，皮层厚度显然应小于反射偏振器的厚度。因此，对比文件 1 的表 2 明显存在矛盾之处。因实施例 1 ~ 23 与表 1 完全对应，实施例 24 ~ 26 的制备方法又与实施例 1 ~ 23 相同，因此，表 2 发生错误的可能性极大。

在发现了明显矛盾或错误后，本案中，复审请求人对于正确的内容到底是什么的推导过程如下：

首先，对比文件1的表1中反射偏振器的厚度为125μm，两个皮层的厚度约为12μm，由于对比文件1的表1和表2中反射偏振器的制备工艺相同，因此，对比文件1的表2中实施例24～26的偏振器总厚度应为125μm。

其次，说明书第19页第4段记载："用于实施例24～26的偏振器内的颗粒数量和类型以及皮层的厚度如表2所示变化"，这说明，对比文件1的表2中皮层的厚度应该是变化着的，但从该表记载的数据看，皮层厚度均为125μm，并无变化，而偏振器总厚度却在12.5μm和25μm之间变化。这说明，对比文件1的表2中皮层厚度与偏振器总厚度的数值应该对调，即：偏振器总厚度为125μm，皮层厚度在12.5μm和25μm之间变化。

对于第二类情形，在明确对比文件存在矛盾或错误的情况下，如果结合其上下文也无法明了其正确答案，代理人还需要把重点放在分析所述矛盾或错误导致无法理解对比文件公开的内容，进而使本领域技术人员不会将该对比文件纳入考虑范围内。

2.3　公知常识的认定

对于公知常识（或惯用手段）的认定，根据《专利审查指南2010》的规定，审查员在审查意见通知书中引用的所属领域的公知常识应当是确凿的，如果申请人对审查员引用的公知常识提出异议，审查员应当能够说明理由或提供相应的证据予以证明。❶ 公知常识的证明手段有两个：一是说明理由；二是提供相应的证据。

对于驳回决定中关于公知常识的事实认定，代理人需要核实该认定是否有证据或者说理支持，并基于所属领域技术人员的角度，分析所述证据和说理是否有说服力。若不具有说服力，则需进一步分析相应的缺陷，以及本领域的相关技术认知，从而有针对性地阐述为什么该特征不是公知常识，尽可能避免断言式的争辩。

对于公知常识的认定是否需要提供证据加以支持，实务中需要针对具体案情具体分析。当某些特征确实是司空见惯的或者属于日常生活或某一技术领域中的常识时，不建议代理人纠缠于"驳回决定没有给出证据证明公知常识"，坚持"公知常识的认定需要证据支持"的争辩观点，而应针对案件的实际情况作具体分析。例如，第2752号复审决定涉及的案件中，权利要求1与证据1的区别是：涉案专利申请中使用的是锚头，其尖头开孔与锚杆体的空腔相通，而证据1中使用的是钻头，其附图中未明确示出钻头上有开孔。由于在锚杆前端设置锚头或钻头是本领域常用的结构形式，选择其中任何一种的目的均是为了钻孔，就该作用而言，使用锚头还是钻头，所属领域技术人员可根据情况自由选择。因此，驳回决定认定该技术特征为所属领域公知常识并

---

❶　参见《专利审查指南2010》第二部分第八章第4.10.2.2节之（4）。

无不当，无论其是否提供证据或者有无充分说理均无法改变这一事实。

教科书、技术手册和技术词典等工具书的存在，使得证明"某特征是公知常识"（正面论证）相对于证明"某特征不是公知常识"（反面论证）要容易一些。复审案件中，代理人往往站在反面论证的立场上。由于反面论证无法直接证明，因此，代理人可以考虑从某些侧面（辅助手段）来论证"某特征不是公知常识"。

此外，某一特征是否为公知常识，还与该特征在专利申请中所起的作用相关。一个技术手段对于解决某一问题是公知常识，并不意味着采用该技术手段解决其他问题也是公知常识。因此，代理人从反面论证"某一特征不是公知常识"时，还需要关注该技术特征在发明的技术方案中的作用。例如，利用锅来做饭是公知常识，但是利用锅作为天线并不一定是公知常识。

第4节　针对法律适用的分析

面对驳回决定时，除分析事实认定外，还需要分析驳回决定的法律适用是否正确。

法律适用是指将抽象的法律规定应用到具体的事实上进行判断的过程。分析法律适用正确与否时，需要严格遵循《专利审查指南2010》针对相关法律条款确定的判断原则。具体而言，要关注以下几个方面。

（1）了解相关的判断原则和判断步骤，厘清认识上的模糊之处

例如，在创造性判断中，针对现有技术是否存在技术启示的判断中，《专利审查指南2010》给出的一个示例是："所述区别特征为公知常识，例如，本领域中解决该重新确定的技术问题的惯用手段，或教科书或者工具书等中披露的解决该重新确定的技术问题的技术手段。"以上关于公知常识的举证方式仅仅是例举而非穷举，尽管实务中经常利用教科书、工具书等作为证据来阐明公知常识，但并不意味着证明公知常识只能依靠教科书或工具书。

（2）注意新旧法的适用

基于《专利法》及其实施细则的修改，某些判断原则可能已经发生改变，实务中，需要注意判断具体案件应该适用新法还是旧法。虽然实务中发生这种错误的几率不大，但容易被忽视。

（3）尝试探究审查员的分析思路，站在审查员的角度分析问题

在判断驳回决定的法律适用是否正确时，代理人在潜意识中会依照自己的理解对案情进行分析，然后再对比驳回决定的思路和结论与自己的判断是否一致。若一致，通常认为驳回决定的法律适用正确；若不一致，则认为驳回决定的法律适用不当。为避免这种先入为主的情况发生，代理人可以尝试探究审查员的分析思路，站在审查员的角度分析问题。

【案例4-13】

本案例引自第11670号复审决定。

本案中，审查员在审查意见通知书中指出，从属权利要求8的特征"不超过约30°"在说明书中没有记载，也无法从说明书中推导出来，导致该权利要求不符合《专利法》第26条第4款的规定。针对该审查意见，申请人将从属权利要求8中"该尾部37的末端上的末段34以不超过约30°的角度向内延伸"的技术内容加入到说明书实施例部分，同时陈述该技术特征在原说明书第2页第2段已有描述。

驳回决定坚持原意见。对于申请人所作的修改，驳回决定认为，虽然该修改能使权利要求8形式上得到说明书的支持，但并不能使该权利要求实质上得到说明书的支持。

针对该驳回决定，复审请求人提出复审请求，具体理由包括：①驳回决定针对的权利要求8与原始提交的权利要求8相同，其中的技术特征"不超过约30°"已经记载在原始提交的权利要求8以及说明书中，并且通过说明书附图也可以清楚地观察到上述角度关系。②说明书具体实施方式部分记载了末段向内倾斜17.5°可使接合最佳，本领域技术人员在阅读了说明书全文后，可以理解其他的角度，如本申请记载的30°也可以达到类似的效果，只不过17.5°是最佳的；进而也可以理解，权利要求8的技术方案可以实现本申请的目的，并且带来本申请相对于现有技术的有益效果。因此，其既能得到说明书的形式支持，也能得到说明书的实质支持。

复审决定支持了复审请求人的理由，并据此撤销了驳回决定。

【案例分析】

在分析驳回决定的法律适用时，代理人需对以下两个问题了然于胸：一是本案所涉及的法律条款、审查指南中关于该条款适用所确立的判断原则；二是专利申请中与该法律条款相关的事实。

本案中，驳回决定认为权利要求8仅能得到说明书形式上的支持，不能得到说明书的实质支持。因此，在分析驳回决定时，代理人需要明确：①《专利法》第26条第4款关于权利要求得到说明书支持的规定，以及《审查指南2001》中对于该条款适用的解释和判断原则；②权利要求8中"不超过约30°"这一技术特征在说明书中的相关记载及其在整个技术方案中所起的作用。

复审决定遵循的正是上述思路。

首先，本案适用2000年修改的《专利法》，其中第26条第4款规定："权利要求书应当以说明书为依据，说明要求专利保护的范围。"审查指南针对该条款进一步规定："权利要求书应当以说明书为依据，是指权利要求应当得到说明书的支持。权利要求书不仅应当在表述形式上得到说明书的支持，而且应当在实质上得到说明书的支持。就是说，权利要求书中的每一项权利要求所要求保护的技术方案应当是所属领域的技术人员能够从说明书中公开的内容直接得到或者概括得出的技术方案，并且权利要求的范围不得超出说明书公开的内容。"判断权利要求能否得到说明书的实质支持，关键在于所属领域的技术人员能否从说明书公开的内容直接得到或者概括得出要求保护的技术方案。

要解决这一问题，必须了解说明书公开的内容，尤其是与争议技术特征相关的技术内容。

本案中，根据说明书第2页第7~8行的记载，权利要求8中末段与面板的平面成一定夹角的技术方案在该申请中所起的作用是便于将面板固定到框架上，并且提供其间的隔绝。说明书具体实施方式记载："边缘部分33具有指向内的突缘或沿其外边缘的尾部37和在尾部37的末端上的末段34，该末段34与尾部的主体成约17.5°角向内伸展""由框架2和面板5限定的空间其余部分填充多孔合成树脂芯3。如果引入一种通过加热而膨胀或定位的珠或珠球来提供芯3，则芯3的膨胀材料在框架2的尾部37和向内突出的末段12之间伸展，并使其接合，以加强和固定门1，以及提供其间的隔绝。已经发现末段37向内倾斜17.5°可使结合最佳"。基于以上内容，本领域技术人员可以预期，仅就将面板固定到框架上，实现面板与框架之间的隔绝而言，边缘尾部末段34与面板平面之间需成一定夹角，该夹角不应过大，但也绝非必须限于具体实施方式中的17.5°。结合说明书附图4~7中所示，本领域技术人员能够理解，边缘的尾部末段与面板之间成不超过30°的夹角能够起到便于将面板固定到框架上并提供其间隔绝的作用。

可见，权利要求8的附加技术特征是对于末段与面板平面之间夹角的合理概括，权利要求8能够得到说明书实质的支持。

【案例4－14】

本案例引自第10986号复审决定。

本案中，审查员在审查意见通知书中指出：独立权利要求10和独立权利要求24与权利要求1之间不具备单一性。为克服这一缺陷，申请人将权利要求10和权利要求24与权利要求1以并列选择方式合并为一个权利要求，认为这一修改克服了审查意见所指出的单一性缺陷。

驳回决定坚持缺乏单一性的意见，具体理由是：首先，申请人只是将原权利要求1、权利要求10和权利要求24以并列选择方式"合并"成一个新的权利要求1，没有进行任何实质的修改。其次，原权利要求1、权利要求10和权利要求24中相同的技术特征"含有不稳定的卤化物物质Q"（特征1）必须结合其他特征（参见结构式Ⅰ和Ⅱ）才能体现本申请对现有技术的创造性贡献，仅此特征1并不是这三项权利要求共有的特定技术特征。因此，新修改的权利要求1仍不符合《专利法》第31条第1款的规定。

原权利要求1、权利要求10和权利要求24如下：

1. 一种改性颗粒，包括连有下式基团的颗粒：

$$-A-R^1-\overset{\overset{\displaystyle R^2}{|}}{\underset{\underset{\displaystyle R^3}{|}}{C}}-Q \qquad (\text{I})$$

其中 A 表示至少一种芳香基或至少一种烷基，R^1 表示一个键、亚芳基、亚烷基；

$$-O-,\ -NH-,\ -S-,\ OR^4,\ -NR^4-,\ \overset{\overset{\displaystyle |}{}}{-S=O},\ \overset{\overset{\displaystyle |}{}}{-C=O},\ \overset{\underset{\underset{\displaystyle O}{|}}{}}{-C=O},\ \overset{\underset{\underset{\displaystyle O}{|}}{}}{-S=O},$$

$$\overset{\overset{\displaystyle |}{\underset{\underset{\displaystyle |}{O}}{}}}{-P=O},\ \text{或}\ \overset{\overset{\displaystyle OR^4}{|}}{\underset{\underset{\underset{\displaystyle O}{|}}{O}}{-P=O}}$$

其中 R^4 是烷基或亚烷基或芳基或亚芳基；R^2 和 R^3 可相同或不同，表示氢、烷基、芳基、$-OR^5$、$-NHR^5$、$-NR^5R^5$，或

$-SR^5$，其中 R^5 相同或不同表示烷基或芳基；且 Q 表示含不稳定卤化物的物质。

10. 一种改性颗粒或聚集体，包括 a）含至少一个碳相和至少一个含金属物质相的聚集体、含至少一个碳相和至少一个含硅物质相的聚集体、金属氧化物或金属氢氧化物，和 b）连到所述颗粒或聚集体上的一个下式基团：

$$-CoupA\left[\overset{\overset{\displaystyle R^8}{|}}{\underset{\underset{\displaystyle R^9}{|}}{C}}-Q\right]_n \qquad (\text{II})$$

其中 CoupA 表示 Si—基的基团、Ti—基的基团、Cr—基的基团或 Zr—基的基团；R^8 和 R^9 可相同或不同，表示氢、烷基、芳基、$-OR^{10}$、$-NHR^{10}$、$-NR^{10}R^{10}$、或 $-SR^{10}$，其中 R^{10} 相同或不同，表示烷基、芳基；Q 表示含不稳定卤化物的基团；且 n 是 1～3 的整数。

24. 一种改性颗粒或聚集体，包括 a）含至少一个碳相和至少一个含金属物质相的聚集体、含至少一个碳相和至少一个含硅物质相的聚集体、金属氧化物或金属氢氧化物，和 b）连到所述颗粒或聚集体上的一个下式基团：

$$-CoupA\left[\overset{\overset{\displaystyle R^8}{|}}{\underset{\underset{\displaystyle R^9}{|}}{C}}-X-Q\right]_n \qquad (\text{II})$$

其中 CoupA 表示 Si—基的基团、Ti—基的基团、Cr—基的基团或 Zr—基的基团；R^8 和 R^9 可相同或不同，表示氢、烷基、芳基、$-OR^{10}$、$-NHR^{10}$、$-NR^{10}R^{10}$、或 $-SR^{10}$，其中 R^{10} 相同或不同，表示烷基、芳基；Q 表示含不稳定卤化物的基团；X 表示

由至少一种可聚合单体形成的聚合物；且 n 是 1～3 的整数。

在提出复审请求时，复审请求人强调：如说明书发明背景中所述，现有技术中是通过在碳黑表面上提供如苯酚基、过氧化物基团等引入氧基团来提供引发位点，而本申请则涉及含有卤化物基团的颗粒，所连接的含卤化物基团使得本申请可以形成具有保护基团源的改性颗粒，特征 1 为本发明对现有技术作出贡献的特定技术特征。

复审决定认为，权利要求 1 中包含的三种技术方案均具特征 1。本申请对于现有技术的贡献之一在于将"含不稳定卤化物的物质 Q"连接到颗粒上；对于采用何种方式将"含不稳定卤化物的物质 Q"连接到颗粒上也是本申请对于现有技术的贡献之一。原审查部门并没有否认本申请要求保护的"具有连接上卤化物基团的颗粒"的新颖性和创造性，也没有否认特征 1 是体现本发明对现有技术作出贡献的技术特征。基于新的权利要求 1 中的三项发明（分别对应于原权利要求 1、权利要求 10 和权利要求 24）均包含一个相同的特定技术特征，它们在技术上相互关联，属于一个总的发明构思，符合《专利法》第 31 条第 1 款的规定。

【案例分析】

本案涉及单一性问题。具体而言，驳回理由的核心在于：特征 1 不完整，需与其他特征结合在一起才能共同形成特定技术特征，仅特征 1 本身不能体现本发明对现有技术的创造性贡献。因此，本案的争议焦点在于，单独的特征 1 是否能构成特定技术特征。

分析该驳回决定的法律适用是否正确，一要了解《审查指南 2006》关于特定技术特征的定义和与单一性有关的规定，二需从技术角度考查争议的特征 1 能否体现本发明对现有技术的贡献。

《审查指南 2006》关于特定技术特征的规定如下："特定技术特征"是专门为评定专利申请单一性而提出的一个概念，应当把它理解为体现发明对现有技术作出贡献的技术特征，也就是使发明相对于现有技术具有新颖性和创造性的技术特征，并且应当从每一项要求保护的发明的整体上考虑后加以确定。《审查指南 2006》的上述规定中，对于技术特征的划分并没有严格的要求，即只要能够体现对现有技术所作的贡献，无论技术特征本身的性质如何，均不妨碍其成为"特定技术特征"。就本案而言，从背景技术来看，现有技术是在碳黑表面上引入含氧基团，而涉案专利申请中，则是将"含不稳定卤化物的物质 Q"连接到颗粒上，连接到颗粒上的物质与将该物质连接到颗粒上的具体方式均是本发明对现有技术的贡献。二者是不同的特征，并非必须同时具备、相互结合才能体现出对现有技术的贡献。因此，特征 1 本身即可以作为特定技术特征。驳回决定认为必须将二者结合起来，不仅在事实认定上出现问题，而且在适用法律上也存在偏差。

针对法律适用的分析中，可能会涉及多个法律条款。例如，单一性分析中不仅会涉及特定技术特征的定义，还会涉及新颖性和创造性的判断，因此，有可能驳回理由是不具备单一性，但其关键点在于新颖性或创造性，即某一特征能否构成对现有技术

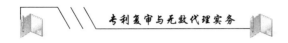

的贡献，此时需要综合考虑，全面分析。

另外，本案中，还涉及通过修改克服单一性缺陷的问题。通常，修改是克服单一性缺陷的重要途径，例如，将相同的"特定技术特征"补入被认为不具备单一性的各个权利要求中。但通常来说，仅将多个独立权利要求以并列选择方式写为一项权利要求，对于克服缺乏单一性的缺陷而言不会有什么实质的帮助。

【案例4-15】

涉案专利申请是针对一件申请日为1989年的发明专利申请在1998年提出的分案申请，根据分案日，该分案申请的申请号为981××××.×。驳回决定认为，该申请的权利要求1的全部技术特征均已记载在对比文件1中，因此该申请不具备新颖性。

复审程序中，合议组发现，涉案专利申请的申请号虽然为98开头，但是其申请日应为母案的申请日，即1989年，而对比文件1的公开日为1990年，于是以对比文件1不是现有技术为由撤销了驳回决定。

【案例分析】

对于新颖性和创造性的判断，实务中经常遇到的情况是，审查员和代理人对区别特征的认定以及该区别特征的引入是否显而易见存在争议，而对于对比文件是否适格，如对比文件的公开时间是否在专利申请日之前，因出错几率非常小而往往会被忽略。选取此案例的目的在于提醒代理人，在分析驳回决定的法律适用时，即便是对于出现几率非常小的情况，也要给予关注，并严格遵循《专利审查指南2010》规定的相关原则。

第5章 复审请求书的撰写

在准备请求复审时，首先要考虑的是复审请求策略。复审请求策略是一套综合的方案，包括如何提出复审请求、复审程序中的策略选择及复审程序结束后的应对方式等。

关于提出复审请求的形式要求和手续，可以参见复审请求书表格、《专利审查指南2010》的相关规定和本书第8章的内容。本章重点讨论如何准备复审请求，包括复审请求理由的确定、专利申请文件的修改和证据的准备三个方面。

第1节 复审请求理由的确定

1 准备复审请求书

如何准备复审请求书是复审请求策略中非常重要的一部分。在制定复审请求策略，特别是准备复审请求书时，需要综合考虑涉案专利申请的情况和申请人的意图，其中，涉案专利申请的案情是基础，申请人的意图是指导方向。代理人需要在具体案情的基础上，结合申请人的意图，制定复审请求策略，准备复审请求书。

1.1 涉案专利申请的具体案情

在准备复审请求书之前，代理人通常需要如本书第4章所述，针对驳回决定进行分析，并将分析结果汇报委托人。一般情况下，委托人可能希望听到代理人关于以下两方面的意见：一是驳回决定是否存在错误，包括：事实认定是否有误、法律适用是否准确以及审查程序是否合法等，该决定是否存在通过复审程序被撤销的可能性，以及被撤销的可能性有多大。二是涉案专利申请的相关情况，例如，是否存在未被驳回的权利要求，未被驳回的权利要求是否可能获得授权；被驳回的权利要求是否还存在通过修改而获得授权的前景，说明书中是否还存在可授权的主题等。

1.2 申请人的意愿

实务中，申请人提交专利申请可能出于两种考虑，一种是为了保护自己的产品或技术（核心专利，进攻性策略），另一种是防御和限制他人的产品或技术（外围专利，防御性策略）。专利申请的目的不同，在其被驳回后，申请人针对驳回决定的反应和相应的考虑也会不同。持进攻性策略的申请人，对于驳回决定的反应可能会更积极，

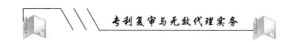

比如，可能会选择极力争辩，希望尽可能保持目前被驳回的权利要求的保护范围；或者在不得已必须缩小权利要求保护范围的情况下，尽可能保持最大的能够被接受的范围；或者申请人也可能希望以尽量小的花费和成本尽快获得授权等。持防御性策略的申请人，对于驳回决定的反应可能恰好相反，比如，有的申请人可能仅仅希望通过复审程序撤销驳回决定，使专利申请回到实审状态，从而保持尽可能长的审查状态。

根据涉案专利申请案情和申请人意愿的不同，代理人可以有针对性地准备复审请求书。

2　确定复审请求理由

2.1　确定复审请求理由的考虑因素

确定复审请求理由，首先需要对驳回决定有正确的认识。

根据《专利法》第41条的规定，申请人对驳回决定不服的，可以向专利复审委员会请求复审，但是，启动复审程序的目的并不仅在于纠正驳回决定的错误。根据复审程序的性质，其除了纠正驳回决定的不当以及使专利申请继续回到实审的审批程序中外，本身也是专利审批程序的一个环节。此外，在某种程度上，申请人也可以借此获得一个进一步完善自己的专利申请的机会。因此，代理人需要认识到，推翻驳回决定仅仅是启动复审程序的目的之一。通过启动复审程序，借助复审请求理由的提出和专利复审委员会对于复审请求理由的审查，一方面可以经陈述意见或修改申请文件等方式获得范围更合理、质量更高、更稳固的专利；另一方面，也可以延长审查时间，使专利申请继续保持保护范围待定的"威慑"状态。代理人还需认识到，一旦复审程序启动，专利复审委员会也有可能对于专利申请中存在的驳回缺陷外的其他明显实质性缺陷进行依职权审查。确定复审请求理由的时候，启动复审程序的目的是一个必须要考虑的问题。

如果启动复审程序仅仅是希望撤销驳回决定、恢复实审状态，则复审请求理由的重点需放在论证驳回理由不成立或者经修改的申请文本可以克服驳回缺陷上，尤其是当驳回决定的审查程序存在瑕疵时，需把审查程序错误作为复审请求理由的重点。如果启动复审程序的目的是获得合适的保护范围，则需要全面分析驳回决定及之前的审查意见，在满足《专利法实施细则》第61条第1款规定的前提下，对申请文件作出恰当的修改，以利于按照所需要的保护范围在复审程序中进行有力的争辩。在此情况下，即使存在实审审查程序错误，也未必作为复审请求理由的重点。

2.2　确定复审请求理由的原则

提出复审请求的理由，除了可以通过说理或者补充证据论证驳回理由不成立之外，还包括对申请文件进行修改。如何修改申请文件和补充证据将分别在本章第2

节、第 3 节中详细讨论，本节主要讨论如何确定复审请求理由。

根据对驳回决定的分析结果、涉案专利申请的具体案情以及申请人意愿的不同，复审请求理由的重点也不同。实践中通常遵循两个原则：一个是"有错争辩、无错修改"，另一个是"先程序、再事实、后法律"。

2.2.1　有错争辩、无错修改

若分析后认为驳回决定中存在错误，无论是事实认定、法律适用，还是审查程序错误，提出复审请求的基本出发点是针对驳回决定的错误进行争辩。当然，这并不意味着所有复审请求理由均仅是反驳驳回决定的错误，而是把指出并纠正驳回决定的错误放在首位。若分析后认为驳回决定中不存在错误，则可重点考虑是否有可能通过修改申请文件使驳回决定被撤销。

2.2.2　先程序、再事实、后法律

根据《专利审查指南 2010》的规定，驳回决定的作出违反法定程序是撤销驳回决定的理由之一。在确定复审请求理由时，通常的顺序是，首先考虑驳回决定的审查程序是否合法，其次是事实认定是否正确，最后考虑法律适用是否恰当。审查过程中出现的程序问题对于一件专利申请的影响在程度上通常存在差异，而合议组会将这种影响与申请人的意愿和案件的授权前景等因素综合考量，因此，当认为驳回决定不仅存在程序问题，实体认定也存有瑕疵时，建议在复审请求理由中涉及所有问题，避免将复审请求理由仅集中在程序问题上。

2.3　不同情形下复审请求理由的确定

表 5 - 1 示出驳回决定可能出现的几种常见情形。针对不同的情形，复审请求人确定的复审策略可能略有差异。

表 5 - 1　驳回决定的几种常见情形

			情形1	情形2	情形3	情形4	情形5	情形6	情形7	情形8	情形9
驳回分析结果	审查程序	正确	※	※			※	※			
		错误			※	※		※	※	※	
	事实认定	正确	※	※	※	※	※		※		
		错误						※		※	※
	法律适用	正确	※	※	※	※		※	※		
		错误					※			※	※
具体案情	无授权前景		※		※						
	有授权前景	有未评述的权利要求，或者说明书中有明显可授权内容		※		※				※	※

续表

		情形 1	情形 2	情形 3	情形 4	情形 5	情形 6	情形 7	情形 8	情形 9
申请人意愿	仅撤销驳回（防御）									
	希望授权，并获得尽可能大的保护范围（进攻）									
	希望授权，并尽快获得授权									

2.3.1 驳回决定没有错误

情形 1 和情形 2 为驳回决定没有错误的两种情形，提出复审请求时应重点考虑修改申请文件。

对于情形 1，由于涉案专利申请没有授权前景或者授权前景很渺茫，代理人在向申请人报告时，除了客观说明针对驳回理由的意见以外，还应该明确提醒授权前景的风险。如果申请人针对涉案专利申请持进攻性策略，代理人需要积极主动应对，例如进一步挖掘能否通过修改克服驳回决定指出的缺陷，以尽可能维持涉案专利申请的审查状态等。

对于情形 2，由于涉案专利申请有授权前景，代理人可以考虑把有授权前景的内容修改到新的权利要求书中。例如，删除已评述的无法获得授权的权利要求而仅保留未被评述的权利要求或者将说明书中能够克服驳回缺陷的特征补充记载到权利要求中。当然，无论何时都需谨记，代理人在确定理由时，需要考虑申请人的意愿，并根据申请人的指示进行相应处理。特别是，当涉案专利申请对于申请人而言属于进攻性策略的重要组成部分时，代理人在详细阐明分析意见后，需要充分考虑申请人提交专利申请的目的。如果对权利要求进行限缩性修改将使获得专利权的意义大大降低，甚至无法对申请人的利益形成实质保护，则可以考虑暂缓修改而只进行争辩，使专利复审委员会的审查重点集中在"驳回理由是否成立"上。

2.3.2 驳回决定的审查程序错误

情形 3 和情形 4 为驳回决定存在审查程序错误，但事实认定和法律适用没有错误的情形。其中，情形 3 申请无授权前景，而情形 4 申请有授权前景。代理人需要向申请人说明的是，情形 3 驳回决定被撤销的可能性相对低，不过如果申请人坚持，上述两种情形均可以审查程序错误为复审请求的理由请求撤销驳回决定，而在复审阶段是否对申请文件作出修改也取决于申请人的意愿。

若申请人持进攻性策略，并且希望尽可能保持被驳回的权利要求的保护范围，代理人可以考虑在确定复审请求理由时不修改申请文件而仅进行争辩。在争辩理由中，除了清楚明确地指出驳回决定的程序错误外，还需要从实体上进一步挖掘并重点阐述对实体问题的争辩意见。而若申请人希望尽快获得授权，代理人在确定复审请求理由时可以考虑以修改申请文件作为重点，在清楚明确指出驳回决定存在程序错误的同时，重点论述修改后的申请文件已经不是驳回决定所依据的事实和/或已经克服专利申请实体上的缺陷。

2.3.3 法律适用错误

情形 5 表示驳回决定的法律适用存在错误，审查程序和事实认定正确。

对于法律适用存在错误的情形，由于法律适用错误会导致审查结论完全不同，所以如果能纠正这一错误，则完全有可能在原权利要求的基础上获得授权。因此，这种情况下请求复审的策略通常以争辩为重点，而非修改申请文件。

有时，驳回决定中会出现引用法条的笔误，这种笔误一般不会对复审决定的结论产生实质影响。

2.3.4 事实认定错误

情形 6 表示驳回决定在事实认定上存在严重错误。由于事实认定是得出审查结论的基础，因此，若驳回决定对事实认定存在严重错误，可能会导致案件结论完全错误。在确定复审请求理由时，重点应放在直接提出争辩理由，阐述驳回决定在事实认定上的实质错误，而不是修改申请文件上，以争取存在事实认定错误的驳回决定尽早被撤销。

2.3.5 存在多种错误的情形

对于驳回决定中存在多种错误的情形，在确定复审请求理由时需要将这些错误全部指出。有时，各种错误的严重程度是不同的，代理人可以考虑将最严重的错误或者具有决定性的错误作为主攻方向重点陈述。

例如，若驳回决定除了存在审查程序错误之外，还存在事实认定错误和/或法律适用错误（例如情形 7、情形 8 和情形 9），在复审请求书中除了陈述针对审查程序错误的意见外，应该重点论证驳回决定在事实认定和/或法律适用上的错误，以争取驳回决定被撤销不仅仅是因为审查程序问题，还包括有关事实认定和/或法律适用的实体上的错误。

2.3.6 其他问题

有时还会出现审查程序和事实认定基本上正确，但存在一定的细微瑕疵的情形。细微瑕疵通常是指审查程序和事实认定中存在的非实质性的不规范之处。

对于出现细微瑕疵的情况，在分析驳回决定属于何种情形时，应该将其视为正确的情形，因为这些细微瑕疵对复审请求并不能起到决定性或实质性的作用。但是，作为代理人的职责，在向申请人汇报时，代理人需要指明这些细微瑕疵，以使申请人能够理解，并且同时还需要向申请人解释这些细微瑕疵在复审请求理由中的分量，以避免误导申请人。

2.4 复审请求理由的举例

除了认为驳回决定在审查程序、事实认定和法律适用方面均不存在任何不当而选择修改专利申请文件的情形外，针对驳回决定确定的复审请求理由一般主要集中在审查程序、事实认定和法律适用三个方面。

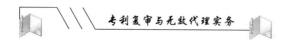

2.4.1 审查程序

审查程序有误（例如，违反听证原则），就此提出复审请求后，驳回决定有可能被撤销。但是，当被驳回的专利申请在实体上确实存在缺陷时，如果仅将审查程序有误作为复审请求理由，可以预见，即使驳回决定因违反法定程序被撤销，原实审部门在继续审查过程中，仍有可能在纠正不当审查程序的基础上二次驳回。因此，代理人需要进一步考虑如何克服专利申请的实质性缺陷以尽快获得授权。

【案例5-1】

某申请，审查员发出第一次审查意见通知书，在通知书中仅仅笼统地指出："对比文件1中公开了同样的方法，参见该文献的说明书全文和权利要求书，特别是该对比文件第3页中明确提出几种可能的加料方式，由此权利要求1~24已经被对比文件1全部公开，不具备《专利法》第22条第2款规定的新颖性。"

申请人在答复第一次审查意见通知书时修改了权利要求23，并提交了权利要求书替换页，同时陈述了本申请权利要求1~24具备新颖性的理由。

审查员经过审查，认为权利要求1~24与对比文件1之间即使存在些微差别，这些差别也是本领域的公知常识，但是没有具体指出这些差别是什么。最终，原审查部门以权利要求1~24相对于对比文件1和公知常识不具备创造性，不符合《专利法》第22条第3款为由驳回了该申请。

【案件分析】

针对本案，可以从以下几个方面加以分析和讨论。

（1）驳回决定分析思路

代理人可以尝试表5-2所示的分析思路：

表5-2　驳回决定分析思路

项目	本案案情	分析结论
事实认定	本案中针对事实认定的内容并不明确	结论：本案中针对事实认定不清楚，因此是否存在错误并不明确
法律适用	驳回决定认为权利要求1~24不符合《专利法》第22条第3款的规定	结论：对于法律适用，由于没有具体的说理过程，难以判断是否正确
审查程序	①第一次审查意见：权利要求1~24相对于对比文件1不具备《专利法》第22条第2款规定的新颖性没有具体阐述审查意见；②驳回决定：权利要求1~24相对于对比文件1和公知常识不符合《专利法》第22条第3款	结论：驳回决定违反听证原则 理由是： 1）原审查部门在审查意见通知书中始终没有具体和明确指出上述对比文件中用于对比的技术内容，没有指出权利要求1~24与对比文件1的差别以及公知常识的内容，即在作出不利于复审请求人的驳回决定之前，没有完整地将驳回所依据的事实告知复审请求人，也没有充分说明理由，由此导致复审请求人无法针对具体的事实和理由进行解释和修改，所以，违反了听证原则； 2）关于权利要求1~24不符合《专利法》第22条第3款的理由，在驳回决定之前，原实质审查部门没有完整地将驳回所依据的事实告知复审请求人，所以，违反了听证原则

（2）针对驳回决定的分析结果

本案中，由于事实认定并不清楚，因此难以判断是否存在错误；并且，对于法律适用，由于没有具体的说理过程，也难以判断是否正确。在分析时，暂时认为没有发现错误，因此本案与上述的情形 3 和情形 4 类似。

（3）确定复审请求理由

虽然代理人认为本案中法律适用也有可商榷之处，但是并不肯定能够完全就法律适用错误争辩成功，因此，复审请求理由应以陈述审查程序错误为主。但是，若在复审请求书中只提出审查程序有误的理由，不对实体如事实认定、法律适用进行实质性分析，则在驳回决定被撤销后，下一次审查意见通知书有可能会与驳回决定中的意见和结论相同。因此，在复审请求中，除了审查程序问题之外，还应当阐述创造性的争辩意见，尽量争取使专利复审委员会能以程序和实体问题一起撤销驳回决定；即使复审决定撤销驳回决定时未涉及创造性问题，在驳回决定被撤销后，原审查部门也有可能会考虑复审请求书中关于创造性的争辩意见。如同意复审请求意见，有可能会直接授权，使得审查进度加快；如不同意复审请求意见，则可能会针对请求理由进行评述，这样给出的审查意见能使申请人的答复更有针对性。

代理人可以尝试按如下所示列出复审请求理由的提纲：

A. 关于审查程序

① 《专利审查指南 2010》关于听证原则的规定和目的。

② 本案与听证原则有关的事实。

③ 本案不符合听证原则的理由：驳回之前未明确告知具体的事实和论证过程。

④ 本案中驳回决定的作出违反听证原则。

B. 关于创造性

① 驳回决定的要点（在复审请求书中要反驳的焦点问题）。

② 反驳理由：权利要求 1~24 相对于对比文件 1 具有区别特征；这些区别特征并不是公知常识。因此，权利要求 1~24 相对于对比文件 1 和公知常识具备创造性，符合《专利法》第 22 条第 3 款。

2.4.2 事实认定

事实认定是驳回决定的基础。在错误认定的事实基础上，很难保证法律适用的准确。实务中，驳回决定因事实认定错误而被复审程序撤销的几率很高。除非专利申请没有授权前景，同时驳回决定这种事实认定的错误尚不足以严重到影响申请人程序和实体权利的程度，专利复审委员会可能在纠正事实认定错误的基础上维持驳回决定。

对于驳回决定存在事实认定错误的情况，在准备复审请求时，代理人可以重点针对事实认定提出复审请求意见。当驳回决定还存在法律适用不当以及审查程序有误等缺陷时，复审请求书中也要具体阐述相关理由，以增加驳回决定被撤销的成功率，防止因代理人在事实认定方面的判断失误而导致复审请求理由不成立。

针对事实认定具体阐明复审请求理由时，需要着重描述和分析专利申请中相关事实的本质以及从专利申请文件的哪些内容能够明晰这一事实，分析驳回决定事实认定错误之处以及代理人认为该认定存在错误的理由，阐述该事实认定错误对于当事人权利的不利影响等。

例如，针对权利要求和对比文件之间是否存在区别特征，代理人在提出复审请求时，可以详细描述以下内容：

① 权利要求中争议技术特征的含义，可以结合其在权利要求技术方案中的作用以及其与其他技术特征之间的关系阐述该争议技术特征的实质。

② 驳回决定中引述的对比文件中的对应内容以及相关技术特征的含义。

③ 两者的对比，特别是对比文件的技术内容与权利要求中争议技术特征之间的对应关系。

分析时，可以采用如下所示的对照列表方式进行对比：

序号	权利要求	对比文件	驳回决定	正确的对比分析及对驳回决定错误的分析
1	……	……	……	……

【案例 5-2】

本案例引自第 12570 号复审决定。

本案中，驳回决定针对的权利要求 1 为：

一种自行车用后拨链器，在可自由拆装地安装自行车的车架的后端部上，用于将链条挂在分别安装到后轮的轮毂轴上的齿数不同的多个链轮之一上的自行车用后拨链器中，包括：

可自由拆装地安装在前述车架上的第一底座构件，

第二底座构件，

驱动机构，

可自由摆动地连接在前述两个底座构件上、借助前述驱动机构摆动的四点连杆机构，

可自由摆动地设置在前述四点连杆机构上、沿前述轮毂轴的轴向方向导向前述链条的链条导向件，其特征在于：

第一底座构件具有对接部，

第二底座构件与前述第一底座构件的对接部对接连接、与前述第一底座构件一起在内部形成容纳空间，

驱动机构至少一部分容纳在前述容纳空间内，

设置在前述第一底座构件和第二底座构件至少其中之一上、限制前述两个底座构件的对接部因外力产生位偏移的偏移限制部。

具体如图 5-1 中的图 A～图 C 所示。其中，图 A 是后拨链器的侧视图，图 B 是底座构件和驱动机构的接合方法及偏移限制部的详细图；2 表示第一底座构件，3 表

示第二底座构件，4 表示驱动机构，19 为对接部。

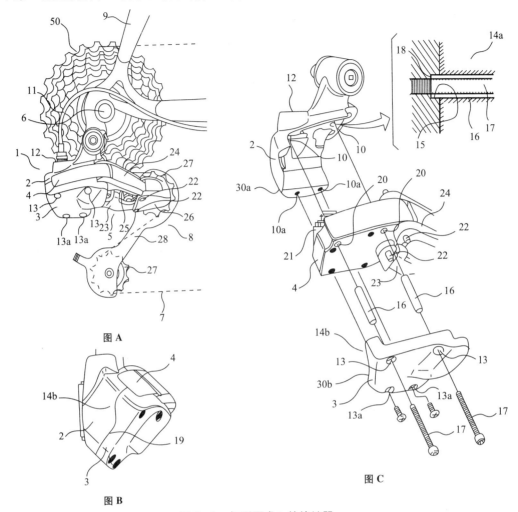

图 5-1 权利要求 1 的拨链器

驳回决定认为，权利要求 1 相对于对比文件 1 不具备新颖性。具体理由为："对比文件 1 公开的电机单元外壳包括第一外壳部分 56A（相当于'第一底座构件'）和第二外壳部分 56B（相当于'第二底座构件'），两部分对接在一起构成容纳空间容纳电机 262（相当于'驱动机构'），第一外壳和第二外壳通过连接件连接在一起。由此可见，对比文件 1 与本申请权利要求 1 不存在区别。"

【案例分析】

本案中，针对上述驳回决定，代理人需要首先分析权利要求 1 的技术特征以及各特征在本申请技术方案中的作用；其次，考查对比文件 1 公开的内容，尤其是第一外壳部分 56A、第二外壳部分 56B、电机 262 的位置与作用；接下来，研究其与权利要求 1 中的第一底座构件、第二底座构件以及驱动机构位置是否对应，作用是否相同，在相应的技术特征之间建立对应关系。

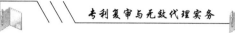

对比文件 1 公开了一种电机驱动的拨链器，它可自由拆装地安装在自行车的车架的后端部上，用于将链条挂在分别安装到后轮的轮毂轴上的齿数不同的多个链轮之一上。该拨链器包括可自由拆装地安装在前述车架上的基件 44、电机单元、"四杆"式连杆机构和导链器 190。电机单元包括电机单元外壳 56 和电机单元盖板 60。其中，电机单元外壳包括第一外壳部分 56A 和第二外壳部分 56B，其和电机 262 一起构成电机单元。对比文件 1 的拨链器如图 5－2 中的图 A～图 C 所示。

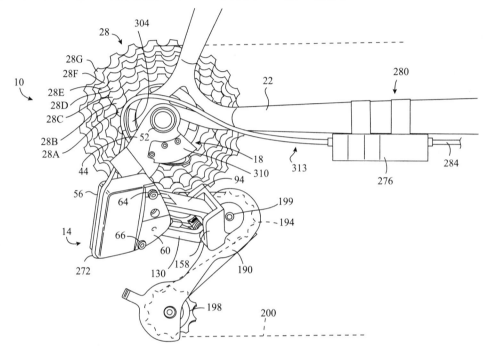

图 A　自行车的后部的侧视图

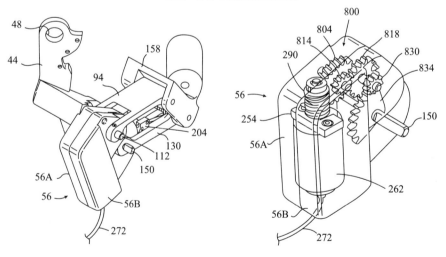

图 B　电机驱动拨链器的一部分的斜视图　　　　图 C　拨链器的电机单元视图

图 5－2　对比文件 1 的拨链器

可以考虑采用以表 5-3 所示的对比方式分析驳回决定的事实认定。

表 5-3

序号	权利要求	对比文件1	驳回决定	对比分析
1	……	……	……	……
2	可自由拆装地安装在前述车架上的第一底座构件	拨链器包括可自由拆装地安装在前述车架上的基件44	第一外壳部分56A相当于权利要求1中的第一底座构件	可自由拆装地安装在前述车架上的基件44相当于权利要求1的第一底座构件 理由：对比文件1中仅有基件44可自由拆装地安装在自行车的车架上安装位置，与第一底座构件的安装位置和作用相同
3	第二底座构件，与第一底座构件的对接部对接连接、与前述第一底座构件一起在内部形成容纳空间	电机单元包括电机单元外壳56和电机单元盖板60	第二外壳部分56B相当于第二底座构件	电机单元盖板60相当于权利要求1的第二底座构件 理由：对比文件1的电机单元盖板60是形成容纳电机单元的容纳空间的一部分
4	驱动机构	电机单元，包括第一外壳部分56A和第二外壳部分56B，其内容纳电机262	电机262相当于驱动机构	电机单元相当于权利要求1的驱动机构

基于以上分析，代理人可以以此为基础就事实认定问题撰写如下复审请求理由提纲：

（1）对比文件和权利要求中的部件对应关系

本申请的"第一底座构件"可自由拆装地安装在自行车的车架上，对比文件1中只有基件44的安装位置和作用与本申请的"第一底座构件"相同，而电机单元第一外壳部分56A的安装位置和作用都与本申请的"第一底座构件"不相同。

对比文件1中的电机单元盖板60相当于权利要求1的第二底座构件，因为电机单元盖板60是形成容纳电机单元的容纳空间的一部分。

对比文件1中第一外壳部分56A、第二外壳部分56B和电机262等共同组成了电机单元，该电机单元相当于本申请的驱动机构。

（2）对比文件和权利要求的特征对比和区别

在对比文件1中，因为对应于第二底座构件的电机单元盖板60并不与对应于权利要求1的第一底座构件的基件44相对接，而是与电机单元外壳56一起形成容纳空间来容纳电机单元。因此，基件44与电机单元盖板60之间并不对接，两者之间不存在对接部，即对比文件1不存在基件与电机单元盖板之间的"对接部"，更不会出现"对接部"因外力产生偏移的问题，相应地，也就不必设置"偏移限制部"来解决上

第 5 章

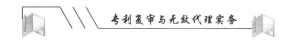

述技术问题。

因此，对比文件1没有公开对接部的特征，更不可能公开"偏移限制部"的技术特征。

（3）驳回决定事实认定存在错误，应当被撤销。

2.4.3 法律适用

法律适用是驳回决定的灵魂。根据《专利审查指南2010》的规定，法律适用错误的驳回决定应当被撤销。当然，仅仅意识到法律适用有误是不够的，代理人还需要进一步分析法律适用有误的原因。

【案例5-3】

本案例引自第8689号复审决定。

本案涉及一种聚酯纤维的低聚物抑制剂。说明书背景技术中提到，聚酯纤维染色过程中，由于低聚物的沉积，导致内部线层漂白，从而在内层与外层之间存在色差。发明人发现，当在染浴中加入适当的酯化合物时，可以防止低聚物发生迁移，从而避免产生上述问题。因此，涉案专利申请请求保护这种聚酯纤维低聚物抑制剂，其中，权利要求1和权利要求6如下：

1. 聚酯纤维低聚物抑制剂，包括一种或多种酯化合物，选自多元醇与"烷基或烯基脂肪酸"的环氧丙烷加合物的酯化合物；该酯化合物由多元醇和含有"烷基或烯基脂肪酸"的动物或植物油和脂肪的环氧丙烷加合物的酯交换反应得到。

6. 聚酯纤维低聚物抑制剂，包括如权利要求1~5任一项限定的低聚物抑制剂，和"聚酯-聚醚嵌段共聚物"，以99~50∶1~50重量掺合，所述的共聚物由至少一种对苯二甲酸和间苯二甲酸、低级烷撑二醇及至少一种聚烷撑二醇及聚烷撑二醇单醚得到。

原审查部门以权利要求1和权利要求6不符合《专利法实施细则》第20条第1款的规定为由驳回了本申请。驳回决定认为：权利要求1中，一种或多种酯化合物的量、酯交换反应的条件是实施发明的必要技术特征，缺少对该技术特征的描述导致权利要求1和权利要求6不符合《专利法实施细则》第20条第1款的规定。

【案例分析】

本案中，驳回决定在适用法律上存在以下两个方面的问题。

（1）关于法律依据

驳回决定的理由是权利要求1、权利要求6缺乏必要技术特征，但其引用的法律依据却是《专利法实施细则》第20条第1款。根据《专利法实施细则》的相关规定，如果认为权利要求缺少必要技术特征，应当适用《专利法实施细则》第21条第2款，而非《专利法实施细则》第20条第1款，因为后者所规范的内容是权利要求应当清楚简明地限定要求保护的范围。因此，驳回决定在法律适用上可能存在错误。

（2）关于必要技术特征

在判断某一技术特征是否为必要技术特征时，应当从所要解决的技术问题出发并考虑说明书描述的整体内容。如果独立权利要求中记载的技术特征的总和所构成的技术方案足以区别于背景技术中所述的其他技术方案，并且能够解决发明所要解决的技术问题，达到发明所述的有益效果，则应当认为独立权利要求已经记载了解决其技术问题所不可缺少的必要技术特征。

实务中，关于哪些技术特征属于必要技术特征，哪些技术特征属于非必要技术特征，往往存在较强的主观性。能否将相关法律条款与案件具体事实紧密结合起来，准确适用，考验的不仅是对技术的掌握，也是对法条立法精髓的透彻理解。

本案中，要求保护的聚酯纤维低聚物抑制剂所要解决的技术问题是：在染色过程中防止低聚物从聚酯纤维和聚酯混纺纤维发生迁移。从背景技术和说明书描述的整体内容可以看出，本申请所使用的酯化合物本身在现有技术中是已知的，本申请的贡献在于选择适当的酯化合物作为低聚物抑制剂成分，由于低聚物抑制剂中酯化合物的含量是现有技术中通常选择的范围，在不限定具体的酯化合物的量的情况下，本领域技术人员能够理解到目前权利要求的技术方案已经能够解决相应的技术问题。反过来分析，驳回决定在没有提出反证表明现有已知的酯化合物含量范围不能解决本申请所要解决的技术问题的情况下，简单地将酯化合物的量直接认定为必要技术特征缺乏依据。另外，对于酯交换反应的条件，本申请说明书已经公开了一些信息（例如，本申请说明书第 4 页指出，所述酯化合物"以熟知的酯化过程生产"，并描述了一些制备所述酯化合物的温度等条件），本领域技术人员在其指引下结合本领域的公知常识完全可以确定如何进行酯交换。在没有证据表明已知的酯交换反应条件不能解决本申请所要解决的技术问题的情况下，驳回决定简单地将酯交换反应的条件直接认定为必要技术特征缺乏依据。因此，驳回决定适用法律存在错误。

代理人可以从以上两个方面准备复审请求理由，提纲如下：

（1）关于法律依据

① 明确《专利法实施细则》第 20 条第 1 款和第 21 条第 2 款的含义。

② 驳回决定的理由为缺少必要技术特征，应当适用《专利法实施细则》第 21 条第 2 款，而不是《专利法实施细则》第 20 条第 1 款。

（2）关于《专利法实施细则》第 21 条第 2 款的适用

① 明确审查指南关于《专利法实施细则》第 21 条第 2 款所确立的判断原则。

② 列出发明要解决的技术问题、现有技术的状况、本申请相对于现有技术的贡献。

③ 分析解决发明所述的技术问题所需的必要技术特征，分析"一种或多种酯化合物的量""酯交换反应条件"是本领域技术人员根据其常识即可确定的，并非必要技术特征。

（3）关于《专利法实施细则》第 20 条第 1 款的适用

说明即使适用《专利法实施细则》第 20 条第 1 款，该驳回理由也不成立。

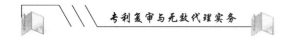

（4）结论

驳回决定适用法律错误，应当予以撤销。

第2节 专利申请文件的修改

根据《专利审查指南2010》的规定，复审请求人在提出复审请求时或在复审程序中可以对申请文件进行修改，但是，这种修改除了需要满足《专利法》第33条的要求外，还需要满足《专利法实施细则》第61条第1款的规定，即复审请求人对申请文件的修改应当仅限于消除驳回决定或者复审通知书指出的缺陷。

《专利审查指南2010》在第四部分第二章第4.2节列举了四种通常被认为不符合《专利法实施细则》第61条第1款规定的情形：

① 修改后的权利要求相对于驳回决定针对的权利要求扩大了保护范围。

② 将与驳回决定针对的权利要求所限定的技术方案缺乏单一性的技术方案作为修改后的权利要求。

③ 改变权利要求的类型或者增加权利要求。

④ 针对驳回决定指出的缺陷未涉及的权利要求或者说明书进行修改。但修改明显文字错误，或者修改与驳回决定所指出缺陷性质相同的缺陷的情形除外。

复审程序中，若复审请求人提交的修改文本不符合上述规定，专利复审委员会一般不予接受。

1 是否修改申请文件的考虑因素

根据《专利审查指南2010》的规定，在复审程序中，在以下三种情况下才可以提交修改文本：一是提出复审请求时，二是在答复复审通知书时，三是答复复审请求口头审理通知书时。

在复审程序中，对申请文件的修改应仅限于克服驳回决定和复审通知书指出的缺陷。是否修改申请文件，最主要的考虑因素是驳回理由是否成立。具体而言，若驳回理由完全不成立，通常不需要修改申请文件（形式缺陷除外），而是仅仅指出并论证驳回决定存在的实体错误；若驳回理由全部成立或者部分成立，通常需考虑通过修改申请文件来克服驳回决定指出的缺陷。

【案例5-4】

本案例引自第5235号复审决定。

本案中，驳回决定认为，权利要求1、权利要求2、权利要求4~8、权利要求10、权利要求11、权利要求13~17相对于对比文件1、对比文件2和对比文件3的结合不具备创造性。复审请求人提交修改文本，将驳回决定没有评述的权利要求19修改为新的权利要求1，同时删除了驳回文本中的权利要求1、权利要求10~18，并对其他从属权利要求顺序编号，形成新的权利要求1~9。

【案例分析】

修改申请文件是克服驳回决定所指出的缺陷的最简单、最有效的手段。本案中，复审请求人注意到，驳回决定仅对部分权利要求提出创造性的质疑，于是在提出复审请求时对申请文件进行了修改，通过删除驳回决定认为不具备创造性的权利要求，克服了驳回决定指出的缺陷。

但需要注意的是，上述做法并不是绝对的。是否修改申请文件，除了考虑驳回决定在实体问题认定上是否存在不当外，还需要结合申请人的意愿，从专利申请的整体上加以考虑。某些情况下，例如，申请人强烈希望保持被驳回的权利要求的保护范围，或者若对权利要求进行限缩性修改，即使获得授权，所获得的专利权对申请人来说保护意义也大为降低时，代理人可以选择暂不修改申请文件而只提出争辩意见。再比如，申请人意欲将涉案专利申请在授权后纳入行业标准或产品标准中，若对权利要求进行限缩性修改，则即使获得授权，申请人的希望也可能落空；或者，专利申请中存在某些缺陷（比如，驳回决定认为其公开不充分或者属于不能被授予专利权的主题），修改与否对克服缺陷没有任何帮助时，代理人可以选择暂不修改申请文件而只提出争辩意见。

暂缓修改申请文件只是复审请求策略的第一步，代理人需要根据案件的发展决定在后续审查过程中是否进行修改。之所以采取这种策略，原因在于，即使专利复审委员会认可驳回决定的观点，其在作出维持驳回决定的复审决定之前，也需要将具体的理由、证据和认定的事实通知复审请求人，并给复审请求人至少一次陈述意见的机会。代理人可以在收到复审通知书时再对申请文件作出修改。

2 修改申请文件的要求

2.1 对《专利法实施细则》第61条第1款的理解

复审程序虽然是专利审批程序的继续，但主要任务是解决专利申请人与实质审查部门之间因驳回决定而引发的争议，并不承担全面审查的义务。这一性质决定了复审程序中对专利申请文件的修改属被动修改，复审请求人（即专利申请人）应当针对驳回决定或者复审通知书（包括复审请求口头审理通知书）中指出的缺陷进行修改。

《专利审查指南2010》列举的四种通常被认为不符合《专利法实施细则》第61条第1款规定的修改方式仅仅是提示性的示例，具体案件涉及的情形千差万别，应理解审查实践中可能存在属于所述四种修改方式但符合《专利法实施细则》第61条第1款的规定的特例；并且，不能将这四种修改方式理解为对不允许修改方式的穷举，即不能理解为只有这四种修改方式才被认为不符合《专利法实施细则》第61条第1款

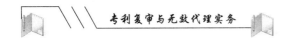

的规定。判断修改是否符合《专利法实施细则》第 61 条第 1 款的规定，关键要看修改目的是否是为了克服驳回决定或复审通知书指出的缺陷。

复审程序中，代理人在提交修改文本时，既要解释所述修改在原始说明书和权利要求书能够找到依据，必要时也要解释所述修改的目的。

2.2 扩大驳回决定所针对的权利要求的保护范围

对于扩大保护范围的修改，常见的情形包括删除权利要求中的某个特征或者将某特征替换为上位概念。例如，驳回决定指出权利要求中的某个特征不清楚，复审请求人为了克服该不清楚的缺陷，将该特征从权利要求中删除，虽然这种删除能够克服不清楚的缺陷，但是极有可能不符合《专利法实施细则》第 61 条第 1 款的规定。

需要注意的是，有时复审请求人在删除权利要求中的某个技术特征的同时还补充另外的技术特征。此时，因修改后的权利要求的保护范围与修改前的保护范围相交叉，复审请求人可能会认为，修改后的权利要求并不能将修改前的权利要求的保护范围完全涵盖在内，因此这种"删除＋增加"的修改不属于扩大保护范围。这种理解是不正确的。在判断是否为扩大保护范围的修改时，需要考虑是否因修改导致保护范围出现超出驳回决定所针对的权利要求的保护范围的部分，而非仅仅比较两个权利要求的范围的大小。

2.3 将缺乏单一性的技术方案作为修改后的权利要求

复审请求人在修改申请文件时，不能将缺乏单一性的技术方案作为修改后的权利要求。

出现这种情况，大多是因复审请求人发现，目前的权利要求均不能克服驳回决定指出的缺陷，但是说明书中存在能够克服缺陷的技术方案。复审请求人或者主观上不希望在目前权利要求中增加新的技术特征而使保护范围过小，或者客观上不能在目前的权利要求中增加新的技术特征来构成新的技术方案，于是就依据说明书中的内容撰写新的独立权利要求，从而导致新的权利要求与被驳回的权利要求之间不具有单一性。

另外，也有一种可能是，原始权利要求中存在多个独立权利要求，在实审程序中，专利申请人为了克服单一性的缺陷，删除其中的一个或多个独立权利要求。当保留的独立权利要求及所有从属权利要求被驳回后，复审请求人将之前删除的权利要求又重新纳入申请文件中请求复审。

对于依据说明书中的内容撰写的新的权利要求或者因不具备单一性而删除的权利要求，复审请求人可以通过分案的方式请求保护。

2.4 改变权利要求的类型

在复审程序中，判断权利要求的类型是否发生改变，不仅仅限于在关于物的权利要求和关于活动的权利要求之间发生转换，同样是物的权利要求，例如，以化学产品

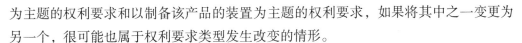

为主题的权利要求和以制备该产品的装置为主题的权利要求，如果将其中之一变更为另一个，很可能也属于权利要求类型发生改变的情形。

判断是否属于权利要求类型的改变以及改变权利要求的类型是否应当被接受，需要考虑多个因素，例如，修改前后权利要求的技术内容是否存在实质的变化，这种变化是否导致需要重新检索等。当代理人在复审程序中不得不改变权利要求的类型时，应当详细陈述这一修改是为了克服驳回决定或者复审通知书所指出的缺陷的理由。

2.5　增加权利要求

复审程序的设置目的是要解决复审请求人与实质审查部门就驳回决定引发的争议，而非提供复审请求人以增加权利要求数量而进一步完善其权利架构的机会。因此，在复审程序中，复审请求人只能针对驳回决定的内容进行修改，不能进行主动修改。增加权利要求的数量通常是为了完善权利架构，因而一般是不被允许的。但也存在例外，比如，被驳回的权利要求因存在上下位概念而导致权利要求不清楚，为了克服这一缺陷，复审请求人将一项权利要求拆分成两项权利要求，虽然客观上导致权利要求的数量增加，但实质是为了克服驳回决定指出的缺陷，并未增加新的争议点。

2.6　针对驳回未涉及的权利要求或者说明书进行修改

与增加权利要求类似，针对驳回决定未涉及的权利要求或者说明书进行修改通常是不被允许的。代理人为了克服驳回决定指出的缺陷而修改申请文件时，如果发现说明书或者另外的权利要求中也存在相同或者类似性质的缺陷，可以一并作出修改，但需要在意见陈述书中详细陈述修改之处以及修改原因。

2.7　其他情形

《专利审查指南 2010》列举的四种情形并不是穷尽式列举，在这四种情形以外，也有可能存在不满足《专利法实施细则》第 61 条第 1 款规定的其他情形。例如，驳回决定指出权利要求 1 的特征 A 不清楚，复审请求人在未修改特征 A 的情况下，对特征 B 进行了实质性的修改。如果根据具体案情的需要，例如特征 A 不清楚实质上是由于特征 B 不清楚导致的，此时代理人需要详细陈述这一修改的目的是为了克服驳回决定所指出的缺陷，并且是克服该缺陷必须进行的修改。

第 3 节　复审程序中的证据

复审程序中涉及的证据通常是案件实审程序中涉及的证据，但是，某些情况下，专利复审委员会合议组可能会依职权引入公知常识性证据，或者复审请求人为证明其主张也可能提交相应的证据。

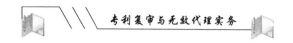

1　证据的提交

在复审程序中，复审请求人可以提交相应的证据。该证据可以在提出复审请求时提交❶，也可以在复审过程中提交。

常见的需要提供证据的情形有：提供实验证据来证明创造性，提供证据表明某术语或技术特征是已知的或者是公知常识以表明权利要求保护范围清楚、能够得到说明书的支持或者符合充分公开的要求等。

2　对证据的要求

考虑到复审程序是审查程序的延续，且不同于双方当事人之间进行对抗的无效宣告程序，复审程序中对于复审请求人提交证据的要求与无效宣告程序会有差异。虽然《专利审查指南2010》对于实审和复审程序中提交的证据应当满足哪些要求没有明确规定，但是，实务中，建议代理人在提交证据时，注意提交证据的一些基本要求，例如要表明证据来源、证据的形成时间、证据的公开时间等，还要指明所使用证据的内容和相关内容在证据中的具体位置。

2.1　证据的形式要件

【案例5-5】

本案例引自第13245号复审决定。

本案中，原实质审查部门认为涉案专利申请是否能够实现预期的发明目的必须依赖实验结果加以证实，因为说明书中只给出了简单的有益效果说明，缺少相应的实验数据，导致其不符合《专利法》第26条第3款的规定，并以此为由驳回了本申请。

复审请求人不服所述驳回决定，提出复审请求，认为本申请符合《专利法》第26条第3款的规定，并提供两份论文《生物物理与生物化学新说》（复印件共3页）和《为了医学与生命科学的进步》（复印件共2页）作为佐证，但未提交两份附件的出版信息。对于所述证据，专利复审委员会认为：这两份证据都没有说明出处和出版日期，不能作为本案的证据使用。

【案例分析】

本案中，复审请求人提供证据，但没有注意证据的形式要求。尽管专利复审委员会最终作出维持驳回决定的复审决定时，并不仅仅基于这两份证据不符合形式要求，同时也考虑到了这两份证据本身的内容无法支持复审请求人的主张。但是，假如这两份证据的内容可以支持复审请求人的主张，此时，该证据究竟是否为公开出版物、是否在涉案专利申请的申请日之前已经公开等涉及证据性质的内容将成为合议组考查的重点。如果复审请求人在提交证据时能一并提交证据中载有出版信息的页面，将会有助于复审程序的顺利进行。

2.2　与证明目的的关联

【案例 5 - 6】

本案例引自第 13398 号复审决定。

本案申请时的权利要求 1 如下：

1. 一种复合装饰板，它包括三层复合结构板，其特征在于所述的三层复合结构板为三个板层直接粘接的结构板，所述的第一层板（1）为玻璃板，中间层为纸（2），所述的第三层为未上釉料的陶瓷板（3）。

原实质审查部门作出驳回决定，理由是权利要求 1 相对于对比文件 1 不具备创造性。

对比文件 1 公开了一种建筑装饰用贴面片，是由独层透明表层 1 和非透明的工艺美术层 2 构成的多层结构贴片，表层 1 由透明玻璃或硬质透明塑料制成，非透明工艺美术层 2 由 1～2 层非透明薄面材料如纸、塑料薄材面、木板、三合板、胶木板、铁片、陶瓷片、铁丝水泥预制片或纤维布中的任一种或两种加工制成，表层 1 和非透明的工艺美术层 2 通过各层相应的部分边沿或角粘结复合构成。

复审请求人在提出复审请求时强调，涉案专利申请区别于对比文件 1 的关键在于权利要求 1 中的"复合结构板"特征。所述"复合"是通过在整个接合面上粘胶实现的，获得了新的物理性能。对比文件 1 从其实施例看，应该是采用角粘接的叠加技术，没有加合材料的体现，没有改变加合原材料的物理特性。鉴于涉案专利申请中"复合"是将多层材料完全直接粘接，完全不同于对比文件 1 中进行角粘结的"复合"，涉案专利申请取得了完全不同的效果。为了证明涉案专利申请的效果，复审请求人提交了两份由国家建筑材料测试中心出具的检验报告（以下简称"证据 1"和"证据 2"），并提交"各类墙体材料综合经济指标对比表"（以下简称"证据 3"）。

针对以上证据 1～3，专利复审委员会在复审决定中认为：对比文件 1 公开了三层结构的装饰贴片，本领域技术人员由对比文件 1 公开的"角粘结"能够显而易见地想到在整个接触范围内进行粘接，从而得到权利要求 1 所保护的复合装饰板的技术方案，进而实现与本申请技术方案相同的技术效果。同时，证据 1～3 中仅检测了涉案专利申请中装饰板的技术性能，没有与对比文件 1 的多层结构贴片进行对比，因此不能说明权利要求 1 具备创造性。

【案例分析】

本案中，虽然复审请求人提交了三份证据，但是这三份证据既没有说明材料的差别给发明带来什么效果，也没有说明整个接合面上粘胶与角粘接相比有何优势，其内

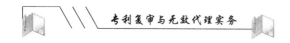

容与要达到的证明目的之间脱节，对证明创造性没有起到作用。

代理人在准备证据时，不仅要考虑证据的形式要件，更重要的是，需要考虑证据所能够证明的内容与要达到的证明目的之间的关系。证据所能够证明的内容应该直接针对驳回理由所涉及的问题，直接服务于提出的复审请求理由。

【案例5-7】

本案例引自第13565号复审决定。

本案涉及一种有机废弃物资源重组构成生物圈循环产出的方法。说明书中称，该发明对不同种类的有机废弃物资源进行重新组合产出培养体，之后用培养体产出动物蛋白鲜体和有机肥基础料，接着用有机肥基础料产出生物炭复合有机肥，然后用生物炭复合有机肥净化土壤，产出有机牧草，用动物蛋白和牧草产出有机无粮饲料，最后无粮饲料饲养牲畜再次产出有机废弃物。

原审查部门以说明书不符合《专利法》第26条第3款的规定为由驳回了本申请。驳回决定认为，说明书中没有清楚说明以下内容，导致本领域技术人员无法实现该发明：（a）有机废弃物的种类及如何对各类有机废弃物进行重组；（b）"用含有益菌群的水体浸泡有机废弃物"时有益菌的种类和含量；（c）蝇蛆、水蚯蚓、蚯蚓的种源；（d）培养动物蛋白鲜体的方法。

复审请求人在提出复审请求时提供了12份证据，包括论文、图书、网页打印件等，用以说明本领域的现有技术状况。复审请求人认为，本领域技术人员根据说明书记载的技术内容并结合本领域的现有技术即可实现本发明。

专利复审委员会在复审决定中认为：本案的焦点在于，在说明书中没有具体说明上述（a）至（d）的内容的情况下，本领域技术人员能否实现该发明。

（a）虽然说明书中仅提到"将材质不同的有机废弃物，按碳、氮量不同进行碳、氮比重组"，没有说明有机废弃物的具体种类和进行碳氮比重组的方法，但是，本领域技术人员根据说明书记载的内容（如第3页倒数第2段）和本领域的常识可知，有机废弃物是指人和牲畜粪便、生活垃圾等，这些废弃物能够作为蝇蛆、蚯蚓等的培养饲料，而这种饲料根据其营养成分分为富碳饲料和富氮饲料，每种饲料的碳素、氮素含量范围是已知的（例如参见复审请求人提供的证据A-1），本领域技术人员在此基础上根据废弃物的不同进行配制，能够获得所需碳氮比的有机废弃物。

（b）虽然说明书没有对所用的有益菌群进行定义，未对其含量进行说明，但是，说明书已经说明有益菌群可以是光合菌、乳酸菌、酵母菌和放线菌等，目的在于降解熟化有机废弃物，而且，这种有益菌群及其性能在本领域中也是公知的（例如参见证据B-1），本领域技术人员在说明书教导的基础上能够选择适当的有益菌群从而实现所述目的。

（c）尽管说明书中没有公开蝇蛆、水蚯蚓和蚯蚓的种源，但是，结合说明书的内容即可看出，其理应是外源性加入而非培养体自身所含有的种源，因为培养体在使用前已经过烘干灭菌，烘干灭菌的条件足以杀灭动物幼虫，而且，本申请的方法采用分步骤的方式相继培养蝇蛆、水蚯蚓和蚯蚓，这也表明需要分步向培养体中加入蝇蛆、水蚯蚓和蚯蚓幼虫进行培养。由于培养蝇蛆、水蚯蚓和蚯蚓的目的在于提供动物蛋白，而不同种源的蝇蛆、水蚯蚓和蚯蚓皆可提供动物蛋白，因而，不对蝇蛆、水蚯蚓和蚯蚓的种源进行说明并不会影响所述技术方案的实施。

（d）虽然说明书中没有公开培养鲜活无菌蝇蛆体的方法以及所用"无菌车间"的设备、培养鲜活水蚯蚓成蚓的方法以及所用"水培车间"的设备、培养鲜活蚯蚓成蚓的方法以及所用"固培车间"的设备，但专利复审委员会注意到，"无菌车间""水培车间"和"固培车间"分别出现在培养无菌蝇蛆体、水蚯蚓和蚯蚓的过程中，而培养蝇蛆体、水蚯蚓或蚯蚓的技术在本领域中是公知的（例如参见证据 C-1 和证据 A-1），本领域技术人员在说明书所记载内容的基础上结合本领域的公知技术能够选择适当的培养设备和培养条件，从而实现所述的"培养"，因此，未具体公开培养设备和培养方法不会致使本领域技术人员无法实现蝇蛆体、水蚯蚓或蚯蚓的培养。

由此可见，即使说明书中对某些具体工艺没有进行说明，本领域技术人员结合本领域的普通技术知识也能够实现本申请的技术方案，解决其技术问题，并且产生预期的技术效果。

【案例分析】

本案中，驳回决定认为说明书存在四个不清楚之处，为此，复审请求人针对性地提交了多份证据，直接借助证据说明本案的争议焦点，使得专利复审委员会能够充分了解本领域的现有技术状况，为最终得出本领域技术人员在相应证据的基础上能够理解和实施本发明这一有利结论发挥了重要作用。

本案中，复审请求人提交的证据包括教科书、杂志和网页资料等多种形式。对于教科书和杂志，通常证据自身具有出版信息，能够清楚地表明证据的公开日期；但是，对于网页资料而言，其通常不显示公开日期，页面上显示的往往是打印日期，同时，因网页资料具有容易被修改的特性，因此，当使用网页资料来证明申请日之前的现有技术状况时，在没有其他证据佐证的情况下，很可能只能作为参考而不能单独作为定案的依据。

因此，代理人在准备证据时，不仅要考虑证据的形式要件，更重要的是，相关证据的证明目的要与复审请求理由之间存在紧密关系，使证据能够直接服务于复审请求理由。

2.3 外文证据

复审程序中，当复审请求人提交外文证据时，虽然审查员在有些情况下并不要求复审请求人提交中文译文，但是，为了复审程序能顺利进行，建议代理人在依据外文证据进行论证时，最好提供所引用部分的中文译文。

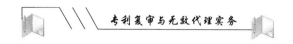

【案例5-8】

本案例引自第10015号复审决定。

本案中，申请人在该国际申请进入中国国家阶段时希望国家知识产权局以国际初步审查报告附件译文为基础进行审查。原审查部门在审查意见通知书中指出，申请人提交的国际初步审查报告附件的中文译文超出了提出国际申请时发明申请文件记载的范围，不能被接受。对此，申请人陈述意见认为，在国际阶段所公开的申请文本实际上并非原始提交的该国际申请的正确英文译本，申请人在国际初步审查阶段对申请文件修改的目的是更正英文文本中的翻译错误，修改与本申请原始提交的丹麦文本完全一致，没有超出原始申请记载的范围。但申请人仅陈述上述意见，并没有提交证据。原审查部门以同样的理由作出了驳回决定。

复审请求人提出复审请求时提交了12份证据。复审请求人认为：只要复审请求人的修改没有超出国际申请申请日提交的原说明书和权利要求书记载的范围，就应当被认为符合《专利法》第33条的规定。证据4国际初步审查报告中提出所述《专利合作条约》第34条修改超出原始公开范围的意见依据的是国际公布文本而非真正的原始提交的丹麦申请文本。复审请求人提交的证据表明，复审请求人根据《专利合作条约》第34条所作修改（国际初步审查报告附件）没有超出原说明书和权利要求书记载的范围。

复审请求人提交的证据包括：

证据2：本申请经证明的在先丹麦专利申请PA 199800933的副本；

证据3：本申请的对应国际申请PCT/DK99/00401的副本；

证据4：欧洲专利局于2000年10月18日发出的关于本申请的对应国际申请PCT/DK99/00401的《国际初步审查报告》；

证据5：由最初翻译者Sθnderup女士作出错误翻译的证明；

证据6：由Edvard Holme作出正确翻译的证明；

证据7：欧洲专利局于2000年2月3日发出的EP01201表；

证据8：本复审请求人作为对应欧洲专利申请的申请人于2001年1月12日给欧洲专利局的信函和EP01200.1表；

证据9：本复审请求人作为对应欧洲专利申请的申请人于2001年6月1日给欧洲专利局的信函；

证据10：欧洲专利局于2002年2月1日发出的关于对应欧洲专利申请的审查意见通知书；

证据11：本复审请求人作为对应欧洲专利申请的申请人针对欧洲专利局2002年2月1日的审查意见通知书的答复信函；

证据12：欧洲专利局接受的最后修改文本。

专利复审委员会向复审请求人发出《外文证据处理通知书》，要求复审请求人提交附件中外文证据的中文译文。复审请求人提交了证据 2、证据 3、证据 5～9、证据 11、证据 12 的全部或部分中文译文。专利复审委员会在此基础上，作出了撤销驳回决定的复审决定。

【案例分析】

本案涉及多份外文证据，且其中的关键证据为丹麦文。复审请求人为了证明其修改在原始提交的国际申请文本中有记载，随其他证据一起提交了用于证明原始申请文件的记载范围的证据——申请人向丹麦专利局提交的国际申请号为 PCT/DK99/00401 的申请文件，但未提交相应的中文译文，直到专利复审委员会发出《外文证据处理通知书》。

本案给代理人两点启示：第一，复审请求人在复审程序中提交的证据要直接服务于复审请求理由；第二，为避免审查程序的延长，建议复审请求人在提交外文证据时附上所使用的部分的中文译文。

2.4　避免出现"以子之矛攻子之盾"的情形

复审请求人在提交证据证明专利申请符合某一授权条款的规定时，需要考虑相关的其他法条，避免出现互相矛盾的情况。

【案例 5 - 9】

驳回决定指出，权利要求 1 要求保护一种化合物 A 的 X 用途，该用途发明属于必须依赖实验证据加以证实才能成立的技术方案，在说明书中没有公开任何数据表明所述化合物 A 能够用于所述 X 用途的情况下，说明书对权利要求 1 所述技术方案的描述不清楚，导致本领域技术人员无法实现该发明。

为此，复审请求人提交若干份现有技术证据。这些证据能够证明，化合物 B 能够用于所述 X 用途，且当把化合物 B 用于所述 X 用途时，其必须先解离为化合物 A 才发生作用。借助这些证据，复审请求人认为，本领域技术人员基于现有技术就能够预期到化合物 A 也能用于所述 X 用途，本申请所要求保护的发明不需要实验证据加以证实就能成立。

【案例分析】

在上述案件中，复审请求人为了克服公开不充分的缺陷提交证据，但是却没有考虑到该证据有可能引发对权利要求的创造性的质疑。复审请求人的答复方式可能产生的后果包括：专利复审委员会发出复审通知书，基于复审请求人提交的现有技术证据，认为权利要求 1 不具备创造性；或者，在驳回决定被撤销后，原审查员依据这些现有技术证据发出权利要求 1 不具备创造性的审查意见。本案给代理人的启示是，在提供证据时，不仅要考虑证据的形式要件、证据的证明内容与复审请求理由之间的关系，还要进一步考虑，该证据是否会使专利申请的其他缺陷更加凸显出来。

第4节　前置审查程序的利用

在提交复审请求后，经形式审查合格，专利复审委员会在向复审请求人发出复审请求受理通知书的同时，会向原审查部门发出前置审查通知书，并随该通知书一起将申请案卷转送至原审查部门进行前置审查。

若原审查部门在前置审查意见中坚持驳回决定，专利复审委员会须成立合议组对该复审请求进行合议审查；若原审查部门在前置审查意见中同意撤销驳回决定（例如，认为驳回决定有误或经过修改后已经克服驳回决定指出的缺陷），专利复审委员会将不再进行合议审查，而是依据前置审查意见直接作出撤销驳回决定的复审决定，通知复审请求人，并且由原审查部门继续进行审批程序。

除特殊情况外，原审查部门应当在收到案卷之日起1个月内完成前置审查。

虽然前置审查程序属于内部程序，不需要复审请求人的参与，但是，考虑到前置审查意见对复审程序的影响，代理人可以考虑利用前置审查程序（如把握时机与原审查部门沟通或补充提交修改文本等）来消除驳回缺陷，使专利申请尽快回到实审程序中，加快专利申请的授权进度。

【案例5-10】

驳回决定认为权利要求1相对于对比文件1不具备新颖性，其中，权利要求1的特征"光纤端面朝向外侧倾斜"已经被对比文件1的图3公开。

复审请求人提出复审请求认为，对比文件1的图3所示的倾斜方向与权利要求1的相应特征所对应的附图（图5）的倾斜方向完全相反，因此只提出争辩而未修改权利要求，并在前置审查程序期间及时与审查员进行沟通。在沟通中，原审查部门审查员认为本申请图5中的倾斜方向与对比文件1的倾斜方向确实相反，但权利要求1中的特征"朝向外侧倾斜"也可以理解为对比文件1中的倾斜方向。复审请求人接受了原审查部门审查员的意见，并提交了修改文本，根据说明书和附图的内容，将该特征进一步限定为"光纤端面朝向外侧倾斜，使得光纤端面的上侧比光纤端面的下侧更向外突出"，从而使该特征在文字描述上明显区别于对比文件1。基于该修改文本，原审查部门在前置审查意见中同意撤销驳回决定。专利复审委员会根据前置审查意见直接作出撤销驳回决定的复审决定。

【案例分析】

在上述案例中，复审请求人有效利用了前置审查程序与审查员进行沟通，明确了双方在特征理解上的分歧和误解，同时通过主动修改申请文件的方式消除了理解上的分歧，促使涉案专利申请尽快返回到实审程序中。

第6章 合议组审查阶段的代理

对于前置审查意见书坚持驳回决定的案件，专利复审委员会将成立合议组进行合议审查。本章旨在介绍在专利申请复审程序合议组审查阶段代理人如何进行代理。

第1节 复审通知书的处理

合议组经合议审查后，若认为复审请求不成立或申请文件中存在不符合《专利法》及其实施细则有关规定的缺陷时，将会通知复审请求人，要求复审请求人在指定期限内陈述意见。

根据《专利审查指南 2010》的规定❶，以上情形可以通过发出复审通知书或复审请求口头审理通知书的方式进行听证。对于绝大多数案件，专利复审委员会通常选择发出复审通知书。

需要发出复审通知书或口头审理通知书的情形有：

① 复审决定将维持驳回决定。

② 需要复审请求人依照《专利法》及其实施细则和《专利审查指南 2010》有关规定修改申请文件，才有可能撤销驳回决定。

③ 需要复审请求人进一步提供证据或者对有关问题予以说明。

④ 需要引入驳回决定未提出的理由或者证据。

针对合议组发出的复审通知书，复审请求人应当在收到该通知书之日起 1 个月内针对通知书指出的缺陷进行书面答复；期满未进行书面答复的，复审请求将被视为撤回。复审请求人提交无具体答复内容的意见陈述书的，将视为对复审通知书中的审查意见无反对意见。

1 复审通知书的分析

复审通知书类似于实质审查程序中的审查意见通知书，是专利复审委员会将申请文件中存在缺陷的事实、理由和证据通知复审请求人的官方文件。

根据《专利审查指南 2010》中规定的需要发出复审通知书或口头审理通知书的

---

❶ 参见《专利审查指南 2010》第四部分第二章第 4.3 节。

情形，按照发出原因，复审通知书可划分为：

① 表明合议组将维持驳回决定的意愿的复审通知书，这类通知书通常与驳回决定的意见一致。

② 引入新的理由或证据的复审通知书。

③ 指出申请文件中的缺陷但给出一定建议（或暗示）的复审通知书。

在收到复审通知书时，代理人需要仔细分析复审通知书中指出的事实、理由和证据，判断复审通知书中的意见是否正确。这与针对审查意见通知书的分析类似，在此不再赘述。

在针对复审通知书进行分析时，除了分析复审通知书中指出的事实、理由和证据以外，还需要判断合议组作出复审决定来维持驳回决定的风险。

1.1　与驳回决定的意见一致的复审通知书

这一类复审通知书中，复审通知书的意见与驳回决定的意见基本一致，即在考虑复审请求人的复审请求理由的基础上，合议组仍然认为申请文件存在驳回决定中所指出的缺陷。在此情况下，若复审请求人仍然坚持原来的复审请求理由，没有找出更加有说服力的争辩理由，或没有针对申请文件进行实质性修改，或没有提供有说服力的证据来克服复审通知书指出的缺陷，则合议组很可能会继而作出维持驳回决定的复审决定。

【案例 6-1】

本案例引自第 10721 号复审决定。

本案中，原审查部门以权利要求 1、权利要求 6、权利要求 7 不具备《专利法》第 22 条第 3 款规定的创造性为由驳回了涉案专利申请，复审请求人提出复审请求，未对申请文件进行修改，审查员在前置审查意见中坚持驳回决定。

在复审程序中，合议组向复审请求人发出复审通知书。合议组认为，权利要求 1、权利要求 6 和权利要求 7 相对于对比文件 1 的区别技术特征已经被对比文件 2 公开了，权利要求 1、权利要求 6 和权利要求 7 不具备《专利法》第 22 条第 3 款规定的创造性。

【案例分析】

代理人在收到复审通知书时，不仅要从实体上分析复审通知书中的意见是否正确，即权利要求 1、权利要求 6 和权利要求 7 相对于对比文件 1 和对比文件 2 的组合是否具备创造性，还要考虑答复后专利复审委员会直接维持驳回决定的可能性。因此，代理人在准备答复时，不论是继续争辩还是通过修改申请文件来答复，均需要做到能够"有把握地"克服复审通知书中指出的缺陷，即代理人对于所准备的答复应当非常自信，而不是仅仅觉得有一定道理。实务中，面对这种复审通知书，对申请文件进行修改比较常见，提供证据的情况相对较少。

本案中，针对复审通知书，复审请求人提交了意见陈述书和申请文件修改替换页，删除了原权利要求1、权利要求6、权利要求7，将原权利要求2~5调整为新权利要求1~4，同时根据修改后的权利要求书对说明书作了适应性修改。通过修改专利申请文件，克服了驳回决定和复审通知书指出的缺陷。专利复审委员会在修改文本的基础上，作出撤销驳回决定的复审决定。

1.2 引入新理由或证据的复审通知书

第二类复审通知书是指，引入了驳回决定中没有提及的理由或证据的复审通知书。根据《专利审查指南2010》的规定，复审程序中，合议组一般仅针对驳回决定所依据的理由和证据进行审查，不过，合议组如果发现申请文件中存在下列缺陷时，可以对与之相关的理由及其证据进行审查，并且经审查认定后，应当依据该理由及其证据作出维持驳回决定的审查决定。

合议组可以依职权引入新的理由或证据的情形包括：

① 足以用在驳回决定作出前已告知过申请人的其他理由及其证据予以驳回。

② 驳回决定未指出的明显实质性缺陷。

③ 与驳回决定所指出缺陷性质相同的缺陷。

对于上述情况，合议组在作出维持驳回决定的复审决定之前需要将相应的新的理由、证据通知复审请求人，并给予复审请求人至少一次针对所述新的理由、证据陈述意见的机会，不能直接作出复审决定，而是必须发出复审通知书。

例如，驳回决定指出权利要求1不具备创造性，经合议组审查认定，该权利要求的表述不清楚，无法有效地对创造性的理由进行审查。此时，合议组会以该权利要求不符合《专利法》第26条第4款的规定为由发出复审通知书。

【案例6-2】

某申请，原审查部门认为，权利要求1存在含义不确定的用语，导致保护范围不清楚，并由此作出了驳回决定。

在复审程序中，合议组发现权利要求2也同样存在保护范围不清楚的问题，合议组向复审请求人发出复审通知书，在复审程序中一并告知复审请求人关于权利要求1和权利要求2不符合《专利法》第26条第4款规定的意见。

【案例分析】

对于这类复审通知书，代理人在收到复审通知书时，除了从实体上分析复审通知书中基于新引入的理由/证据的意见是否正确之外，还要考虑到答复后专利复审委员会直接作出维持驳回决定的复审决定的风险有多大。这一点与上述第一类复审通知书类似，原因是专利复审委员会在不接受复审请求人的答复时可以直接基于新引入的理由/证据作出维持驳回决定的复审决定。

在上述案件中，如果复审请求人的答复未使权利要求2的缺陷被克服，专利复审委员会可以以权利要求2不符合《专利法》第26条第4款的规定为由作出维持驳回

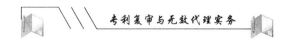

决定的复审决定。

1.3　给出建议的复审通知书

这类复审通知书中，合议组指出了申请文件中的缺陷并阐述了理由，但是通过明示或暗示的方式给出了一定的建议，代理人从中应该能够感觉到合议组认为涉案专利申请具有授权前景。例如，合议组认为目前的申请文件或权利要求仍然不符合授权条件，但是需要复审请求人依照《专利法》及其实施细则的有关规定修改申请文件，才有可能撤销驳回决定。

另外，若复审通知书指出需要复审请求人进一步提供证据或者对有关问题予以说明，这通常表示合议组对此复审请求案还未最终形成明确的倾向性意见。此时，代理人需要认真考虑复审通知书中提出的意见，特别是当相关意见表明复审请求人的配合可能使驳回决定具有被撤销的前景时。

【案例6–3】

本案例引自第10156号复审决定。

本案中，合议组在复审通知书中指出，由于权利要求1采用了开放式写法，未对前、后支杆从结构上以及与其他部件的连接关系上作出具体的限定，这种撰写方式没有排除对比文件1所披露的技术方案，因此，权利要求1不具备《专利法》第22条第2款规定的新颖性。

【案例分析】

从该复审通知书的评述中可以看出，合议组之所以认为权利要求1相对于对比文件1不具备新颖性，主要原因在于权利要求1采用了开放式撰写方法，没有从结构上以及与其他部件的连接关系上对前、后支杆作出具体的限定，从而无法使权利要求1的文字描述的技术方案与对比文件1相区别。若能够将相关特征限定在权利要求1中，则权利要求1的技术方案与对比文件1的区别（例如参考说明书的具体实施方式的内容）方能显现出来，从而使权利要求1克服驳回决定指出的缺陷。

2　复审通知书的答复

针对复审通知书的答复类似于实质审查过程中针对审查意见通知书的答复。同时，对于复审通知书中指定的1个月的期限，复审请求人也可以请求延期。

代理人在针对复审通知书中指出的事实、理由和证据进行分析和判断之后，若认为复审通知书中指出的事实、理由和证据有实质性错误，则可以针对这些错误进行详细论述和争辩。若发现复审通知书中指出的事实、理由和证据是有道理的，则需要考虑如何对申请文件进行修改和/或补充必要的证据，以克服复审通知书所指出的缺陷。

实务中，由于复审通知书是由三名复审审查员组成的合议组作出的，相对于由一名实审审查员作出的审查意见通知书来讲，复审通知书中出现针对事实、理由和证据的实质性错误的可能性相对较小；另外，考虑到复审程序结束后的司法审查程序中复审请求人无法对申请文件进行修改，代理人应充分重视合议组的意见，珍惜很可能是最后一次的修改机会。必要时，代理人还可以考虑通过请求口头审理的方式与合议组进行沟通。此外，电话讨论是复审程序的一种辅助审查手段。合议组采用电话讨论的方式与复审请求人进行沟通，有可能表明本申请虽然存在一定的缺陷，但若该缺陷被克服，则驳回决定很可能被撤销，因此，复审请求人对于合议组的电话沟通应积极配合。

【案例6-4】

本案例引自第12346号复审决定。

本案中，驳回决定认为，权利要求1不符合《专利法实施细则》第21条第2款的规定。具体理由是，对于本领域技术人员来说，通过权利要求1描述无法得知：插座的结构、固定装置、带有切口的罩的具体结构、罩的切口如何与卡的前横边的外形相配，它们在插座中的位置关系是怎样的以及是怎样的配合关系。修改之后的权利要求1中也仍未记载：为了使卡固定于插入位置且防止它意外地离开，插座、接触卡以及在把卡插入插座位置上固定卡的装置的具体结构及其相互配合的技术特征是什么，申请人对权利要求1修改并未增加任何结构特征和配合关系。

驳回决定针对的权利要求1如下：

1. 一种用于把一个带有集成电路的接触卡连接到一个具有由绝缘材料制成的支架的电连接单元上的插座，该插座包括一个用于在把卡固定在它插入插座中的位置上的固定装置，其特征在于该插座包括一个有一切口的罩，该切口的外形与卡的前横边的外形相配，为了把卡拔出，不论拔出方式是手工还是自动的，都需要通过对罩加力而解锁卡，以便在垂直于卡在插入位置时的平面的方向上移动该罩，从而释放该卡。

复审请求人提出复审请求时，提交了权利要求1~9和说明书第1~10页的修改替换页。

合议组在复审通知书中提出以下审查意见：权利要求1中没有描述该固定装置与插座之间的连接关系，仅由权利要求1描述的特征不能解决将卡固定于插座的插入位置这一技术问题，因此权利要求1不符合《专利法实施细则》第21条第2款的规定，缺少解决技术问题的必要技术特征。

复审请求人针对复审通知书提交了意见陈述书，对权利要求书进行了修改，提交了权利要求书的修改替换页。

随后，复审请求人再次提交了修改文本。修改后的权利要求1如下：

1. 一种用于把一个带有集成电路的接触卡连接到一个电连接单元上的插座，该插座具有由绝缘材料制成的支架，该支架包括一个在其上表面内的开启式外壳，该外壳由两条平行于卡的插入方向的边和由至少一条横向的后边所定界，并且至少部分地

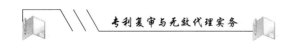

接纳该卡，该卡包括一些在其下主表面上的导电带，这些导电带在卡处于其连接位置时与支架外壳底内放置的电接触元件的接触端相互配合，其中，卡的后横边靠着外壳的后横边；该插座包括一个用于把卡固定在它插入插座中的位置上的遮盖装置，其特征在于该遮盖装置包括一个遮盖罩和一个将该遮盖装置连接到支架上的连接装置，罩可在一个基本上垂直的平面中移动；当插入卡时，卡后横边与罩相互作用使罩自动地缩回，罩起一个凸轮的作用，并且挡住卡；为了把卡拔出，不论拔出方式是手工还是自动的，都需要通过对罩加力使罩在垂直于卡在插入位置时的平面的方向上移动，从而释放该卡。

复审决定认为：复审请求人在对权利要求1的修改中添加了限定插座的结构、固定装置、带有切口的罩的结构、罩的切口如何与卡的前横边的外形相配、所述固定装置和所述罩在所述插座的位置关系以及配合关系的技术特征，并且还增加了关于连接装置的技术特征，从而限定了所述固定装置与插座之间的连接关系；通过上述新添加的技术特征，权利要求1所要求保护的技术方案构成一个完整的技术方案，其能够解决本申请所要解决的技术问题，因此权利要求1符合《专利法实施细则》第21条第2款的规定。

【案例分析】

从复审通知书中，代理人需要读出两类信息，一是合议组认为专利申请存在缺陷的具体事实，比如，本案中，合议组针对《专利法实施细则》第21条第2款的审查意见所指向的具体特征是代理人需要从复审通知书中读出的；二是从评述意见的字里行间判断出合议组的态度，例如，本案中，合议组提到"权利要求1中没有描述该固定装置与插座之间的连接关系，仅由权利要求1描述的特征不能解决将卡固定于插座的插入位置这一技术问题"，该评述似乎在暗示，若描述了该固定装置与插座之间的连接关系，则上述问题应该能够被克服。

另外，复审请求人在答复复审通知书时，若认为前一次答复不完善，则应该考虑立即补充答复。

【案例6-5】

本案例引自第12379号复审决定。

本案中，驳回决定认为，涉案专利权利要求1、权利要求6~8不具备《专利法》第22条第3款规定的创造性。具体理由为：

① 权利要求1和对比文件1的区别在于，权利要求1的电源和控制电路之间设置稳压电路，可以使得供给控制电路的电压维持在一个预定范围内。对比文件2中公开了给可控硅提供稳定电压的稳压电路，给出了在对比文件1中供电回路和脱扣开关控制单元之间接入稳压单元以使供给控制电路的电压维持在一定范围的技术启示。由对比文件1和对比文件2结合得到权利要求1的技术方案是不需要付出创造性劳动的，因此权利要求1不具备创造性。

② 权利要求 6、权利要求 7 的附加技术特征在对比文件 1 中公开；权利要求 8 的附加技术特征是公知常识，因此权利要求 6~8 也不具备创造性。

复审请求人提出复审请求时，没有修改权利要求，而是直接提出争辩意见。

专利复审委员会向复审请求人发出复审通知书，所引用的对比文件 1、对比文件 2 与驳回决定引用的对比文件相同。复审通知书认为：

① 对比文件 1 公开了权利要求 1 的技术方案，并且能够实现过电压、欠压保护的技术效果，权利要求 1 相对于对比文件 1 和对比文件 2 不具有突出的实质性特点和显著进步，因此权利求 1 不符合《专利法》第 22 条第 3 款有关创造性的规定。

② 对比文件 1 公开了权利要求 6、权利要求 7 的附加技术特征，在其引用的权利要求 1 不具备创造性的条件下，权利要求 6、权利要求 7 也不具备《专利法》第 22 条第 3 款规定的创造性。

③ 权利要求 8 的附加技术特征是本领域的公知常识，在其引用的权利要求 1 不具备创造性的条件下，权利要求 8 也不具备《专利法》第 22 条第 3 款规定的创造性。

针对上述复审通知书，复审请求人提交了意见陈述书和权利要求书替换页，将驳回决定及复审通知书均未评述的权利要求 3 的附加技术特征增加到权利要求 1 中作为修改后的权利要求 1。

复审决定撤销了驳回决定。

【案例分析】

本案值得代理人借鉴的是复审请求人的请求策略：在提出复审请求时，不进行修改而是直接争辩；在收到复审通知书后，再进行实质性的修改，克服驳回决定指出的所有缺陷。这一策略的初衷其实是对合议组的试探，目的是巧妙地利用程序而获得最大的保护范围，从而最大限度地保护复审请求人的利益。

3　复审过程中对申请文件的修改

除了在提出复审请求时修改申请文件之外，在复审过程中，复审请求人也可以对申请文件进行修改，该修改应当是根据复审通知书进行修改。在少数情况下，复审请求人对合议组未指出的缺陷进行修改或者在合议组尚未发出复审通知书时进行主动修改，而合议组视案件的具体情况并非对修改完全不予接受。

下面的案例 6-6 体现了复审请求人在提出复审请求后通过主动修改的方式克服缺陷从而达到撤销驳回决定的目的。

【案例 6-6】

本案例引自第 13414 号复审决定。

本案中，驳回决定认为：权利要求 1 在对比文件 1 和对比文件 2 的基础上不具备创造性。同理权利要求 2~35、权利要求 38~44 也不具备创造性。

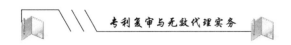

复审请求人在提出复审请求时，未修改申请文件，坚持认为权利要求1相对于对比文件1和对比文件2具有创造性。

合议组发出复审通知书，指出：

① 对比文件2和本申请权利要求1的技术方案相比，化合物的主结构非常接近。在对比文件2的基础上，在多环化合物上进行简单的取代基替换、结构改造，得到系列具有相同活性的化合物是本领域技术人员要寻找具有类似活性的新化合物时的常规技术手段。本领域的现有技术中对杂环化合物的结构改造方式给出了技术启示，例如对比文件1。因此，权利要求1不具备创造性。

② 权利要求2~44也不具备创造性。

复审请求人进行以下答复：

① 针对上述复审通知书所指出的问题，复审请求人于2007年11月12日提交了意见陈述书和权利要求书全文修改替换页。

② 2007年11月13日，复审请求人提交了补充意见陈述，并提交了9份附件。

③ 2008年1月28日复审请求人再次提交了意见陈述书和权利要求书第3页的修改替换页。

④ 2008年2月28日复审请求人再次提交了意见陈述书和权利要求书第9~11页的修改替换页。

最后，专利复审委员会作出复审决定，认为：

① 相对于对比文件2和/或对比文件1而言，修改后的权利要求1具备《专利法》第22条第3款规定的创造性。

② 从属权利要求2~44具备创造性。

③ 综上所述，目前的权利要求书已经克服了驳回决定和复审通知书中所指出的缺陷，由此撤销驳回决定。

【案例分析】

《审查指南2001》对于复审程序中提交修改文本的次数没有明确限制。只要时间期限允许，针对同一复审通知书可以多次提交修改文本。一般情况下，合议组将会对符合时限要求的最后一次正式提交的修改文本进行审查。因此，若代理人发现前次修改尚存在瑕疵，未完全克服复审通知书指出的缺陷，必要时，可以再次提交修改。

例如，在上述的案例中，复审请求人针对复审通知书提交了意见陈述书，对权利要求书进行了修改，提交了权利要求书的修改替换页。随后，复审请求人再次提交了修改文本。最终，专利复审委员会在后一次提交的修改文本的基础上作出了撤销驳回决定的复审决定。

第2节　口头审理

1　口头审理请求的提出❶

复审程序中，可以通过两种方式启动口头审理：一是由复审请求人申请，二是合议组自行决定。但是，由复审请求人申请的口头审理最终是否举行，由合议组根据具体案情确定。

1.1　复审请求人提出请求

在复审程序中，复审请求人可以向专利复审委员会提出进行口头审理的请求。复审请求人提出口头审理请求，需要以书面方式提出，并且要说明理由。复审请求人可以依据下列理由请求口头审理：

① 需要当面向合议组说明事实或者陈述理由。

② 需要实物演示。

实务中，复审请求人提出口头审理请求的，主要针对的是技术问题，例如，案件事实比较复杂、技术难度大或者涉及新型交叉学科技术，以及从驳回决定或者复审通知书的意见看出，审查员对于技术的了解存在缺失或者不当或者未真正领悟技术的研究状况和核心，因此需要当面向审查员解释相关技术内容。提出口头审理请求，既可以在提出复审请求，也可以在复审过程中提出。

1.2　合议组自行决定

根据《专利审查指南2010》的规定，在复审程序中，合议组可以根据案情需要自行决定进行口头审理，并且针对同一案件可以进行多次口头审理。

2　口头审理的准备和出席

实务中，合议组在发出口头审理通知书时，会采用不同的形式将口头审理需要调查的事项告知复审请求人。一种形式是在口头审理通知书中告知口头审理的调查事项，比如："本次口头审理将调查以下事项：（1）权利要求1相比对比文件1是否具备创造性；（2）权利要求5中增加的特征……在原申请文件中的依据所在"。另一种形式是随口头审理通知书一并发出复审通知书，详细指出申请文件中存在的缺陷。

针对合议组发出的复审请求口头审理通知书，复审请求人/代理人应当积极准备并参加口头审理。具体准备工作包括：

① 针对口头审理通知书所述主要调查事项或者复审通知书中指出的缺陷进行有针

---

❶ 参见《专利审查指南2010》第四部分第四章第2节。

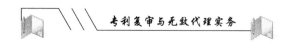

对性的答复准备。

② 对于涉及前沿技术、新型交叉学科技术的案件，可以考虑邀请发明人或相关领域的技术专家参加口头审理。

③ 必要时，提交供合议组参考的相关技术手册、技术文献等材料。

④ 必要时，准备演示文稿或者带实物或模型进行现场演示，以便帮助合议组了解相关技术内容。

⑤ 必要时，可以准备当庭提交的修改文本。

⑥ 如果不能参加口头审理，并且通知书已指出申请不符合《专利法》及其实施细则和《专利审查指南2010》有关规定的具体事实、理由和证据，则应当在收到该通知书之日起1个月内针对通知书指出的缺陷进行书面答复；在此情形下，如若复审请求人既不参加口头审理，期满又不进行书面答复的，其复审请求将被视为撤回。

【案例6-7】

本案例引自第8748号复审决定。

本案中，驳回决定认为，涉案申请权利要求1相对于对比文件1不具备《专利法》第22条第3款的规定的创造性。

在提出复审请求时，复审请求人未修改申请文件，但提交了《图书情报档案专用设备手册》第222~225页（复印件）（下称"附件1"）以及国家图书馆和中国科学院图书馆书库现场照片（图片1~图片25）。复审请求人强调：①本申请的书标与现有技术的书标不同，并且基于书标的内容、结构、使用方法获得的技术效果与对比文件也不同；②本申请提供了一种新的技术方案，通过增加这样一个书标，解决了图书排架工作中倒架、容书量小和错架率高的技术难题，具有突出的实质性特点和显著的进步。

随后，复审请求人提出希望合议组举行口头审理的请求。合议组向复审请求人发出复审请求口头审理通知书。

口头审理过程中，合议组围绕口头审理通知书列出的调查事项进行调查，复审请求人有针对性地发表意见。具体为：

① 复审请求人向合议组出示了附件1的原件。

② 合议组针对驳回决定所依据的事实、理由和证据进行了调查。口头审理调查过程中，合议组告知复审请求人，对比文件1公开了一种彩色图书标签，是在纸条的正面上印有不同的色彩识别带，背面有胶层，胶层外有防护层（参见说明书第1页，附图1~附图2）。将本申请权利要求1的技术方案与对比文件1相比，其区别在于，权利要求1进一步限定了"该书标由分别印有索书号和架位号字样的两部分组成，中间预先切开，并标注相同的搁板架位号"。正如复审请求人所认可的"中间预先切开"这一结构特征，与目前图书馆普遍使用的整张出售的压敏胶型书标彼此之间预先切开的结构特征是一样的，且二者的作用都是便于分离使用（可参见复审请求人提供的附

件1），由此可见，本申请所述的降低错架率、提高书库容书量和提高工作效率的技术效果并非该结构特征带来的，而是在书标上记录了具有特定含义的索书号和架位号，且按一定的规则排架才达到的。

复审请求人争辩认为，普通书标除了采用不干胶还要印制完整的图书分类号，对比文件1除了采用不干胶还增加了三种或以上彩色条，而本申请除采用不干胶外，没有任何彩色条，甚至并不需要印制完整的图书分类号，而是具有同号异名、同体可分的结构以记录图书在书架存在的具体位置为特征的架位号；本申请用低廉的成本达到了既节省图书馆空间又方便读者查找和管理员整理的效果。复审请求人承认，本申请的书标"中间预先切开"是便于分离使用，其与现在通常使用的书标之间彼此预先切开是一样的。

③ 合议组允许复审请求人针对口头审理中的调查事项，在口头审理后进行答复。

④ 口头审理结束后，复审请求人提交了意见陈述书，并修改了权利要求书，删除了涉及书标的权利要求，仅保留了与书架有关的权利要求。

在复审请求人提交的修改文本的基础上，合议组作出撤销驳回决定的复审决定。

【案例分析】

从本案可以清晰地看出复审程序口头审理的意义。

首先，口头审理可以应复审请求人的请求启动。

其次，口头审理中，合议组可以调查证据的真实性、关联性等（比如本案中，复审请求人向合议组出示了附件1的原件），可就事实认定和法律适用向复审请求人询问并听取复审请求人的意见（例如：本案中，合议组向复审请求人表明其认为权利要求1相比对比文件1不具备创造性的理由，复审请求人向合议组陈述了其认为权利要求1具备创造性的意见），复审请求人通过听取合议组的意见而分析案件走向（例如，本案中，在听取合议组对于权利要求1创造性的观点后，复审请求人提交了修改的权利要求书）。

代理人在确定复审理由、提出复审请求乃至在复审过程中，对于是否需要以及如何利用口头审理来陈述意见需要有一个清晰的认识。

第7章 复审决定的应对

复审请求经过合议审查，通常将会以两种方式终止复审程序：一是专利复审委员会作出维持或者撤销驳回决定的复审决定；二是在复审请求人未按期答复复审通知书的情况下，复审请求被视为撤回，由专利复审委员会发出结案通知书。虽然《专利审查指南2010》规定，复审请求人主动撤回复审请求、已受理的复审请求因不符合受理条件而被驳回请求也是终止复审程序的方式，但这两种情况在实践中鲜有发生。

复审请求人未对复审通知书作出答复最可能基于两种原因：一种是复审请求人认为专利申请存在难以克服的缺陷，授权前景渺茫，或者即使被授权，对于复审请求人也不再有实际意义，于是主动要求不进行答复；另一种是由于某种原因，无法在给定期限内完成答复的准备工作。对于后一种情形，尽管可以通过请求恢复权利的方式继续复审审查，但也存在专利复审委员会不予恢复的可能。为避免这种情况的发生，代理人首先需要及时转达，告知委托人最终的恢复期限，并明确说明该期限不可延长，延误将导致案件无法恢复。其次，需要通过各种技术手段在临近期限届满的时候反复提醒客户，以免客户的权益受到不可弥补的损害。

在办理恢复手续时，代理人需要注意将恢复权利请求书、恢复费以及答复复审通知书的意见陈述书等文件一并交齐（具体参见本书第8章）。

本章重点介绍针对不同情形复审决定的应对策略。

第1节 复审决定的分析

根据《专利审查指南2010》的规定，复审决定的结论通常包括三种：维持驳回决定、撤销驳回决定、在修改文本的基础上撤销驳回决定。其中，后两种情形将返回原审查部门继续审查。

1 维持驳回决定的情形

维持驳回决定是复审请求人（包括代理人）最不愿意看到的结论。根据《专利审查指南2010》的规定，当专利复审委员会认为复审请求不成立时，将作出维持驳回决定的复审决定。复审请求不成立，既可能是指针对驳回理由的复审请求理由不成立，也有可能是针对复审程序中引入的理由的答复意见不成立，但无论何种情况，在收到维持驳回决定的复审决定后，代理人均需要对复审决定作出冷静分析。

1.1　对维持驳回决定的分析

复审请求人收到维持驳回决定的复审决定后，一般可以有两种应对选择，一是启动行政诉讼，二是提交分案申请而获得再次进行审查的机会。如何进行应对选择应当对维持驳回决定的复审决定进行具体分析，并按照具体情形来确定。一般来说，对复审决定的分析，大致可以分为表7-1所示的几种情况。

表7-1　维持驳回决定原因的分析及相应的应对策略

	复审决定分析结论	行政诉讼	分案申请
有授权前景	复审决定不存在错误	×	√
	复审决定存在错误	√	×
	待商榷	√	√
无授权前景	复审决定不存在错误	×	×
	复审决定存在错误	√	×
	待商榷	√	√

注：表中，"√"为优选推荐方式，"×"为非优选方式。

（1）复审决定的事实认定和法律适用没有错误

这种情况通常是由于申请文件本身存在无法克服的缺陷所致。例如，医药、农药领域发明，因说明书中没有给出相应的效果数据，导致技术方案被认为未充分公开；或者计算机领域纯基于软件的技术方案，其效果又没有体现出技术性等。对于这类情形，除非审查标准发生质的变化，否则即使提起行政诉讼也难以挽回。实践中，大多数这类案件在收到复审决定后"偃旗息鼓"，提起行政诉讼多数是复审请求人出于商业目的而拖延时间。当然，如果涉案专利申请中还存在其他可以授权的内容，可以考虑提出分案申请。

（2）复审决定的事实认定或审查结论值得商榷

这种情况可能是由于代理人工作不到位，比如对技术方案的解释不充分，导致无法说服合议组，或者遗漏了合议组指出的形式缺陷等。这种情形下，复审决定被撤销的可能性"喜忧参半"，因此，复审请求人可以考虑以提出分案申请的方式为主，或者结合提起行政诉讼。

（3）复审决定存在错误

此处的错误既包括审查程序方面的错误，也包括实体认定方面的错误。例如，专利复审委员会引入了新的证据却没有给予复审请求人陈述意见的机会、审查依据的文本错误、对对比文件所公开事实的理解有误，等等。此时，如果提起行政诉讼，则有胜诉的可能。不过，即便行政诉讼中胜诉，复审决定被撤销，案件仍需回到专利复审委员会继续复审程序，因此，如果希望尽早获得授权，可以考虑同时提出分案申请。

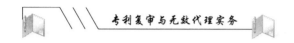

1.2 向委托人提出建议

向委托人提出应对建议，实质上是将以上对于复审决定的分析结论以及针对该结论得出的推荐或不推荐的应对策略转达给委托人。

可以采用的应对方式包括提出分案申请、提起行政诉讼或者两种方式同时进行。对于提出分案申请的方式来说，应当注意是否符合提交分案申请时机的要求。虽然复审请求人可以针对复审决定提起行政诉讼，而且专利复审委员会必须遵守行政诉讼的判决，但行政诉讼并非万能，这一点代理人需要牢记，并需要向委托人作出清楚解释。如果在之前的实审和复审程序中都无法充分说明或者证明发明的专利性，期望在行政诉讼程序中"一举翻盘""妙手回春"，是不现实的。

需要说明的是，多年来，最终因存在瑕疵或错误导致复审决定在行政诉讼中被撤销的案例为数极少。代理人通过这一工作，重点在于总结经验和教训，就今后的工作向委托人提出建议，避免出现上述第（3）种情形及其对委托人利益造成的损害。

2 撤销驳回决定的情形

复审决定撤销驳回决定后，专利复审委员会将把案卷返回原审查部门继续进行审查。尽管如此，代理人仍然需要整理审查历史，分析撤销驳回的原因，尤其需要注意在此前的审查过程中，审查员曾提出过哪些审查意见，未来审查员还可能在哪些方面提出审查意见，是否需要对申请文件进一步修改等。

有相当多的情况是，在驳回决定被撤销后，特别是在前置审查撤销驳回决定的情况下，申请文件回到原审查部门，审查员将直接发出授权通知书。由于在授权通知书发出之后，申请人将无法对申请文件作出进一步修改，因此如果申请文件尚存在缺陷，需要修改、订正的，这有可能是最后的机会。特别是，在之前的审查过程中，审查员已就专利申请的可专利性条款（如新颖性和创造性）进行过审查，而复审决定认定不涉及所述可专利性条款的情况下，如果申请人或代理人发现，申请文件中尚存在审查员没有指出的缺陷，且这些缺陷不加以弥补可能导致专利权不稳定、影响权利行使时，代理人应当及时与审查员联系，以免因未及时提交修改文本，在专利申请被授权后瑕疵无法弥补而遭受损失。

另外，复审程序中，为了尽快克服驳回决定或者复审通知书指出的缺陷，复审请求人有时会放弃某些技术方案，以达到尽快撤销驳回决定、尽快获得授权的目的。这种情况下，复审请求人需要考虑是否要通过提出分案申请来恢复这些技术方案。

第2节 行政诉讼的建议和准备

行政诉讼，在复审案件的整个流程中并非一个理想的选择，但是如果提起行政诉

第7章

讼已经是复审请求人的最后选择，或者是复审请求人的一种策略性决定，代理人仍然应当努力做好行政诉讼准备和应对。根据目前的司法实践，行政诉讼的一审指定管辖法院是北京市第一中级人民法院，二审管辖法院是北京市高级人民法院。

1　行政诉讼建议的提出

如上节所述，在收到维持驳回决定的复审决定后，代理人要对复审决定进行分析并向客户汇报，给出是否提起行政诉讼或者提出分案申请的建议。需要注意，提起行政诉讼的期限是自收到复审决定之日起 3 个月内，且该期限属法定期限，无法延期。因此，为了给客户尽可能多的决定时间，代理人应当在收到复审决定后尽快报告并提出建议。

2　行政诉讼所需的文件

提起行政诉讼，除了需提交必要的法律文书（如当事人身份证明文件）外，还需要提交复审决定的原件与起诉状；必要时，还需要提交证明复审请求人观点的证据。

2.1　行政诉讼的当事人身份证明文件

专利行政诉讼是复审请求人对专利复审委员会作出的复审决定不服而提起的司法救济程序，复审请求人作为原告，专利复审委员会作为被告。专利行政诉讼中，提交法院的文件需要满足行政诉讼的要求。具体体现在：

① 无论是国内委托人还是国外委托人，要提起行政诉讼，对于自然人来说，需要提交当事人身份证明；对于法人来说，需要提交工商登记文件或者营业执照副本以及法定代表人身份证明。委托代理人的，需要提交行政诉讼委托书，委托书中应当明确委托权限、是否适用于二审（包括递交上诉状、参加二审审理等）、可否转委托等。

② 最好在提交起诉状之前准备好相关身份证明文件，其中，对于国外委托人，还需要将外文文件翻译为中文。尽管对于国外委托人，一审法院习惯上允许有一段时间的宽限期，但这一宽限期并无法律明文规定；而对于国内委托人，包括台湾地区、香港特别行政区、澳门特别行政区的企业或个人来说，这些文件必须在提交起诉状的同时一并提交，不允许延期。

2.1.1　国内委托人

自然人委托的，需要提交委托人的身份证复印件，委托书上应当有委托人的签名或盖章。

法人委托的，可以提交营业执照副本作为工商登记文件，另需提交法定代表人身份证明及身份证复印件，各项文件都需要加盖单位公章，委托书上还需要法定代表人签名或盖章。

2.1.2 国外委托人

委托人签署的委托书、法定代表人身份证明均需要进行公证，之后通过该国的法定程序履行认证手续。

工商登记资料通常是向当地政府或者司法机关索取的，一般无需再进行公证，直接进行认证即可。与中国签署有双边条约的国家，如法国、波兰等，工商登记资料的认证手续也可以免除。关于哪些国家与中国签署有这类双边条约，可以查询外交部或者司法部网站。

需要注意，由于世界经济一体化的原因，很多跨国公司注册地往往在低税率国家或地区，成为离岸公司。这种情况下，应当注意完善委托手续的证据链，避免出现在A国注册的公司仅在B国办理公证手续的情况。

2.1.3 港澳台委托人

香港个人或企业作为行政诉讼的原告时，相关的法律文件（包括委托书、工商登记资料以及法定代表人身份证明等）均由中央政府认可的律师（称为"委托公证人"）进行公证，委托公证人出具的委托公证文书，须经中国法律服务（香港）有限公司审核，符合出证程序以及文书格式要求的，该公司将加章转递。

与香港类似，澳门个人或企业委托人的身份证明文件需要经过由司法部任命的澳门委托公证人出具公证文书，并经中国法律服务（澳门）有限公司加章转递，才能在内地使用。

根据海峡两岸关系协会与财团法人海峡交流基金会签署的《两岸公证书使用查证协议》以及司法部制定的《海峡两岸公证书使用查证协议实施办法》的规定，对于台湾地区的个人或企业的身份证明文件，需由台湾海峡两岸基金会公证并将公证书副本寄到中国公证员协会或有关省、自治区、直辖市公证员协会，由公证员协会转送有关机构。相关公证书正本保留在海峡两岸基金会供查验。

3 证据的准备和提交

行政诉讼审查的是复审程序是否存在违法行为、复审决定是否存在事实认定和适用法律错误，审查的依据主要是申请文件和在专利申请实审及复审程序中涉及的文件。对于原告在诉讼程序中补充提交的证据，尤其是在实审和复审程序中均无法接受并予以考虑的证据，人民法院通常也不会予以考虑；但是，特殊情况下，也不排除原告在行政诉讼过程中提交新的证据。

3.1 提交证据的情形

实践中，原告在行政诉讼中提交证据的情形，大多出现在提交公知常识性证据以加强行政诉讼的说服力上。例如，在技术发展较为迅猛的领域（如通信领域），原告可能会提交证据来证明申请日时的技术发展水平，以证明复审决定中合议组对于公知常识的认定是以审查时的技术水平为基准的，导致复审决定的作出存在"事后诸葛亮"的嫌疑。

需要说明的是，由于在行政诉讼中，法院审查的主要是专利复审委员会基于复审决定所引用的证据作出的决定是否正确，利用该程序补充提交的证据不被人民法院所考虑的风险较大。因此，如果能在复审程序中提交，则应尽量避免将证据"雪藏"到行政诉讼程序中。

3.2 提交证据的形式要求

原告代理人提交证据时，应对证据加以编号，并在起诉状中对证据用以证明的主张加以明确说明。

对于域外证据，还需要履行相关的公证或认证手续。

3.3 提交证据的时机

证据可以在提交起诉状时一并提交，也可以在案件被人民法院正式受理后，在合议庭指定的补充提交证据的期限内提交。实践中，虽然可在正式开庭前提交证据。但为了能够被合议庭充分考虑，证据的提交不宜过晚。

第 3 节　分案申请的提出

提交分案申请，是专利申请人应对驳回决定和维持驳回决定的复审决定的一种重要策略。本质上讲，在复审程序中或者复审决定作出后提交分案申请，与在实审程序中提交分案申请并无区别，无论何时提交分案申请，都必须满足《专利法》及其实施细则以及《专利审查指南 2010》的各项规定。

1　提交分案申请的时机

只要满足提出分案申请的要求，在复审程序的任何时间都可以提出分案申请。

当撤销驳回决定的复审决定作出后，专利申请将返回原审查部门，此时提出分案申请没有任何障碍。

在维持驳回决定的复审决定作出后，如果当事人自收到复审决定之日起 3 个月内未提起行政诉讼，或者生效的法律文书判决维持复审决定的，复审决定生效。此时，专利申请已经被彻底驳回，当事人丧失提出分案申请的权利。

当事人对复审决定不服提起行政诉讼期间，在终审行政判决维持复审决定之前的任何时间，当事人均可提交分案申请。

对于涉案专利申请本身为分案申请的，当需要针对该分案申请再次提交分案申请时，首先需要核查原申请的状态，根据原申请来判断再次提交的分案申请是否符合分案时机。如果原申请已经被驳回或者已经超过"作出授予专利权通知书之日起 2 个

月"的期限，一般不能再提出分案申请。有一种情况例外，即针对涉案专利申请（即第一次分案申请），审查员在审查意见通知书中或者合议组在复审通知书中指出过或者复审决定的理由是涉案专利申请存在单一性缺陷，申请人是按照审查员或者合议组的审查意见再次提交分案申请，此时，申请人可以再次提交分案申请，但是需要在再次提交分案申请的同时，一并提交指明了单一性缺陷的审查意见通知书、复审通知书或复审决定。

2 提交分案申请的要求

提交分案申请时，应注意分案申请不超出原始申请记载的范围。一般情况下，除非必要，可以不修改说明书。必须修改的，可以采用逐页替换的修改方式，并保留修改对照表，以备事后核查。

另外，除非权利要求书与原始申请记载的内容完全相同，否则可以通过建立修改对照表的方式，将修改后的权利要求书与原始申请记载的内容进行比较，确定修改后的权利要求书没有超出原始申请记载的范围，并在必要时将该对照表提供给审查员。

第8章 复审程序相关问题

复审程序是专利审批程序的延续，同时也是申请人对驳回决定不服而启动的一种救济程序。代理人应当认真谨慎，避免因为自身工作失误导致专利复审委员会作出维持驳回决定的复审决定。本章旨在分析专利申请的复审程序中，代理人需要注意的主要程序问题，并提出相应的应对策略。

专利复审程序中，代理人需要面对的主要程序问题包括时限问题、格式问题、委托手续问题等。❶

第1节 复审主体

只有被驳回专利申请的申请人可以向专利复审委员会提出复审请求。复审请求人不是被驳回专利申请的申请人的，其复审请求不予受理。

由于专利权不可分割，因此，《专利审查指南 2010》规定，当被驳回申请的申请人属于共同申请人的，复审请求人应当是全部申请人，而不是其中的一部分。如果仅有部分申请人提出复审请求，专利复审委员会将会发出补正通知书，要求复审请求人在指定的期限内补正；期满未补正的，复审请求将被视为未提出。即使在后续的行政诉讼过程中，所有申请人也都必须作为原告同时参加。

实践中，有时会发生申请人之间就是否继续程序意见相左的情况。这种情况下代理人应当向申请人说明，如果不能达成一致，则无法提出请求。如果双方同意的话，也可以在国家知识产权局作申请人变更，将申请人变为希望进行复审的一方。

第2节 时限问题

1 时限的种类

专利复审阶段的时限既包括法定期限，也包括指定期限。❷

法定期限是指《专利法》及其实施细则规定的各种期限。法定期限通常是不可延

---

❶ 参见《专利审查指南 2010》第四部分第二章、第四章。
❷ 参见《专利审查指南 2010》第五部分第七章。

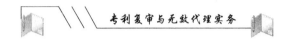

长的，延误期限将直接导致权利丧失，如复审请求期限、不服复审决定提起行政诉讼的期限等。

指定期限是指专利复审委员会在根据《专利法》及其实施细则作出的各种通知中，规定申请人作出答复或者进行某种行为的期限，如复审通知书的答复期限。

【案例8－1】

本案例引自第11291号复审决定。

本案涉及发明名称为"便携式脑高级功能的心理生理参数实用测试系统"的复审请求案件。

国家知识产权局于2004年1月9日以说明书不符合《专利法》第26条第3款为由驳回了本申请。

申请人不服上述驳回决定，于2004年4月30日向专利复审委员会提出复审请求。

专利复审委员会于2004年5月24日发出不予受理通知书，指出复审请求人提出复审请求的期限不符合《专利法》第41条第1款规定的复审请求的法定期限。

之后，复审请求人于2004年7月23日提交了恢复权利请求书，同时提交了意见陈述书、修改后申请文件等。经过形式审查，专利复审委员会受理了该复审请求，最终撤销了驳回决定。

【案例分析】

根据期限的计算方法，2004年1月9日发出驳回决定，推定收到日为1月24日，加3个月，提出复审请求的期限届满日为4月24日。复审请求人于4月30日提出复审请求，超过了法定的3个月期限，因此，如果复审请求人不能证明耽误时限是基于不可抗力或者存在正当理由，比如其是在1月30日或之后才收到驳回决定的，其复审请求将不予受理。本案中，复审请求人依据正当理由提出了恢复权利请求书，专利复审委员会经审查，受理了该复审请求。

虽然此案中专利复审委员会最终受理了复审请求，但是代理人需要注意的是，在实务中，专利复审委员会对正当理由的审查尺度是非常严格的。

2 缴纳复审请求费期限

提出复审请求的同时或之后，应当在复审请求的期限内足额缴纳复审费。未缴纳或者未缴足的，复审请求将被视为未提出。

因为未缴纳或者未缴足复审请求费而被视为未提出复审请求的，可以在收到视为未提出通知书后2个月内，提交恢复权利请求书，并足额缴纳复审请求费和恢复费，请求恢复权利；符合条件的，专利复审委员会将予以受理。

【案例8－2】

本案例引自第11718号复审决定。

本案涉及发明名称为"卫生灭菌消毒剂"的发明专利复审请求案件。

国家知识产权局于2003年6月20日以说明书不符合《专利法》第26条第3款的规定为由驳回了本申请。

申请人不服上述驳回决定，于2003年7月22日向专利复审委员会提出复审请求，并修改了申请文件，但未按时缴纳费用。专利复审委员会发出复审请求视为未提出通知书。

复审请求人于2003年10月28日再次提出复审请求，提交相同的意见陈述、经修改的申请文件和附件，并提交了恢复权利请求书，缴足了复审请求费和恢复费。

专利复审委员会经形式审查，受理了该复审请求。

【案例分析】

按期缴纳复审请求费是复审程序启动的一个必不可少的条件。只有在提出复审请求时，或者最迟不能晚于提出复审请求的期限，按照缴费标准足额缴纳复审请求费，复审请求才能得以启动。

3 前置审查期限

前置审查期限是属于国家知识产权局的内部期限。专利复审委员会形式审查合格后，将会把复审请求书以及附具的证据文件、修改后的申请文件等连同案卷一并转交给作出驳回决定的原审查部门进行前置审查。

除非特殊情况，前置审查将会在原审查部门收到案卷后1个月内完成。

在实际工作中，时常会出现复审请求递交之后，申请人有进一步修改申请文件的愿望，或者希望与原审查部门审查员进一步沟通，以尽快结束复审、返回实质审查，从而使专利申请尽快得到授权，因此代理人可以根据前置审查的期限，把握时机与审查员沟通，以实现申请人尽快返回实质审查、尽早授权的目标。

4 复审通知书期限

根据《专利法》第63条第1款的规定，在复审过程中如果专利复审委员会认为复审请求尚存在不符合专利法及其实施细则的内容，将会发出复审通知书。

根据《专利审查指南2010》的相关规定，复审通知书的答复期限为1个月。该期限可以延长一次，延长时间为1个月或2个月。

不对复审通知书进行答复将导致复审请求被视为撤回，申请人的权利丧失。此种情况下，专利复审委员会将发出结案通知书。

因为未答复复审通知书导致专利复审委员会发出结案通知书的，可以在收到该结案通知书之日起2个月内，请求恢复权利。在提交恢复权利请求书的同时，应当足额缴纳恢复费，并对复审通知书进行答复；经审查符合恢复条件的，复审将继续进行。

【案例 8 – 3】

在一件复审请求案件中，专利复审委员会于 2008 年 6 月 5 日向复审请求人发出了复审通知书，指出本申请依旧不符合《专利法》的有关规定，同时要求复审请求人在 1 个月内对复审通知书所指出的问题进行答复。

由于在复审通知书的答复期限内，未收到复审请求人提交的意见陈述，专利复审委员会于 2008 年 10 月 13 日发出复审案件结案通知书，载明：根据《专利法实施细则》第 62 条第 1 款的规定，该复审请求视为撤回，本案的审理结束。

复审请求人于 2008 年 11 月 17 日提交了恢复权利请求书。经审查，专利复审委员会认为复审请求人提交的恢复权利请求书符合《专利法实施细则》第 7 条第 2 款的规定，同意恢复权利，并重新成立合议组进行审查，复审程序继续进行。

【案例分析】

根据期限的计算方法，2008 年 6 月 5 日发出复审通知书，推定收到日为 6 月 20 日，答复期限届满日为 7 月 20 日。从上述日期可以看出，本案在收到专利复审委员会发出结案通知书后 2 个月之内请求恢复，并列举了合理理由，因此复审程序得以恢复。

关于恢复还需要指出的是，"视为撤回"后恢复为补救手段，存在一定的不确定性。代理人切忌将其视之为常规的代理程序。此外，对比案例 8 – 1，总体来说，因未答复复审通知导致专利复审委员会视为撤回后的恢复难度要低于因错过提出复审期限导致的复审请求不予受理后的权利恢复。

5　口 头 审 理 期 限

根据《专利审查指南 2010》的相关规定❶，在复审程序中，专利复审委员会可以根据案情需要自行决定是否进行口头审理，确定需要进行口头审理的，专利复审委员会将发出复审请求口头审理通知书。代理人应当按照口头审理通知书所指定的日期参加口头审理，或者在收到口头审理通知书后 1 个月内针对通知书指出的缺陷进行书面答复。

口头审理通知书回执的答复期限是 7 日（不含邮政日 15 日）。

需要注意的是，与无效宣告程序不同的是，在复审阶段，不提交口头审理通知书回执，将被视为不参加口头审理。既不参加口头审理，又未在指定期限内进行书面答复的，复审请求将被视为撤回。

因为未参加口头审理且未书面答复口头审理通知书导致复审请求被视为撤回的，专利复审委员会发出结案通知书。复审请求人可以在足额缴纳恢复费后请求恢复复审

---

❶　参见《专利审查指南 2010》第四部分第四章第 2 节、第 3 节。

的审理，同时应当对口头审理通知书进行答复；经专利复审委员会审查符合恢复条件的，复审程序继续进行。

6　其他期限

口头审理过程中或者口头审理结束后，专利复审委员会有时会要求复审请求人就指出的某一问题发表意见，或者要求就某一事实提交证据。这些情况下的时限并无法律规定，一般专利复审委员会会根据具体情况指定期限，为 1 周、7 个工作日或者 2 周不等。代理人可以根据己方所代理的申请人的实际情况与专利复审委员会商议期限。

需要指出的是，这些期限延误通常不会直接造成诸如视为撤回等的权利丧失的后果，但是由于这种情况下专利复审委员会调查的往往是案件的关键所在，延误期限很有可能造成专利复审委员会作出对复审请求人不利的决定，因此更不能等闲视之。另外，有些特殊情况下，专利复审委员会在指定相应的期限时，会同时告知不如期答复的后果，比如："如果不如期答复，复审请求将视为撤回"，此时，期限延误也会造成不利的后果。

【案例 8 - 4】

本案例引自第 17357 号复审决定。

本案中，专利复审委员会向复审请求人发出口头审理通知书。

口头审理如期举行，复审请求人参加了口头审理，并与合议组交换了意见。口头审理之后，合议组要求复审请求人于口头审理后 1 个月内向合议组提交书面意见，逾期不提交本复审请求即视为撤回。并且指出，如果复审请求人未修改申请文件并且其意见陈述仍不能说服专利复审委员会，或者修改后的权利要求仍不具备《专利法》第 22 条第 3 款规定的创造性，专利复审委员会将作出维持驳回决定的复审决定。

复审请求人随后提交了权利要求书的修改替换页，对权利要求书进行了修改。专利复审委员会认为修改后的权利要求书已经克服了驳回决定指出的缺陷，因此作出撤销驳回决定的复审决定。

【案例分析】

口头审理是专利复审委员会（具体来说是专利复审委员会组成的合议组）就驳回决定所提及的事实、理由和证据，以及合议组对具体问题的看法和观点向复审请求人听证的过程，法律效力相当于发出和答复一次复审通知书。有些情况下，合议组和复审请求人在口头审理过程中已经充分交流意见，并且双方的意见已经清楚记录在口头审理记录中，此时，合议组可能不会指定某一问题的答复期限。但是，有些情况下，即使经过口头审理，仍有一些问题需要澄清，此时，合议组将会明确口头审理后需要复审请求人以书面形式就某一问题继续陈述意见，并指定相应的答复期限。这种情况下，在口头审理后，复审请求人需要在合议组指定的期限内作出答复，如果未按期答复，将会产生复审请求被视为撤回的后果。因此，代理人一要注意口头审理调查的内容，二要重视口头审理过程中合议组指定的答复期限。

有些情况下，口头审理也可代之以与合议组或者主审员之间的电话沟通。电话沟通后在指定期限内进一步陈述意见，也是在指定期限内进行答复的一种方式。如第15359 号复审决定中就采取了这样的方式。

第 3 节　格式问题

提出复审请求时，应当提交复审请求书，同时说明复审理由，并根据实际需要递交有助于克服驳回理由的证据。复审请求书不符合规定格式的，专利复审委员会将会发出补正通知书，要求复审请求人在指定的期限内补正；期满未补正或者在指定期限内补正但经两次补正后仍存在同样缺陷的，复审请求将被视为未提出。

提出复审请求时，应当填写符合国家知识产权局规定格式的复审请求书表格，代理人可以从国家知识产权局网站上下载标准格式的表格模板，使用文字处理软件编辑，也可以使用专用软件生成表格。

【案例 8 - 5】

本案例引自第 14119 号复审决定。

本案中，申请人对驳回决定不服，分别于 2007 年 2 月至 5 月多次以书面复审请求、当面口述复审请求等方式提出复审请求，并提交相应费用缴纳凭据。

专利复审委员会于 2007 年 5 月 21 日发出复审请求视为未提出通知书，指出复审请求人指定期限内经过两次补正后仍然存在同样的缺陷。

为此，复审请求人又分别于 2007 年 5 月至 6 月两次提交了复审请求书及恢复权利要求书，并缴纳了恢复权利请求费。

专利复审委员会于 2007 年 7 月 16 日发出恢复权利要求补正通知书，指出恢复权利时没有提交合格的复审请求文件。

复审请求人于 2007 年 7 月 26 日再次提交了恢复权利请求书和复审请求书等文件。

经过上述反复文件交换多次，形式审查合格后，专利复审委员会才受理了该复审请求。

【案例分析】

在实务中，为尽量避免因为复审请求的文件格式等不符合要求而被视为复审请求未提出的情况发生，代理人应当严格按照《专利审查指南 2010》的相关规定提交符合规定格式的复审请求书。

第 4 节　委托手续问题

复审请求人委托专利代理机构请求复审或者解除、辞去委托的，应当参照《专利审查指南 2010》的有关规定办理委托手续。❶

申请人不再委托在申请过程中的原有代理机构代理复审，在提出复审请求之前变更代理机构的，新的代理机构应当在提出复审请求之前或同时办理专利代理机构委托关系的变更手续。

复审请求人在复审程序中委托专利代理机构，且委托书中写明其委托权限仅限于办理复审程序有关事务的，其委托手续或者解除、辞去委托的手续应当在专利复审委员会办理，无需办理著录项目变更手续。没有写明委托权限仅限于办理复审程序有关事务的，专利复审委员会将会发出补正通知书，复审请求人应当在指定期限内补正；期满未补正的，视为未委托该代理机构。

第 5 节　费用问题

复审程序中发生的费用主要包括复审请求费、委托关系变更费和恢复权利请求费。

发明专利申请复审请求费是 1 000 元，实用新型专利申请复审请求费是 300 元，外观设计专利申请复审请求费是 300 元。个人支付确有困难的，可以分别减缓为 200 元、60 元和 60 元；单位支付确有困难的，可以分别减缓为 400 元、120 元和 120 元。

办理委托关系的变更手续，手续费为 50 元。

委托关系变更费和恢复权利请求费两项费用不予减缓。

缴纳费用的时候，可以采用在国家知识产权局的受理窗口缴费、通过专用的第三方支付平台缴费以及通过电子支付平台支付等方式。

鉴于实践中难免有因为缴费不及时或因为缴费信息传送有误等原因，导致权利丧失的情况，因此代理人/代理机构应当注意保留缴费凭证等以备事后查询。

【案例 8 - 6】

本案例引自第 11843 号复审决定。

本案中，申请人在规定期限内向专利复审委员会提出复审请求，并修改了申请文件。

专利复审委员会发出复审请求视为未提出通知书，理由是复审请求人未在《专利法实施细则》第 93 条规定的期限内缴纳复审费。

---

❶　参见《专利审查 2010 指南》第一部分第一章 6.1 节。

针对上述通知书，复审请求人随后多次提交已按期缴费的说明，并附具相关的缴费证明。经国家知识产权局费用处核实情况属实后，专利复审委员会对本案进行形式审查，并受理了该复审请求。

【案例分析】

实践中，难免会因数据信息录入有误或者缴费信息传送错误等原因而导致出现专利复审委员会误以为复审请求人没有缴费的情况，因此，代理人/代理机构应当注意保留缴费单据（如邮局汇款单、缴费发票或者能够证明缴费的电子凭据等），以备事后查询。在收到因未缴费而导致复审请求视为未提出的通知书时，代理人需要提交意见陈述，说明实际情况，并复印相应缴费单据，随意见陈述书一起提交专利复审委员会。

第 3 部分

专利权无效宣告阶段的代理

第9章　无效宣告请求整体策略的制定

在无效宣告程序中，代理人既可以作为专利权人的委托代理人，也可以作为请求人的委托代理人。本章将首先介绍代理人在接受案件和整体策略制定过程中应当考虑的问题。

第1节　基本案情的核实

在代理人准备接受委托时，首先应该明确的是，当事人是无效宣告请求人还是专利权人。

1　请　求　人

当委托人是请求人时，他可能是一件专利侵权诉讼中的被告，为了避免败诉，而不得不启动无效宣告程序；他也可能是某些专利权人的竞争对手，为了避免可能出现的专利侵权纠纷，而希望通过无效宣告程序，扫清自己在实施某项技术道路上的障碍。

此外，有的时候，委托人或许认为某件专利使本来处于公有领域的现有技术被专利权人据为己有而侵犯了公众利益，或者专利权人正在滥用市场支配力限制其他企业参与竞争或者妨碍技术创新，因此希望启动无效宣告程序，将本来应该处于公有领域的技术或者被破坏的竞争秩序恢复到本来的状态。

有时，委托人出于各种考虑，不希望以自己的名义提起无效宣告请求。这种情况下，法律并没有禁止代理人作为无效宣告的请求人。❶

2　专利权人

当委托人是专利权人时，他可能是一件专利侵权诉讼中的原告，因为被告针对其专利权提出了无效宣告请求而进入无效宣告程序，专利权人希望捍卫其专利的有效性；也可能是专利权人在没有其他人针对其专利提出无效宣告请求的情况下，希望通过无效宣告程序，提高其专利的稳定性或者弥补其专利中的缺陷。

上述后一种情况往往包括下面两种情形：

① 所涉及的专利是实用新型或者外观设计。由于实用新型专利和外观设计专利不经过实质审查程序即被授权，因此它们在法院和公众心目中的可信度较低。实用新型专利和外观设计专利的专利权人往往希望通过无效宣告程序来提高其专利的可信度。

② 专利权人发现自身专利有缺陷或者发现了对自己不利的证据，希望通过无效宣告程序来修正自身缺陷，避免证据或者缺陷对其专利带来不利的影响。

【案例9－1】

本案例引自第4949号无效宣告决定。

本案中，专利权人作为无效宣告请求人针对自身的专利权提出无效宣告请求，引用两篇对比文件，提交了修改的权利要求书，主动缩小专利权的保护范围，删除授权公告权利要求书中的权利要求1、权利要求4、权利要求5。专利复审委员会认为，本案的专利权人以专利文献作为对比文件，请求宣告自己专利权部分无效，符合法律规定，因此作出宣告专利权部分无效的无效宣告决定。

现实中的情况往往更加复杂。当一名当事人向代理人描述案情时，他会把专利侵权、权属纠纷、个人恩怨、发明艰辛等一股脑地倒给代理人，而代理人作为专利法律从业人士，面对这些纷繁复杂的事实，首先必须弄清楚的是：当事人是谁、这个当事人是一件专利的挑战者还是一件专利的捍卫者、涉案专利是什么、当事人请求帮助的事项是否可以通过无效宣告程序解决、启动程序的目的是什么，等等。

第2节　确定无效宣告请求的目标

在基本事实确定之后，接下来要确认的是这个无效宣告请求所要达到的目标是什么。目标和本章第1节讨论的目的是不同的。目的是当事人的朴素的要求，而目标则是作为专利法律从业人士根据当事人的目的而设计出的法律上可以实现的结果。

尽管请求人总是以请求整个涉案专利的专利权无效作为终极目的，而专利权人以维护整个专利权有效为己任，但是在现实案件中，专利权全部无效或者有效并不一定是当事人的最大利益所在。代理人的真正价值在于，根据当事人的具体情况和要求，设定一个具体的目标，以最小的经济代价最大限度地维护当事人的合法权益。

总的来说，无效宣告决定的结果表现为以下三种形式：专利权维持有效、专利权全部无效、专利权部分无效，而每一种表现形式都体现着不同的目标，这些目标可以满足当事人不同的利益追求或者目的。

1　专利权维持有效

专利权被全部维持有效，对于处于专利侵权诉讼中的专利权人来说，这显然是他所追求的最高目标。整个专利权被维持有效，专利权人捍卫了专利的有效性，为专利侵权诉讼的胜诉奠定了基础。

此外，在专利权人针对自己的专利主动提出无效宣告请求的情况下，其目标是希望获得更有公信力的专利权保护范围，因此维持专利全部有效就成为程序启动者的最大利益所在。特别是，由于实用新型专利仅仅通过形式审查而未经实质审查即被授权，其专利的有效性往往为法院和公众所质疑，一份维持全部权利要求有效的无效宣告决定书就是专利权人证明专利稳定的有力证明。

2　专利权全部无效

对于处于专利侵权诉讼中的被告，专利权全部无效固然是其必然的追求，但是在实践中，请求人请求专利无效的初衷或许是避免侵权，或许是为了公众利益，或许是从策略角度考虑对专利权人进行干扰，因此是否一定要以全部无效为目标，还应该从各个方面，包括经济方面，进行全面衡量。

3　专利权部分无效

就专利权部分无效的情形而言，如果双方是专利侵权诉讼的原被告，对于原告专利权人来说，维持侵权纠纷所涉及的权利要求有效就已经达到了目的，而对于被告来说，使侵权纠纷所涉及的权利要求无效就是最大的胜利。

在专利权部分无效的情形下，对于专利权人的竞争者来说，部分无效的结果，或许可以扫清其在实施该专利技术道路上的障碍，打乱专利权人的部署。对于由专利权人发动的无效宣告程序，因其权利要求中的瑕疵得以克服，专利权人得偿所愿。对于为了公众利益而提起专利无效的程序来说，部分无效的结果，常常达到了保护公众利益的目的。

因此，认真了解当事人的不同目的，根据其目的选择适合的目标，是无效宣告请求整体策略中最重要的一步。

第 3 节　确定无效宣告请求启动时机

1　作为请求人

对于请求人来说，如果他同时也是专利侵权诉讼的被告，则确保无效宣告程序在被告答辩期内启动是至关重要的。因为在民事诉讼的答辩期内提出的无效宣告请求，可以作为法院中止专利侵权民事诉讼程序的理由。

而对于为了公众利益而启动无效宣告程序的请求人来说，收集到足够的证据后，

才是无效宣告程序启动的适当时机。

对于试图通过无效宣告程序，增强自己专利的公信力或者稳定性的请求人（专利权人）来说，在选择好适当的证据后，应该尽快启动无效宣告程序。

对于试图通过无效宣告程序扫清自己技术发展障碍的单位或个人来说，应该在选择好适当的请求人名义、无效宣告请求的理由及证据后，方能启动程序。通过一个与自己无关的名义提起无效宣告请求，可以达到既清除障碍又隐藏自己的目的；而以请求人自己的真实名义启动的无效宣告程序，或许会立即造成与专利权人的对立，使请求人处于不利的市场竞争地位。

2　作为专利权人

对于专利权人来说，如果无效宣告程序已经被启动，那么他只能进入无效宣告程序而没有其他的选择。

第
9
章

第 10 章　代理关系的确立

与专利申请的审查程序不同，无效宣告程序是由请求人针对专利权人已经获得授权的专利提起无效宣告请求而启动、由双方当事人参与的程序。无效宣告程序同时涉及技术和法律问题，一般需要委托专利代理机构进行。尽管相对于民事诉讼程序来说，无效宣告程序在程序的设置基础、目的、参与者的身份等方面存在诸多不同，但在程序模式、举证责任分配、事实查明方式等方面具有类似之处。在与委托人正式确定代理关系之前，专利代理机构同样应该审核是否存在利益冲突、当事人的主体资格是否适格、涉案纠纷是否具备启动无效宣告程序的条件等事项。

第 1 节　利益冲突的审核

专利代理机构接受委托后，应认真履行职责，忠实维护委托人的利益。但是如果代理机构接受的该委托事项与其提供或曾经提供服务的其他委托事项之间存在利益上的冲突，则可能会导致当事人的利益受到潜在的或者实际的损失，实务中把这种情况称为利益冲突。

1　有关利益冲突的规定

1.1　专利代理执业相关规定

为维护专利代理工作的正常秩序，规范专利代理服务行为，国务院制定并发布了《专利代理条例》，其中第 10 条规定："专利代理机构接受委托后，不得就同一内容的专利事务接受有利害关系的其他委托人的委托。"为进一步规范代理人的执业行为，1998 年中华全国专利代理人协会通过了《专利代理人执业规范》，其中第 18 条规定："专利代理人不得就同一内容的专利事务接受有利害关系的双方或多方当事人的委托"；第 23 条进一步规定："专利代理人在与委托人依法解除委托关系后，不得在同一内容的专利事务中接受有利害关系的他方当事人的委托。" 2002 年国家知识产权局颁布了《专利代理惩戒规则（试行）》，其中第 7 条第（6）项对专利行政部门的工作人员退休、离职后从事专利代理业务的行为进行了规范，规定对这类人员代理其本人审查、处理过的专利申请案件或专利案件的行为进行惩戒。

上述关于利益冲突的规定要求专利代理机构和代理人在接受委托时，需要审核其

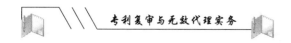

是否就同一内容的专利事务曾经或正在提供服务；若是，是否是同一委托人，如果不是，不同委托人之间是否存在利害关系。

1.2 律师执业相关规定

专利代理服务作为一特定领域的法律服务，在审核利益冲突时，可以借鉴律师提供法律服务的利益冲突审核规则。《律师法》第 39 条规定："律师不得在同一案件中为双方当事人担任代理人，不得代理与本人或者其近亲属有利益冲突的法律事务。"2010 年司法部发布的《律师和律师事务所违法行为处罚办法》第 7 条规定："在同一民事诉讼、行政诉讼或者非诉讼法律事务中同时为有利益冲突的当事人担任代理人或者提供相关法律服务的"和"担任法律顾问期间，为与顾问单位有利益冲突的当事人提供法律服务的"行为均构成利益冲突。

为增加可操作性，有些地方律师协会还制定并发布了更为具体的利益冲突判断规则。

1.2.1 北 京 市

北京市律师协会于 2001 年发布了《北京市律师业避免利益冲突的规则（试行）》，其中律师事务所的利益冲突行为包括："在同一诉讼或者仲裁案件中，同时接受对立双方委托的"；"在同一诉讼或者仲裁案件中，曾在前置程序中代理一方，又在后置程序中接受对立方委托的"；"在担任常年或者专项法律顾问期间及合同终止后 1 年内，又在诉讼或者仲裁案件中接受该法律顾问单位或者个人的对立方委托的"。另外，同一律师的利益冲突行为包括："在同一诉讼或者仲裁案件中，同时接受非对立但存在相互利益冲突的两方或者两方以上委托的"；"在同一非诉讼法律事务中，同时接受可能会有利益冲突的两方或者两方以上的委托，进行协调、调解工作"；"在同一非诉讼法律事务中，曾经建立过委托代理关系，又接受对立方或者利益冲突方的委托的，但仅提供过法律咨询意见的除外"。另外，《北京市律师协会规范执业指引（第 7 号）》将委托人的利益范围解释为"不应局限于委托人本人的利益。委托人是自然人的，其共同生活的家庭成员的利益应视为是委托人的利益；委托人是法人或者其他组织的，与委托人互相参股的其他法人的利益，应视为该委托人的利益；在同一控制人控制下的不同法人的利益应视为一个整体性的利益。"

1.2.2 上 海 市

上海市律师协会于 2001 年发布、2011 年修订的《上海市律师协会律师执业利益冲突认定和处理规则》明确，律师从事执业活动前的其他工作同样可能对拟委托事项形成利益冲突，如"某律师曾在某公司担任中层以上管理职务，转入律师事务所后 1 年内即担任该公司在对抗性案件或者非诉讼业务中对方当事人的代理人"。

另外，在北京市律师协会和上海市律师协会的利益冲突指引中还在当事人豁免方面作出了规定。

2 利益冲突的审核

在审核利益冲突时，并不局限于拟委托事项本身，而是需要考虑如果接受拟委托事项，是否存在违反保密义务，进而不当利用先前代理服务中所获知的未公开的信息损害委托人、其他被代理人及与被代理人存在直接或间接利益的其他人的合法利益。在专利无效宣告代理服务中审核是否存在利益冲突时，要考虑以下因素。

2.1 是否系同一内容的专利事务

实务中，审核是否为同一内容的专利事务，主要包括：专利代理机构是否曾对拟被宣告无效的授权专利提供过专利申请代理服务，是否对与拟被宣告无效的授权专利之间存在母案与分案关系的专利申请提供过代理服务，是否曾经针对拟被宣告无效的授权专利或相关分案或母案提供过专利检索、法律意见分析等服务。

这里应该注意的是，无效宣告程序中，被委托人是专利代理机构，而不是代理人。因此在实务中，存在一种特殊情况，即：如果代理人之前在其他代理机构曾经处理过同一内容的专利事务，例如曾经为了将涉案专利宣告无效而进行过检索分析，而后转入现在的代理机构，并拟代表专利权人，那么由于被委托人是专利代理机构，该代理人在此代理机构处理该专利无效事务似乎并不存在冲突。但从实际情况出发，这种情况确实可能对请求人明显不利，因为该代理人在检索分析中可能了解请求人为使该专利被宣告无效所做的准备工作。在此情况下，该代理机构代表专利权人并无利益冲突问题，但是，如果该代理机构指派曾代理同一内容的代理人则可能导致利益冲突问题。

【案例 10 - 1】

本案例引自第 9445 号无效宣告决定。

本案中，专利权人在口头审理中提出，请求人的委托代理人曾接受专利权人的委托，代为办理专利无效宣告的相关事宜，从而对其身份资格提出异议。合议组在审查后认为，请求人的上述委托代理人不符合专利代理的相关规定，不允许其参加口头审理，并告知请求人可以选择另行进行口头审理或者继续进行口头审理。请求人选择继续进行口头审理。随后，专利复审委员会作出无效宣告决定，维持专利权有效。请求人不服该无效宣告决定，向北京市第一中级人民法院提起行政诉讼，并主张专利复审委员会不允许其代理人参加口头审理缺乏事实和法律依据，违反公正执法原则。法院在审理后认为，首先，请求人的委托代理人曾经作为专利权人的委托代理人处理相关事宜，现又作为请求人的委托代理人提起无效宣告请求，显然违反《专利代理条例》第 10 条关于"专利代理机构接受委托后，不得就同一内容的专利事务接受有利害关系的其他委托人的委托"的规定；其次，虽然专利权人在第一次口头审理中未提出异议，但其于第二次口头审理时提出了异议，专利复审委员会核实情况后不允许请求人

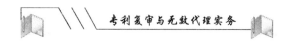

的委托代理人继续参加口头审理，并无不当；再次，专利复审委员会取消请求人的委托代理人代理资格后，明确告知请求人可以选择另行进行口头审理，即请求人可以重新聘请委托代理人，但请求人选择了继续口头审理，主动放弃了重新聘请委托代理人的权利，因此无效宣告决定在此方面并无不当。

【案例分析】

本案涉及一种典型的利益冲突。针对同一专利，请求人的代理人先后接受专利权人和请求人相互对立的两方的委托代为办理相关事宜，该代理人有可能不当利用先前服务所获知的信息损害专利权人利益。如果这样，不但违反了代理人的执业纪律，同时还面临专利权人日后指控其违反保密义务进而追究其法律责任的风险。因此，这种利益冲突应当是代理人提供专利无效宣告代理服务过程中应加以重视并避免出现的情形。

【案例 10 - 2】

本案例引自第 14467 号无效宣告决定。

本案在口头审理中，合议组就请求人的委托代理机构资格进行了调查，请求人的委托代理人承认，该代理机构确实为专利权人的该项专利做过检索，但强调检索和无效宣告程序时的代理人不同，他本人也是在收到专利权人的意见陈述书后才得知此事，同时指出专利权人仅是在该代理机构进行过检索，不涉及无效宣告程序的内容。合议组认为请求人委托的代理机构违反了《专利代理条例》的规定，未批准请求人当时的代理人参加该次口头审理。

【案例分析】

本案中，请求人的代理人本人并没有针对涉案专利提供过专利代理服务，但由于该代理人所在的代理机构曾针对涉案专利提供过检索服务，这种情况仍然违反了《专利代理条例》的规定。因此，在决定接受委托代理一件专利无效宣告案件之前，不仅被指派的代理人应对其曾经代理的专利事务进行利益冲突查询，同时接受委托的专利代理机构也应就其所提供的所有专利代理服务进行利益冲突查询，以避免发生利益冲突。

2.2 利益冲突查询的范围

无效宣告决定的结果不但对专利权人和请求人的利益有直接的影响，同时也有可能涉及与专利权人或请求人有利害关系的其他人的利益。因此，就一件专利无效宣告案件查询是否存在利益冲突时，不仅需要针对专利权人和请求人进行利益冲突查询，还应针对委托人的近亲属以及与委托人相关联的法人等进行利益冲突查询。

除了上面提出的法律规定的利益冲突情形之外，往往还需要考虑非法律层面的冲突情形。代理机构一般会有比较长期服务的客户，如果其他人希望委托该代理机构代理无效宣告案件，而相对方是代理机构长期服务的客户，此时虽然涉案专利并非由该代理机构代理的，因而提供代理服务并不违反法律的规定，但是，代理机构的已有客户可能会对于代理机构的代理行为不满，从而影响与已有客户的合作关系。因此，在确定代理关系之前，应当综合考虑已有客户的情况，避免因小失大。

第 2 节　当事人资格的审核

《专利法》第 45 条规定："自国务院专利行政部门公告授予专利权之日起，任何单位或者个人认为该专利权的授予不符合本法有关规定的，可以请求专利复审委员会宣告该专利权无效。"专利权是对世权，即专利申请一旦被授权，任何人均负有不妨害权利人实现其权利的义务。与此相对应，有权提出无效宣告请求的主体是任何单位或者个人。

有权提出无效宣告请求的主体是不特定的，但这并不意味着提出无效宣告请求的请求人不受任何条件约束。根据《专利审查指南 2010》第四部分第三章 3.2 的规定，请求人属于下列情形之一的，其无效宣告请求不予受理：

① 请求人不具备民事诉讼主体资格的。

② 以授予专利权的外观设计与他人在申请日以前已经取得的合法权利相冲突为理由请求宣告外观设计专利权无效，但请求人不能证明是在先权利人或者利害关系人的。其中，利害关系人是指有权根据相关法律规定就侵犯在先权利的纠纷向人民法院起诉或者请求相关行政管理部门处理的人。

③ 专利权人针对其专利权提出无效宣告请求且请求宣告专利权全部无效、所提交的证据不是公开出版物或者请求人不是共有专利权的所有专利权人的。

④ 多个请求人共同提出一件无效宣告请求的，但属于所有专利权人针对其共有的专利权提出的除外。

1　请求人具备民事诉讼主体资格

民事诉讼主体资格系指参与民事诉讼活动时，可以自己名义成为当事人的资格。虽然《专利法》规定提出无效宣告请求的主体是包括专利权人在内的任何人（以外观设计专利权与在先合法权利冲突为理由提出无效宣告请求的情况除外），并且就无效宣告制度的内涵而言，并不以请求人与专利权人之间的民事法律关系作为必要前提，不需要有任何民事义务或责任承担上的考虑，但是考虑到法律意义上主体应当是适格的民事主体，将《专利法》作为私法的组成部分立足民事法律的基本属性加以分析，《专利法》中述及的"任何人"应当为适格的民事诉讼主体。

根据《民事诉讼法》第 49 条的规定，公民、法人和其他组织可以作为民事诉讼的当事人。法人由其法定代表人进行诉讼。其他组织由其主要负责人进行诉讼。传统

第
10
章

的民法理论一般将民事主体分为自然人和法人。参与无效宣告程序的法人通常为公司形式的企业法人。另外，在我国，可以个体工商户、个人合伙和合伙企业形式从事生产经营活动，其是否具有民事主体资格决定了其是否可以自己的名义提起无效宣告程序。

1.1 自 然 人

我国早期的立法中采用了公民的概念，随着市场经济的发展完善和法学研究的深入，立法已经逐渐采用自然人的概念取代了公民的概念。任何自然人均有权针对已授权专利提出无效宣告请求。

1.2 法 人

法人作为民事法律关系的主体，是与自然人相对的，系指具有民事权利能力和民事行为能力，依法独立享有民事权利和承担民事义务的组织。根据《民法通则》的规定，法人必须依法成立，有必要的财产和经费，有自己的名称、组织机构和场所，能够独立承担民事责任。由于法人可以独立承担民事责任，因此可以自己的名义提出无效宣告请求。然而，企业法人在经营中可能会发生分立、合并、变更、终止等情形，导致提出无效宣告请求或者后续行政诉讼程序的主体资格发生变化，但是根据最高人民法院"法经（2000）24 号"和"法经（2000）23 号"批复，企业法人被吊销营业执照后至被注销登记前，该企业法人仍应视为存续，仍然具有民事诉讼主体资格。

【案例 10 - 3】

本案例引自第 8359 号无效宣告决定。

本案中，请求人三明重工机械施工有限公司于 2004 年 7 月 26 日向专利复审委员会提出无效宣告请求。专利复审委员会受理后于 2005 年 9 月 13 日进行了口头审理。口头审理中，专利权人指出（且请求人认可），请求人于 2004 年 11 月 30 日被工商局吊销营业执照。请求人认为，其在本案中的权利和义务由清算小组继受，并提交了成立公司解散清算小组的股东会议决议清算小组组成成员的决定启用清算小组公章的决定。专利权人认为启用清算小组公章的决定中的日期中没有月份，因此无效。口头审理后，专利权人递交了书面意见，并提交了请求人的母公司三明重工机器有限公司与厦门厦工机械施工有限公司重组，自 2003 年 10 月 1 日起请求人停止对外业务，由厦门厦工机械施工有限公司收购请求人的资产等相关文件，据此主张请求人的主体资格不合法。针对专利权人的书面意见，请求人引用最高人民法院的"法经（2004）23 号"批复和"法经（2004）24 号"批复，以证明企业被吊销营业执照后至被注销登记前，该企业法人仍视为存续，可以自己的名义进行诉讼活动。

无效宣告审查决定认为：请求人向专利复审委员会提交请求宣告涉案专利无效的无效宣告请求的日期是 2004 年 7 月 26 日，而请求人被工商局吊销营业执照的日期是 2004 年 11 月 30 日，因此在提出无效宣告请求时，请求人的资格是合法的。企业被吊销营业执照后，其营业资格被取消，但是其法人资格仍然存在，只有在企业被注销的情况下其法人资格才丧失。因没有证据表明请求人被工商部门注销，因此合议组认为请求人在本次无效宣告请求中的资格是合法的。专利权人不服向法院提起行政诉讼。法院审理后认为，首先，请求人针对本案专利提出无效宣告请求时，并未被相关工商行政管理部门吊销营业执照，其作为请求人的主体资格合法有效。其次，吊销企业法人营业执照，是工商行政管理部门依照国家工商行政管理法规对违法的企业法人作出的一种行政处罚。企业法人在被吊销营业执照后至被注销登记前，虽然丧失经营资格，但其法人资格仍然存续。因此，虽然请求人在无效宣告行政程序中被吊销营业执照，但其法人资格仍然存续。因其针对本案专利提出无效宣告请求并非经营行为，故其作为请求人的主体资格并未消亡，专利复审委员会认定请求人在本次无效宣告请求中的主体资格合法并无不当。

【案例分析】

本案中的请求人在提出无效宣告请求时，仍然合法存在，因此具备请求人的主体资格，即使随后营业执照被吊销，由于吊销营业执照不是注销法人资格，也仍然具有主体资格。

1.3 分 公 司

根据《公司法》的相关规定，公司可以设立分公司。设立分公司，应当向公司登记机关申请登记，领取营业执照。分公司不具有法人资格，其民事责任由公司承担。虽然分公司不具有法人资格，但根据最高人民法院关于民事诉讼法的司法解释的规定，法人依法设立并领取营业执照的分支机构可以作为民事诉讼的当事人。因此，依法设立并领取营业执照的分公司也可以自己的名义向专利复审委员会提出无效宣告请求。

【案例10-4】

本案例引自第14467号无效宣告决定。

本案中，西安未来国际软件有限公司北京分公司向专利复审委员会提出无效宣告请求。之后，专利权人提交了意见陈述书，认为本案请求人西安未来国际软件有限公司北京分公司不属于《专利法》规定的"任何单位"，没有主体资格。请求人在口头审理中当庭提交了西安未来国际软件有限公司北京分公司的营业执照。专利权人仍认为该分公司没有主体资格。专利复审委员会在审查后认为，在《专利法》及其实施细则中均没有将上述"单位"限定为法人单位。此外，最高人民法院关于民事诉讼法的司法解释中指出，作为法人依法设立并领取营业执照的分支机构可以作为诉讼参加人参与诉讼。本案无效宣告请求人为"西安未来国际软件有限公司北京分公司"，是"西安未来国际软件有限公司"的分支机构，该分公司具有营业执照，属于法人依法设立并领取营业执照的分支机构，参照上述规定，该分公司具备无效宣告请求人的

资格。

【案例分析】

本案中，专利复审委员会显然确认了具有营业执照的分公司的主体资格。但是在实际的案件处理中，请求人的代理人应该尽量使用母公司作为无效宣告请求人，以避免出现这种程序上的纠缠。

1.4 个体工商户和个人合伙

个体工商户是我国根据国情设立的一种特殊的法律主体。《民法通则》第26条规定，公民在法律允许的范围内，依法核准登记，从事工商业经营的，为个体工商户。《民法通则》第30条规定，个人合伙是指两个以上公民按照协议，各自提供资金、实物、技术等，合伙经营、共同劳动。在个体工商户和个人合伙依法获得登记字号的情况下，是否可以其登记字号的名义提起无效宣告请求，取决于其是否具有民事主体资格。《最高人民法院关于适用〈中华人民共和国民事诉讼法〉若干问题的意见》第46条第1款和第47条分别规定："在诉讼中，个体工商户以营业执照上登记的业主为当事人。有字号的，应在法律文书中注明登记的字号。""个人合伙的全体合伙人在诉讼中为共同诉讼人。个人合伙有依法核准登记的字号的，应在法律文书中注明登记的字号。全体合伙人可以推选代表人；被推选的代表人，应由全体合伙人出具推选书。"因此，对于个体工商户而言，可以考虑以其营业执照上登记的业主作为请求人；对于个人合伙而言，则可以考虑以其推选的代表人作为请求人，但是如果以全体合伙人的名义提出专利无效宣告请求，根据《专利审查指南2010》的规定，属于"多个请求人共同提出一件无效宣告请求"的情形，专利复审委员会不予受理。

【案例10－5】

本案例引自第3527号无效宣告决定。

本案中，中山市古镇竞力装饰材料厂向专利复审委员会提出无效宣告请求。专利复审委员会作出了无效宣告决定后，中山市古镇竞力装饰材料厂不服，向法院提起行政诉讼。法院在审理中发现，中山市古镇竞力装饰材料厂为自然人伍维兄在个体工商户营业执照上登记的字号，经营者为伍维兄。法院认为，根据有关法律规定，在诉讼中，个体工商户应以营业执照上登记的业主为当事人。虽然无效宣告请求是以中山市古镇竞力装饰材料厂的名义提出的，但该厂并不具备诉讼主体资格，不能作为本案的当事人。一审法院将这一情况通知各方当事人后，各方当事人均表示，为节约诉讼成本，在不影响各方当事人诉讼权利、义务的前提下，同意由伍维兄作为本案当事人提起行政诉讼。二审法院支持了一审法院的判决，将伍维兄作为本案当事人予以认可。

【案例分析】

本案中，法院采取的是一种折中的处理方式，虽然就结果而论，未因当事人身份资格问题造成严重后果，但是，本案给代理人的启示是，在确定代理关系之初，就应当核实当事人的身份资格，避免出现因此而承担不利后果的结局。

1.5　合伙企业

根据 2006 年修订的《合伙企业法》，合伙企业包括普通合伙企业和有限合伙企业。普通合伙企业由普通合伙人组成，合伙人对合伙企业债务承担无限连带责任。有限合伙企业由普通合伙人和有限合伙人组成，普通合伙人对合伙企业债务承担无限连带责任，有限合伙人以其认缴的出资额为限对合伙企业债务承担责任。《合伙企业法》第 9 条进一步规定，申请设立合伙企业，应当向企业登记机关提交登记申请书、合伙协议书、合伙人身份证明等文件。第 11 条规定，合伙企业的营业执照签发日期，为合伙企业成立日期。因此，根据《最高人民法院关于适用〈中华人民共和国民事诉讼法〉若干问题的意见》第 40 条的规定，依法登记领取营业执照的私营独资企业、合伙组织系《民事诉讼法》第 49 条规定的其他组织，具备民事诉讼主体资格。

2　专利权人作为请求人

专利权人可以对自己享有的专利权提出无效宣告请求，但存在如下限制：①只能针对其所享有的专利权的一部分提出无效宣告请求；②专利权人针对自己专利权提出无效宣告请求所依据的证据必须是公开出版物；③在两个或两个以上权利人共享一项专利权的情况下，必须由所有的专利权人提出无效宣告请求。上述规定不但可以防止专利权人或部分专利权人以提出无效宣告请求的手段来损害利害关系人或其他专利权人的合法权益，同时又为专利权人在授权后自行缩小专利保护范围提供了解决途径。

需要说明的是，专利权人还可以通过提交书面声明方式放弃其专利权或者以不缴专利年费的方式放弃其专利权，但是这两种方式与通过无效宣告程序而使专利无效的途径相比，在后果、放弃客体上是截然不同的。这两种方式没有溯及力而且放弃的只能是全部专利，而无效宣告程序方式虽然只能使权利要求书部分无效，但被宣告无效的部分却具有溯及力即自始无效。

3　多个请求人共同提出一件无效宣告请求

根据《专利法》的规定，任何单位或者个人针对一项已经授权的专利提出无效宣告请求均可以使专利复审委员会启动无效宣告程序。如果多个请求人均有提出无效宣告请求的意愿，必须分别启动程序。但是，专利权的多个共有人针对所共享的专利权提出无效宣告请求，属于这种情形的例外。

第 3 节　程序启动条件的审核

当决定对某项专利权提出无效宣告请求后，应审核针对该项专利权是否具备启动

第10章

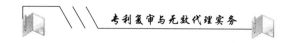

专利权无效宣告程序的条件。具体来说，包括以下几个方面。

1 无效宣告请求所针对的客体是否是已公告授权的专利

根据《专利法》及《专利审查指南 2010》的规定，无效宣告请求的客体应当是已经公告授权的专利，包括已经终止或者放弃（自申请日起放弃的除外）的专利。无效宣告请求不是针对已经公告授权的专利的，专利复审委员会将不予受理。对于发明专利申请来说，如果已经公布但仍处于审查阶段，而请求人认为如果该项专利申请授权将影响自己的合法利益，可以根据《专利法实施细则》第 48 条的规定向国务院专利行政部门提出第三方意见并说明理由，而不能通过启动无效宣告程序来解决。

对于已经终止或者专利权人已经放弃的授权专利，除非专利权人声明自申请日起放弃，请求人仍可以向专利复审委员会提出无效宣告请求。这样规定的原因在于，这与专利权被宣告无效具有追溯力是紧密联系在一起的。具体而言，《专利法》第 47 条规定，被宣告无效的专利权视为自始不存在。由于专利权的无效宣告决定能够对专利权终止前的某些事项产生影响，例如尚未支付的专利使用费可以不再支付，侵权纠纷中侵权人尚未履行的判决和裁定也可以不必履行，因此允许在专利权终止后提出无效宣告请求。

2 是否存在在先作出的无效宣告审查决定

如果针对某一授权专利已经有人提出了无效宣告请求，专利复审委员会已作出宣告专利权全部或者部分无效的审查决定，且该无效宣告决定已生效，那么，针对已被该决定宣告无效的权利要求提出的无效宣告请求，专利复审委员会将不予受理或审理。

3 是否存在违反"一事不再理"的情形

无效宣告程序中，所谓"一事不再理"，是指对于已经作出审查决定的无效宣告案件涉及的专利权，以同样的理由和证据再次提出无效宣告请求的，专利复审委员会将不予受理或审理。

对已作出审查决定的无效宣告案件所涉及的专利权，无论是否系同一请求人，以同样的理由和证据再次提出无效宣告请求的，专利复审委员会将不予受理和审理。但是，如果再次提出无效宣告请求的理由或者证据中任何一个方面与在先无效宣告程序中的不同，专利复审委员会将予以受理。另外，如果再次提出的无效宣告请求的理由或者证据因时限等原因未被在先的无效宣告决定所考虑，则也不属于一事不再理的情形。

第 4 节 委托手续的办理

1 委托代理协议

民法意义上的代理是根据代理权产生的，包括委托代理、法定代理和指定代理。专利代理属于委托代理，是指专利代理机构以委托人的名义，在代理权限范围内，办理专利申请或者其他专利事务。根据《专利代理条例》第 9 条和第 17 条的规定，专利代理机构可以根据需要，指派委托人指定的代理人承办代理业务。代理人必须承办专利代理机构委派的专利代理工作，不得自行接受委托。因此，委托代理协议的当事人双方是专利代理机构和委托人，代理人作为专利代理机构的工作人员，不能直接与委托人签署专利委托代理协议，但可以根据委托人的指定由专利代理机构指派其为委托人提供代理服务。

法律、行政法规没有对专利委托代理协议的形式有特别规定。委托人与专利代理机构之间订立委托合同，可以采用书面形式、口头形式和其他形式。根据《合同法》的规定，书面形式包括合同书、信件和数据电文（包括电报、电传、传真、电子数据交换和电子邮件）等可以有形地表现所载内容的形式。专利代理机构在签署委托代理协议时，应当注意委托人应具有民事诉讼主体的资格或者具有相应的授权，以避免委托代理协议的无效。专利代理机构与委托人就委托事项、代理权限、双方的权利义务等委托代理协议的各事项达成一致后，与委托人产生代理关系。

在实务中，很多情况下并不需要签订专门的委托代理协议。委托关系的建立可以是口头的约定或者双方的电子邮件往来。对于电子邮件往来的情况，通常双方在报价、委托事务、付款方式等方面都会有明确的约定，一般不会有争议和风险。但是，对于口头约定的情况，建议代理人在约定之后通过电子邮件等方式进行书面的确认，例如对谈话内容做记录形成会谈记录，并发给当事人确认。这主要是为了防止事后在代理关系方面出现争议。

2 授权委托书

授权委托书不同于委托代理协议，是指委托人为把代理权授予代理人而制作的一种法律文书。根据《专利审查指南 2010》的规定，相对于专利申请事务的授权委托书来说，无效宣告程序中的委托手续有如下规定。

2.1 专利代理机构的委托手续

请求人或者专利权人委托专利代理机构的，应当提交无效宣告程序授权委托书。对于专利权人来说，即使此前已经就其专利委托了在专利权有效期内的全部事宜并继续委托该代理机构的，也应当出具无效宣告程序授权委托书。专利权人委托专利代理机构且委托权限仅限于办理无效宣告程序有关事务的，其委托手续或者解除、辞去委托的手续应当在专利复审委员会办理，而无需办理著录项目变更手续。

专利代理机构还应与委托人协商确定委托权限的范围是否需要特别授权，如果需要，应通知委托人在授权委托书中注明。根据《专利审查指南 2010》的规定，下述事项需要委托人的特别授权：

① 代为承认请求人的无效宣告请求。

② 代为修改权利要求书。

③ 代为和解。

④ 代为撤回无效宣告请求。

在这四条特别授权中，作为专利权人的代理人可以有第①～③项特别授权，而对于请求人的代理人则可以有第③～④项特别授权。在实务中，如果没有这些特别授权，在操作上会带来很大的麻烦。例如，作为专利权人的代理人，如果没有代为修改权利要求书的特别授权，那么提交权利要求书的修改就需要专利权人来提交。因此，一般情况下，授权委托书中都应当选择这些特别授权。代理人在行使这些特别授权的时候，应当与委托人作好充分的沟通。实际上，代理人在需要行使特别授权的情况下，专利复审委员会并不会强加代理人直接作出决定，而是允许代理人与委托人作进一步的沟通。

《专利审查指南 2010》中列出的特别授权项目，即专利复审委员会的授权委托书样本的格式性特别授权项目是指引性的，而非强制性的。因此，可以考虑增加其他特别授权项目。

专利代理机构如果发现其就同一专利事务同时接受了请求人和专利权人的委托，应当及时通知请求人或专利权人，避免发生利益冲突。

如果专利代理机构发现同一当事人与多个专利代理机构同时存在委托关系，应当通知委托人以书面方式指定其中一个专利代理机构作为收件人。如果经过补正后仍未确定作为收件人的专利代理机构，则专利复审委员会将会发出代理委托视为未委托的通知书。

2.2 公民代理的无效宣告程序授权委托手续

根据《专利法》的规定，对于中国单位或者个人的专利无效宣告事务来说，可以自己的名义直接办理，也可以委托专利代理机构或其他非专利代理机构办理。实践中，被委托的其他非代理机构通常是自然人，即以公民代理的身份办理相关事务。这里需要注意的是，律师事务所的律师在无效宣告程序中被视为公民代理。另外，根据《专利审查指南 2010》的规定，公民代理的权限仅限于在口头审理中陈述意见和接收当庭转送的文件。

对于在中国没有经常居所或者营业所的外国人、外国企业或者外国其他组织来说，根据《专利法》的规定，应当委托专利代理机构办理专利权无效宣告事务。未按规定委托的，其无效宣告请求将不会被受理。

授权委托书和委托代理协议是专利代理机构行使代理权的依据。授权委托书是委托人给予专利代理机构授权的单方法律行为，需要专利代理机构在代理专利无效宣告事务时递交给专利复审委员会，以证明其享有合法授权及授权权限。而委托代理协议是专利代理机构与委托人经协商一致，为两者设立专利代理法律关系的双方法律行为，通常不需要出示给第三方。实践中，存在请求人出于各种利益考虑，可能不愿以自己的名义提出无效宣告请求，而是以第三方的名义提出无效宣告请求的情形。在此情形下，可能导致委托代理协议的当事人双方与授权委托书中的委托人和被委托人不一致，这有可能产生潜在的法律风险。

【案例 10 - 6】

本案例引自第 13598 号无效宣告决定。

本案中，缪某作为请求人向专利复审委员会提起无效宣告请求。专利复审委员会作出无效宣告决定后，专利权人不服，向法院提起行政诉讼。诉讼中，专利权人向法院提交了"（2010）沪黄证经字第 7772 号"公证书原件，用以证明请求人缪某并不知晓本案涉及的发明专利，也未向专利复审委员会提起过无效宣告请求，且未委托过他人提起无效宣告请求。请求人的代理人在诉讼中确认，确有一公司自己不愿以自己的名义提起对涉案专利的无效宣告请求，因而以缪某作为名义上的请求人，有关缪某的身份证复印件、带有"缪某"签名的授权委托书及无效宣告请求书，是该公司称已让缪某本人签了字，然后一并寄给该代理人的。该代理人只有与不愿露面的公司的代理合同书，与缪某没有代理合同书而只有授权委托书，并表示其从来没有见过缪某本人，也未核实过缪某本人的签字。法院审理后认为，法律中规定的单位或者个人即为具有民事主体资格的公民、法人或者其他组织，该法律赋予上述民事主体依法享有请求宣告专利无效的法律资格，该请求权的内在实质即体现为真实意愿不受干扰、独立行使的意思自治精神。因此，任何无效宣告请求的请求人应当具备民事诉讼主体资格，且意思表示真实。在请求人的代理人不能提供缪某与其签署的代理合同书的情况下，法院认定请求人的代理人对"缪某不是涉案专利的无效宣告请求人"应属明知，其在明知不是缪某授权的情况下，对"缪某"签署的授权委托书不作核实了解，放任了虚假行为发生。法院判决据此撤销了该无效宣告决定。

【案例分析】

委托代理协议系专利代理机构与委托人之间就代理事项、权限范围、双方权利义务关系所达成的意思表示一致的文件，通常不需要向第三人出示，在未获得第三人同意的情形下，通常也不得为第三人设定权利、义务；而授权委托书则需要出示给有关部门或当事人，以证明其授权权限。本案中，委托人在不愿披露自己真实身份和未征得第三人书面同意的条件下与专利代理机构签署委托代理协议，以第三人的名义提出无效宣告请求，而专利代理机构也未作任何审查，接受了虚假的授权委托书，最终导致了无权代理情形的发生。

虽然授权委托书在性质、用途、内容等方面与委托代理协议有所不同，但在授权委托书存疑的情况下，委托代理协议可以作为授权委托书的一个佐证。

第5节　费用的确定

专利代理机构作为提供专利代理专门服务的中介机构，收取服务费是维持专利代理机构正常运转和提供良好服务的必需条件。《专利代理条例》规定，专利代理机构接受委托，承办业务，可以按照国家有关规定收取费用。在委托人决定就某一专利无效宣告事务委托专利代理机构代理，专利代理机构决定接受后，双方应就各项费用金额、支付方式、支付期限作出明确的约定，以避免出现不必要的纠纷。通常，无效宣告程序中的费用包括以下几个方面。

1　代理服务费

专利代理机构在决定接受委托后，应与委托人协商确定代理服务费的收取方式。实践中通常包括固定代理费、按工作时间收取代理费、按工作时间收取代理费并确定封顶代理费、基本代理费加胜诉费等方式。

2　官方收费

对于接受请求人的委托提出无效宣告请求的专利代理机构来说，需要向专利复审委员会缴纳无效宣告请求费。专利代理机构应与请求人协商确定该费用的收取方式、是否已经包括在代理服务费中，以避免出现纠纷。

3　其他费用和支出

专利代理机构在提供专利无效宣告代理服务中，通常还会发生其他的费用和支出。专利无效宣告代理服务中可能发生的费用包括：检索费、其他收集证据的费用、翻译费和其他支出。

检索费：无效宣告程序中请求人和专利权人针对不同的无效宣告理由可能需要进行检索，以确定对方的理由是否符合相关法规的规定。实践中，最经常使用的无效宣告理由包括对涉案专利新颖性和创造性的质疑，请求人可能需要检索涉案专利申请日之前已经公开的现有技术和抵触申请以确定涉案专利是否具备新颖性和创造性。

　　其他收集证据的费用：根据《专利法》及相关规定，无效宣告程序中当事人双方负有举证证明各自主张的责任。因此，除检索费外，请求人和专利权人可能还需要收集其他方面的证据（如在先使用公开的证据、相关技术内容系公知常识的证据）以及为满足证据形式要件采用必要的证据收集方式，从而发生公证费等各项费用。

　　翻译费：根据《专利审查指南 2010》的规定，如果相关证据是以外文形式存在的，还需要提交相应的中文译文，由此将导致翻译费的发生。

　　其他支出：专利代理机构提供服务过程中，还可能发生其他合理的支出，如参加口头审理的交通费、差旅费等，需要在决定委托事项时一并与委托人就收取方式协商确定。

第11章 无效宣告程序中的证据

无效宣告程序是由行政相对人启动的由该启动人（请求人）与专利权人双方当事人参加的行政程序，专利复审委员会主要针对当事人之间的争议进行审理，并不承担全面审查专利有效性的义务。在证据的制度安排上，例如关于举证期限、证据的审核认定等，适用《专利审查指南2010》第四部分第八章关于证据的规定，对于《专利审查指南2010》中没有规定的，还可以借鉴《民事诉讼法》关于民事诉讼证据的规定。❶

本章将主要介绍举证责任、证明标准、无效宣告程序中常见的证据类型以及举证期限等方面的内容。

第1节 举证责任和证明标准

1 举证责任

根据《民事诉讼法》第64条的规定，举证责任是指当事人对自己提出的主张，有责任提供证据。

根据《最高人民法院关于民事诉讼证据的若干规定》第2条的规定："当事人对自己提出的诉讼请求所依据的事实或者反驳对方诉讼请求所依据的事实有责任提供证据加以证明。没有证据或者证据不足以证明当事人的事实主张的，由负有举证责任的当事人承担不利后果。"

根据《专利审查指南2010》第四部分第八章第2.1节"举证责任的分配"的规定："当事人对自己提出的无效宣告请求所依据的事实或者反驳对方无效宣告请求所依据的事实有责任提供证据加以证明。在依据前述规定无法确定举证责任承担时，专利复审委员会可以根据公平原则和诚实信用原则，综合当事人的举证能力以及待证事实发生的盖然性等因素确定举证责任的承担。没有证据或者证据不足以证明当事人的事实主张的，由负有举证责任的当事人承担不利后果。"

上述规定明确了举证责任的双重涵义，即举证责任包括行为意义上的责任和结果意义上的责任。

---

❶ 国家知识产权局专利复审委员会. 专利行政诉讼概论与案例精解［M］. 北京：知识产权出版社，2011：69.

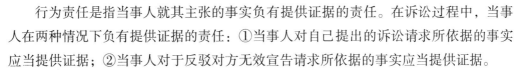

行为责任是指当事人就其主张的事实负有提供证据的责任。在诉讼过程中，当事人在两种情况下负有提供证据的责任：①当事人对自己提出的诉讼请求所依据的事实应当提供证据；②当事人对于反驳对方无效宣告请求所依据的事实应当提供证据。

结果责任是指在事实真伪不明时，主张该事实的当事人承担不利后果的责任。

【案例 11 - 1】

本案例引自第 10085 号无效宣告决定。

本案中，证据 2 是上海市公证处出具的"（2006）沪证经字第 3232 号"公证书，其所附的发票（编号为 00337370、00337371）证明了苏州市越海拉伸机械有限公司于 2002 年 12 月 19 日向上海民星劳动工具有限公司销售了规格型号为"YL40W"的液压双动拉伸机。因此，在本专利的申请日 2003 年 8 月 26 日之前，"YL40W"型液压双动拉伸机因销售事实而处于公开状态。证据 7 是江苏省苏州市金阊区公证处出具的"（2006）苏金证民内字第 1884 号"公证书的复印件，其公证了苏州市佳达数控拉伸机械有限公司厂房内一台标有"越海 YL40W 液压双动拉伸机"字样的机器外观、拆卸过程及其内部结构等事实。请求人在提出无效宣告请求时提供了证据 7 的复印件，并且在口头审理时当庭出示了原件。专利权人对证据 2 的真实性予以认可，并且认可证据 7 的复印件与原件相符，但对证据 7 的真实性提出异议，专利权人并未提交相应的反证来证明其主张。因此，合议组对证据 7 的真实性予以认可。专利复审委员会认为，专利权人作为证据 7 中设备的制造商和销售者具有对相关型号产品的研发、生产、维修等能力，虽然其主张证据 7 所公证的设备经过了改装，但是在具有足够的举证能力情况下，专利权人没有提出相应的反证来证明相关型号产品和证据 7 所公证的设备有何不同，因此合议组对专利权人的主张不予支持。

【案例分析】

在本案中请求人提交的证据 7 为公证文书，具有比一般证据更高的效力，并且所涉及的公开销售的产品是专利权人所生产，因此否认证据 7 的举证责任转移到专利权人一方。专利权人对该证据 7 提出异议但是没有提供证据，没有完成举证义务，所以其异议没有被合议组接受。

专利复审委员会确认使用公开的情形是比较少的。在请求人既可以证明公开销售的日期，又能够证明取证时所销售产品的状态的情况下，尽管专利复审委员会会根据产品的形状、大小、进行改装/修改的难易程度等因素来确定产品销售时的产品状态与取证时产品状态一致的举证义务，但是往往会将产品销售时的产品状态与取证时产品状态一致的举证责任归在请求人一方。因此使得请求人以使用公开来证明专利不具备新颖性和创造性非常困难。本案有一个特别的情形，即专利权人就是所销售产品的制造商和销售商，其事实上具有提供证据的能力，因此将举证责任分配给专利权人是恰当的，同时专利权人也应当承担不提供证据所导致的不利后果。

第 11 章

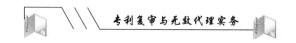

2 证明标准

根据《最高人民法院关于民事诉讼证据的若干规定》第 63 条的规定："人民法院应当以证据能够证明的案件事实为依据依法作出裁判。"所谓"证据能够证明的案件事实"即为达到证明标准的事实，对于如何明确界定该标准，该解释第 64 条规定："审判人员应当依照法定程序，全面、客观地审核证据，依据法律的规定，遵循法官职业道德，运用逻辑推理和日常生活经验，对证据有无证明力和证明力大小独立进行判断，并公开判断的理由和结果。"该解释第 65 条至第 78 条通过具体比较各类证据之间证明力，进一步明确了证明标准的概念，即：一般认为，证明标准的含义为"证明目标是否已经达到的分界线"。❶

《专利审查指南 2010》第四部分第八章第 4.3 节"证据的认定"规定："判断一方提供证据的证明力是否明显大于另一方提供证据的证明力，并对证明力较大的证据予以确认""因证据的证明力无法判断导致争议事实难以认定的，专利复审委员会应当依据举证责任分配的规则作出判定。"

【案例 11 - 2】

本案例引自第 10763 号无效宣告决定。

本案涉及名称为"茶几"的外观设计专利。请求人为主张某一茶几产品已经在涉案专利的申请日之前公开销售，提供了一组证据，其中关键证据为附件 3，该证据包括两份公证书以及一份家具订货单。其中，一份公证书为相关公证机构对某客户家中摆放的"秋千长几"和"秋千方几"的使用现状所作的证据保全公证，包含"现场工作记录"和现场拍摄照片；另一份公证书为同一公证机构对该客户所作的"声明"及其签名、捺印的行为作出的公证，在该"声明"中，该客户称其于申请日前购买了秋千长几和秋千方几各一件。附件 3 中的家具订货单为该客户在购买上述家具时卖方开具的单据。

专利复审委员会认为，上述公证书仅能证明有关客户在"声明"中的签字属实，公证现场当时情况属实，并不涉及对客户声明内容所述事实的证明。而该客户的"声明"作为证人证言属事后证明，上述订货单虽为原始证据但属企业自制的单据材料，其证明力较低，故"声明"所述事实缺乏充分的原始证据相印证，而现场拍摄的照片本身无法证明所示产品的购买或销售时间，与上述订货单也不具必然联系。因此，上述证据相结合不足以证明请求人主张的有关产品已在本专利申请日之前在先销售的事实。因此，专利复审委员会认为请求人的证据材料未达到证明销售行为客观存在的证明标准，即请求人提交的证据不足以证明其主张的有关外观设计产品已在本专利申请

---

❶ 蔡虹. 论行政诉讼中的证明标准 [J]. 法学评论. 1999 (2)：110.

日之前在先销售或公开发表的事实，因此驳回了请求人的请求。

【案例分析】

在随后的行政诉讼中，北京市高级人民法院认为：①售货单据并不必然因为其形式而对某个事实主张必然无证明力或证明力较低；②公证书的书面证人证言，不能由于其未出庭质证而对其内容不予考虑，需要结合其他证据综合分析；③虽然零散的证据材料并不完整，但是可以起到一定的佐证作用；④在证明标准上，宜采用类似其他领域民事案件中的"盖然性"标准。该法院认定附件 3 中各个证据已经能够形成完整的证据链，能够证明相关客户在该专利申请日之前"购买了"与该专利外观设计相近似的产品的盖然性明显大于"没有购买"的盖然性，因此推翻了专利复审委员会的决定。从以上案例中可以看到，专利复审委员会在实务中所持的证明标准与法院不尽相同。

【案例 11 – 3】

本案例引自第 4878 号无效宣告决定。

本案中，请求人提供证据证明，在涉案专利申请日之前专利权人曾向某公司销售了一台烫光机，并提出，公证处封存的某型烫光机上卸下的熨烫辊就是随烫光机一起销售的熨烫辊。经法院勘验，该机上的"熨烫辊"的技术特征与涉案专利所有权利要求的技术特征完全一致，请求人因此认为涉案专利产品在申请日前已经公开销售，不具备新颖性和创造性。针对该主张，专利权人提供反证证明，熨烫辊是可以更换的，同时证明专利权人曾给该公司更换过熨烫辊。合议组在对上述请求人的证据与专利权人的反证进行综合判断后，仍不能确认从公证处封存的烫光机上卸下的熨烫辊就是随烫光机一起销售。在此情况下，合议组认为请求人未就其主张完成举证责任，应当承担不利的后果。

【案例分析】

从本案的无效宣告决定看，对于以在先公开销售使用导致专利丧失新颖性和创造性为由请求宣告一项专利权无效时，请求人必须提供相应的证据证明：①至少有一项公开销售行为存在；②该销售行为发生在该专利申请日之前；③销售客体的技术方案已被清楚公开且使该专利所要求保护的技术方案较之不具备新颖性或创造性。如果请求人提供的证据不能证明上述三个要件同时存在，则其关于该专利因在先公开销售使用丧失新颖性和创造性的主张不能成立。

第 2 节　出版物证据

根据《专利法》第 22 条第 2 款规定，新颖性，是指该发明或者实用新型不属于现有技术；也没有任何单位或者个人就同样的发明或者实用新型在申请日以前向国务院专利行政部门提出过申请，并记载在申请日以后公布的专利申请文件或者公告的专

利文件中。

《专利审查指南2010》第二部分第三章第2.1.2.1节对出版物公开的有关问题进行了规范,给出了专利法意义上的出版物的定义,即:"专利法意义上的出版物"是指,记载有技术或设计内容的独立存在的传播载体,并且应当表明或者有其他证据证明其公开发表或出版的时间。"符合上述含义的出版物可以是各种印刷的、打字的纸件,例如专利文献、科技杂志、科技书籍、学术论文、专业文献、教科书、技术手册、正式公布的会议记录或者技术报告、报纸、产品样本、产品目录、广告宣传册等,也可以是用电、光、磁、照相等方法制成的视听资料,例如缩微胶片、影片、照相底片、录像带、磁带、唱片、光盘等,还可以是以其他形式存在的资料,例如存在于互联网或其他在线数据库中的资料等。"

《专利审查指南2010》进一步对公开出版物的认定和使用进行了说明:

"出版物不受地理位置、语言或者获得方式的限制,也不受年代的限制。出版物的出版发行量多少、是否有人阅读过、申请人是否知道是无关紧要的。

"印有'内部资料'、'内部发行'等字样的出版物,确系在特定范围内发行并要求保密的,不属于公开出版物。

"出版物的印刷日视为公开日,有其他证据证明其公开日的除外。印刷日只写明年月或者年份的,以所写月份的最后一日或者所写年份的12月31日为公开日。

"审查员认为出版物的公开日期存在疑义的,可以要求该出版物的提交人提出证明。"

实践中,涉及出版物公开的证据类型繁多,随着科学技术的发展,出版物的形式还在不断增加或变化。

1 常见类型出版物

1.1 图书类出版物

我国《出版管理条例》所称图书的出版信息中,均明确记载有书名、作者、出版单位、发行单位、印刷单位、版次、印次、开本、印数、书号和定价等信息,该条例所称期刊则会载明期刊名称、编辑单位、出版单位、发行单位、出版日期、刊号和定价等。这类出版物均属于专利法意义上的公开出版物。

【案例11-4】

本案例引自第10123号无效宣告决定。

本案中,专利权人在口头审理时当庭提交了两份公知常识性证据作为反证,其中,反证1是俞丽华编著、同济大学出版社出版、2001年9月第二版第一次印刷的《电器照明》封面、版权页、第61页和第62页的复印件;反证2是朱小清主编、机械工业出版社出版、1995年11月第一版第一次印刷的《照明技术手册》封面、版权页、第121页和第122页的复印件。请求人对其真实性没有异议,专利复审委员会认可其作为公知常识性证据使用。

【案例分析】

本案例中，专利权人提交的上述反证是由正规出版社出版，有统一书号且公开发行的正规出版物，属于上述《出版管理条例》所称的图书类出版物。

虽然世界各国对于图书出版的具体管理规定不尽相同，但是，在证据的真实性不存在疑问，且其出版国为《伯尔尼公约》和《世界版权公约》成员国的情况下，如果一份印刷品在其出版信息页记载了出版信息（发行日期、发行单位、发行地点、印刷制作单位以及定价），那么否认其为公开出版物的一方需举出充分的证据，否则将承担其主张不被采信的后果。

【案例 11 - 5】

本案例引自第 894 号无效宣告决定。

本案中，证据材料是在涉案专利申请日前在日本出版发行的图片册。专利复审委员会认为，出版物的发行方式（购买地点）和流通范围以及是否流入中国并不影响其作为专利法意义上的出版物的性质，该证据可以作为评价涉案专利新颖性和创造性的现有技术。

【案例分析】

在本案中，出版物并不因为发行人是外国公司或者个人而要求不同，因此专利复审委员会认可了这一证据的真实性。不过需要注意的是，对于在国内无法得到的外国出版物，要履行公证、认证手续，这在下面的介绍中还会涉及。

1.2　专利文献

不同国家和地区根据本国或本地区的情况，对不同类型的发明创造在其专利法和相应法规中规定了不同的公开、审查和公告方式。对于任何人均得申请阅览、抄录、摄影或影印其具体内容，且在相应的专利公告、公开之时，公众就已经能够根据所公开、公告的内容容易地查阅和获得的专利文献，其公开方式就应当被认定为出版物公开。

2　图集与产品目录及样本

市售商品的图集、产品目录等通常用于推销产品，一般情况下对产品感兴趣的公众都可以不受限制地得到这类资料。当这类资料的载体可以独立、有形地存在，且其处于公众想获得即可获得的状态时，如果该资料上还同时记载有能够表明其发表者或出版者以及发表或者公开的时间，或者有其他证据可以证明该资料的发表或者公开的时间，则可以认定其为专利法意义上的公开出版物。

2.1　图　集

【案例 11 - 6】

本案例引自第 7418 号无效宣告决定。

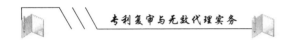

本案中，专利权人认可请求人提供的地方建筑标准图集的真实性。而根据该图集上记载的编制说明，该图集上记载的技术方案在涉案专利申请日前已经公开使用过，因此该技术方案构成涉案专利的现有技术。

2.2 产品目录

【案例 11 -7】

本案例引自第 10634 号无效宣告决定。

本案中，请求人提交了某国外公司的产品目录复印件及其相关部分的中文译文，并当庭出示了该证据的公证认证文件原件，专利权人对其真实性及相关中文译文的准确性无异议，且其公开日在涉案专利的优先权日之前。专利权人同时认可其所公开的技术内容为涉案专利的现有技术。专利复审委员会基于此，认可其作为现有技术并用来评价涉案专利的创造性。

2.3 产品样本

【案例 11 -8】

本案例引自第 1779 号无效宣告决定。

本案中，请求人提交了一份某国外公司的产品样本的复印件作为出版物公开的证据，但该证据没有记载发表或公开时间，证据自身也没有记载可以表明发表时间的其他相关信息。专利复审委员会认为，如果以一份与专利产品相同的产品在申请日之前已在出版物上公开为由请求宣告该专利权无效，则必须提供充分的证据证明其为公众所知的时间及其真实性，因此，没有采纳该产品样本作为专利法意义上的公开出版物。

【案例分析】

虽然图集、产品目录和样本通常不是正式出版物，但从案例 11 -6、案例11 -7、案例 11 -8 的无效宣告决定来看，如果符合以下两个条件，上述材料是能够被专利复审委员会认定为公开出版物的：①其真实性和公开性能够得到确认；②其直接记载或者有能够被证明的发表或公开的时间。图集、产品目录和产品样本作为公开出版物的认定不是一件容易的事情。往往产品目录上没有版权页，因此很难认定为公开出版物。而且，图集、产品目录和产品样本的出版日期往往也很难认定。案例 11 -6 和案例 11 -7 有一定的特殊性。案例 11 -6 中，针对请求人提交的地方建筑标准图集，专利权人认可其真实性。案例 11 -7 中，针对请求人提交的产品目录证据，专利权人认可其为现有技术，这就使得产品目录是否是出版物公开的现有技术的问题简化。

3　标　　准

在我国，为规范产品和产品生产制定了各种各样的标准，包括国家标准、行业标准、地方标准和企业标准。标准是产品的生产、进口、检验、销售和监督的依据。由于颁布或制定标准的主体不同，其发行范围和约束效力也不同，这些标准是否为公开出版物，应当根据标准的性质分别认定。

通常情况下，国家标准、行业标准和地方标准属于专利法意义上的公开出版物。而对于企业标准，其可能是内部标准，因此需要证明其处于公众想得知就能得知的状态，否则不属于公开出版物。

3.1 国家标准

【案例 11-9】

本案例引自第 10172 号无效宣告决定。

本案中，请求人当庭提交了国家药品标准的原件作为证据，专利权人认为其没有标示印刷日期，不属于对公众开放的公开出版物。专利复审委员会认为，首先，该证据并没有印有"内部资料"、"内部发行"等字样，没有明确要求是在特定范围内发行并要求保密；其次，作为一本由国家药典委员会汇编成册的国家药品标准，是药物领域的技术人员公知的，在国内许多技术情报单位都有收藏，其公开性是显而易见的，因此合议组认为该证据属于专利法意义上的公开出版物。

【案例分析】

本案中，专利复审委员会认为国家药品标准作为国家标准的一种，其不属于内部标准，并且处于公众想得知就能得知的状态，因此认定其属于专利法意义上的公开出版物。

3.2 企业标准

【案例 11-10】

本案例引自第 4988 号无效宣告决定。

本案涉及名称为"清洁器吸棉管废棉截留装置"的实用新型专利的无效宣告请求案，请求人提供了一份企业标准作为证据，其中记载了有关某型吹吸清洁机的技术参数和附图。专利复审委员会认为，该证据本身是企业内部标准，不是公开出版物，没有处于公众中任何人想得知就能得知的状态，因此不能用来评价涉案专利的新颖性和创造性。

【案例分析】

本案一波三折，后经一审维持，二审推翻，并经过最高人民法院再审，最终认定专利复审委员会的无效宣告决定正确。其中，二审法院认为由于该企业标准在政府机关备案，因此公众可以通过相关部门获知其信息，因此属于公开信息；而最高人民法院认为，即使备案的企业标准，也不意味着其当然会被备案管理机关予以全部公开，实际上社会公众也不能自由获得企业标准的具体内容，因此企业标准备案不能当然构成专利法意义上的公开。此案的代表意义在于最高人民法院明确了企业内部标准作为企业科技成果的内部信息不能被当然地认定为公开出版物。

4 具有版权标识的出版物

印有版权标记的出版物，在某些条件下也可以成为专利法意义上的公开出版物。

【案例 11 – 11】

本案例引自第 10970 号无效宣告决定。

本案中，请求人提供的证据 14 是在 Windows95 中使用 PCMCIA 存储卡的说明书。请求人主张证据 14 本身就已经证明其为一种图书形式的公开出版物。从证据 14 的第 1 ~ 3 页可以看出，其是一种有关介绍如何使用 Windows95 操作系统的图书，在 1996 年获得版权，其 ISBN 书号为 1 – 56529 – 921 – 3，其在美国国会图书馆的分类号为 95 – 70648，公开销售电话为 1 – 800 – 428 – 5331。除请求人所述的上述内容外，证据 14 第 3 页还载有 "Copyright 1996" 的版权标记字样。基于证据 14 中记载的上述内容，合议组认为，证据 14 表明其属于正式公布的公开出版物，在专利权人没有提供相反证据的前提下，可以推定证据 14 中版权标识后所示的日期即 1996 年为其公开时间。因此，可以认为证据 14 构成在本专利申请日之前的公开出版物。

【案例分析】

本案中，证据 14 为一份产品说明书，在同时考虑书号、图书馆分类号以及销售电话的基础上，结合版权标记的出现，专利复审委员会认定该证据属于公开出版物。由此可见，单独的版权标记不足以支持一份文字说明成为公开出版物，而必须结合其他证据一并考虑。

5 标有"内部发行"字样的出版物

印有"内部发行"字样的证据形式有多种多样，例如内部期刊、内部经验总结、内部培训资料、讲义、操作规程、企业标准、运行报告、汇报材料、图纸等。对于该类材料应当具体问题具体分析，根据案件中的证据所反映出的具体情况进行认定。如果有证据表明上述材料被放入图书馆供公众自由阅览，或者通过公共发行渠道发行，或者由最初的内部发行转为扩大范围发行，则自公众可查阅之日起该材料就属于公开出版物的范围。

【案例 11 – 12】

本案例引自第 10302 号无效宣告决定。

本案中，请求人提交了某企业的配方作业指导书。专利复审委员会认为，其只是企业内部发行的文件，且该文件上盖有管制文件的印章，表明该文件是要求保密的，因此不属于专利法意义上的公开出版物。

【案例分析】

本案中，企业内部发行的文件具有保密的性质，可以接触该文件的人是特定的，因此不属于专利法意义上的公开出版物。

【案例 11 – 13】

本案例引自第 1393 号无效宣告决定。

本案中，请求人提交的证据之一为一份期刊，在封底上印有"内部资料"的字样，在该期刊封底上随刊发出的征订启事同时注明"限国内发行"。专利复审委员会认定，该期刊是在国内以内部资料形式发行的国内期刊，其发行范围限于国内，但发行对象不特定，因此属于公开出版物。

【案例分析】

本案后经两审法院审理，都支持了专利复审委员会的认定。本案中，尽管期刊本身印刷了"内部资料"字样，但是其征订启事上则注明"限国内发行"，因此，可以接触到该期刊的人不是特定的，属于专利法意义上的公开出版物。

6　告知性公文

告知性公文的公开性主要在于该下发文件传播的范围，传播对象是否是特定人群。对于传播对象不特定的告知性公文，技术内容的传播范围是不特定的、无限制的，则此类公文具备公开性，属于专利法意义上的公开出版物。

【案例 11 – 14】

本案例引自第 3594 号无效宣告决定。

本案涉及名称为"轻型客车（CHB 6401 TA）"的外观设计专利无效宣告请求案。请求人提交的证据中涉及机械工业部、公安部下发的规范性文件，该规范性文件的附件中列有"△CHB6401TA 轻型客车"的车型，同时从该规范性文件所附带的光盘中可以看到该车型的技术参数和照片。本案的争议焦点在于该下发文件的传播范围，传播对象是否是特定人群。专利复审委员会和两审法院均认为，该规范性文件的传播范围是不特定的，因此技术内容的传播范围是不特定的、无限制的。

【案例分析】

一个文件是否属于公开出版物，判断标准就是其是否已经处于公众想得到就可以得到的状态。由于上述规范性文件的传播对象不是特定人群，公众都可能获得它，因此该文件的公开性得到了专利复审委员会的认可。

7　论文及研制报告和测试报告

科技论文、研制报告和测试报告的公开性往往依据其传播的范围而有所不同。该类证据材料是否属于公开出版物不能一概而论。确定这类材料的公开性及公开方式，

第11章

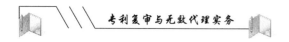

通常还需要提供附加证据。❶

【案例 11 – 15】

本案例引自第 1097 号无效宣告决定。

本案中，请求人提交的证据为某研究所的研究报告。专利复审委员会认为，请求人没有提供证据证明上述证据为已公开发表或公开发表后被引用的必要证据，且根据惯例，这种研究报告不具有公开出版物的属性，不能视为涉案专利的现有技术。

【案例 11 – 16】

本案例引自第 2343 号无效宣告决定。

本案中，请求人提交了一份由四川省科技情报所文献馆出具的证明材料，证明刊登了相关研制报告的杂志在申请日前已经被四川省科技情报所收藏，并供公众阅读，专利权人对此并未提出异议。专利复审委员会因此认定该证据属于涉案专利的现有技术。

【案例分析】

对于科技论文或报告等形式的证据材料，如果能够相应地证明其公开性以及公开方式等，则可以认定其属于专利法意义上的公开出版物；反之，如果不能证明其已经处于公开状态，则不能认定其属于专利法意义上的公开出版物。

第 3 节　公开使用证据

《专利审查指南 2010》第二部分第三章关于"公开方式"明确规定："现有技术公开方式包括出版物公开、使用公开和以其他方式公开三种，均无地域限制。"

该章第 2.1.2.2 节对使用公开作了如下进一步解释：

"由于使用而导致技术方案的公开，或者导致技术方案处于公众可以得知的状态，这种公开方式称为使用公开。

"使用公开的方式包括能够使公众得知其技术内容的制造、使用、销售、进口、交换、馈赠、演示、展出等方式。只要通过上述方式使有关技术内容处于公众想得知就能够得知的状态，就构成使用公开，而不取决于是否有公众得知。但是，未给出任何有关技术内容的说明，以致本领域技术人员无法得知其结构和功能或材料成分的产品展示，不属于使用公开。

"如果使用公开的是一种产品，即使所使用的产品或者装置需要经过破坏才能够得知其结构和功能，也仍然属于使用公开。此外，使用公开还包括放置在展台上、橱窗内公众可以阅读的信息资料及直观资料，例如招贴画、图纸、照片、样本、样品等。

❶　国家知识产权局专利复审委员会. 现有技术与新颖性 ［M］. 北京：知识产权出版社，2004：92 – 123.

"使用公开是以公众能够得知该产品或者方法之日为公开日。"

此外,《专利审查指南 2010》第四部分第八章第 5.2 节还对"申请日后记载的使用公开或者口头公开"作了规定:

"申请日后(含申请日)形成的记载有使用公开或者口头公开内容的书证,或者其他形式的证据可以用来证明专利在申请日前使用公开或者口头公开。在判断上述证据的证明力时,形成于专利公开前(含公开日)的证据的证明力一般大于形成于专利公开后的证据的证明力。"

另外,根据《专利审查指南 2010》第二部分第三章第 2.1 节关于现有技术的规定,如果负有保密义务的人违反规定、协议或者默契泄露秘密,导致技术内容公开,使公众能够得知这些技术,这些技术也就构成了现有技术的一部分。

1　制造导致的公开

专利法所保护的发明创造都应适于工业实际应用。对于发明、实用新型来说要具备实用性,即要能够在产业上制造或者使用,并且能够产生积极效果;对于外观设计则应能够应用于产业并形成批量生产。所以,对于任何一项可获得专利法保护的发明创造,设计者为实施其发明创造都可能要进行制造加工,使其产业化。但这种制造或使用是否能够导致专利技术方案的公开仍需要具体分析。

1.1　生产制造

【案例 11 – 17】

本案例引自第 13000 号无效宣告决定。

本案中,请求人提交了一组证据证明涉案专利技术制造的产品发动机在申请日之前已经被相关公司生产过。对此,专利复审委员会认为,在国内公开使用意义上的生产制造是指公开生产制造,即有关生产制造技术信息处于非特定人能够接触到的开放状态,然而根据商业习惯,通常企业的生产活动属于企业内部的行为,企业外部的人员一般并不能随意了解到企业内部的生产情况,并且请求人也没有提供其他证据证明其生产过程是公开的,因此,对于请求人认为涉案专利产品在先公开生产的主张不予支持。

【案例分析】

由于产品的生产制造一般属于企业的内部行为,因此,如果请求人主张某一产品的生产制造导致使用公开,需要提供确实的证据证明上述生产制造过程实际上处于任何非特定人士均能够接触到的公开生产制造的状态,否则不能认为该产品的生产制造过程属于使用公开的范畴。

1.2　委托加工

【案例 11 – 18】

本案例引自第 808 号无效宣告决定。

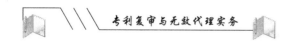

本案中，请求人主张专利权人曾于申请日前委托另一企业有偿加工涉案专利产品的零部件。专利复审委员会认为，处于保密状态的技术内容由于公众不能得知，因此不属于公开使用的内容。所谓保密状态，不仅包括受保密协议约束的情形，还包括根据社会观念或者商业习惯认为应当承担保密义务的情形，即默示的保密情形。由于承揽加工方通常具有默示的保密义务，因此该产品的委托加工仍然是在特定的保密范围内进行，不属于公开使用，即这种使用并未导致该技术处于公众中任何人都可获知的状态，故该使用行为不影响涉案专利的新颖性。

【案例分析】

专利复审委员会对这一问题的认定基准与《合同法》中的相关规定一致。《合同法》第60条第2款规定："当事人应当遵循诚实信用原则，根据合同的性质、目的和交易习惯履行通知、协助、保密等义务。"《合同法》第92条规定："合同的权利义务终止后，当事人应当遵循诚实信用原则，根据交易习惯履行通知、协助、保密等义务。"另外需要注意的是，无效宣告决定对于委托加工的承揽方是否负有保密义务、构成使用公开的判断并非绝对，不同的案件事实和证据情况可能会导致不同的结论。

2 使用导致的公开

通常情况下，一种设备被公开使用或销售后，该设备所携带的技术信息随即被公开。该设备所携带的技术信息是指：本领域技术人员在申请日前通过对该设备进行观察、测量、分析、化验等常规技术手段或者通过反向工程、拆卸、破坏等非常规技术手段所能获知的技术信息。但是，该设备的使用方法以及用该设备生产的产品却并不必然从该设备本身得以体现。当然，如果有证据证明该设备的使用过程、使用方法已被公开，则另当别论。❶

【案例 11 - 19】

本案例引自第4035号无效宣告决定。

本案中，涉案专利的权利要求限定了一种生产熟石膏的方法。请求人提供了包括立窑图片、相关项目申报和测评材料在内的多份证据试图证明在涉案专利的申请日前相关技术方案已经被公开。专利复审委员会认为，根据请求人提供的证据及当事人的意见陈述能够认定在专利申请日前已有水泥厂建成了立窑，且由于该水泥厂对其所使用的立窑不负有保密义务，因此该立窑在申请日前构成了现有技术。但是该现有技术所包含的技术内容只包括立窑设备本身所能够反映的技术内容，公众并不能获知使用该立窑生产出的产品和该产品的生产方法。由于采用同一立窑设备运用不同的工艺条件，完全可以生产不同品质的产品，所以仅仅根据公开使用的立窑设备并不能获知涉

---

❶ 国家知识产权局专利复审委员会. 现有技术与新颖性 ［M］. 北京：知识产权出版社，2004：143.

案专利所要求保护的方法，因而不能破坏涉案专利的新颖性。

3 测试和试验及试用导致的公开

一项发明创造能否实现其发明目的，能否达到所期望的效果，通常需要通过测试、试验、试用等加以检验。这一过程属于完善发明创造的步骤，通常是在特定人之间进行的，故不构成专利法意义上的公开使用。但是，如果测试、试验和试用的方式已使得相关的技术信息处于公众想要得知即可得知的状态，则该测试、试验或试用行为构成专利法意义上的"公开使用"。❶

【案例 11 – 20】

本案例引自第 1399 号无效宣告决定。

本案中，请求人提交了其与专利权人在申请日前就开发涉案专利产品签订的协议书以及载明为"试样品"的产品送货单。专利复审委员会认为，上述销售行为中的买卖双方在产品开发过程中对相关技术内容都有保密义务，相关公众无法获知其技术内容。因此，请求人提交的协议书和产品送货单不构成涉案专利的现有技术。

【案例 11 – 21】

本案例引自第 2563 号无效宣告决定。

本案中，请求人提供的证据显示，在专利申请日前，专利权人委托三家单位对涉案专利产品进行了试用，并出具了试用报告，在出具试用报告之后至涉案专利的申请日前的一段时期内三家测试单位都留用了涉案专利的产品，并数次在公开场合使用。专利复审委员会认为，出具试用报告前，专利技术仍可控制在试用者范围内。但在此之后，没有保密义务的试用方对所保留产品的使用即构成了公开使用。

【案例分析】

将前后两个案件相比，可以注意到，测试和试验行为通常不构成对测试和试验所涉产品结构的公开，但是测试者或者试验者在测试和试验行为完成后，继续使用该产品的行为，则有可能构成使用公开。

4 商业销售导致的公开

对一般的购销合同（买卖合同）关系来说，购销合同履行之后，购买者支付货款，销售者交付货物，货物的所有权转移至购买者之后，购买者即获得对货物的占有、使用、处置的权利，而没有对所购买的商品所包含的技术内容予以保密的义务。另外，销售者公开销售其产品，面向的是公众，此时已经使所销售的产品处于任何人

---

❶ 国家知识产权局专利复审委员会. 现有技术与新颖性 [M]. 北京：知识产权出版社，2004：149 – 150.

想得知就能够得知的状态。所以通常的产品销售是一种公开行为。❶

【案例11-22】

本案例引自第369号无效宣告决定。

本案中，请求人提供的证据表明专利权人在申请日前陆续向某新华书店出售专利产品多件。专利权人认为其只针对一个买方，并未销售给其他人。专利复审委员会认为，《专利法》所述的公开销售，并不是以买方的多与少来认定的，即使只有一个买家或者只销售过一次，只要该销售行为是公开的，也构成双方不属于特定关系人的使用公开，即导致所销售产品的使用公开。

5 广告导致的公开

一般来说，大多数刊登在出版物上的广告由于本身公开的技术（设计）信息有限，往往不能单独作为现有技术或现有设计使用，更多的广告本身只能证明其中的产品已经处于能够为公众所知的状态，而其中的产品是否与专利技术相关联，还需要其他证据或当事人的自认来确认。❷

【案例11-23】

本案例引自第3279号无效宣告决定。

本案中，请求人提出了相关证据以证明涉案专利已经在申请日前刊登广告的事实。专利复审委员会认为，上述证据不能唯一地确定专利权人刊登的广告所指的产品即为与专利技术方案相同的产品。相反，上述证据表明，广告所对应的产品型号有多个。另外，仅根据产品外观照片的相似性也不足以确定两产品结构的一致性。因此，在没有明确的产品型号的前提下，将广告中所涉及的产品认定为某特定型号产品，缺乏确定性。

【案例11-24】

本案例引自第632号无效宣告决定。

本案中，请求人提出的广告本身虽然仅反映了公开销售的产品型号和外形，但是专利权人自己明确地确认和证实了其公开销售的产品型号即为其专利产品的型号，这一自认佐证了专利技术内容的公开。

【案例分析】

将前后两个案例对比可以看到，广告行为可以反映产品的外部结构，无法反映产品的内部结构，但是随后或同时伴随的销售行为，则会导致被销售产品的内部结构的公开。就案例11-24而言，从证据角度来说，并不是专利权人的广告行为而是其在口头审理中的自认行为导致了涉案专利被宣告无效。

---

❶ 国家知识产权局专利复审委员会. 现有技术与新颖性 [M]. 北京：知识产权出版社，2004：152-153.
❷ 国家知识产权局专利复审委员会. 现有技术与新颖性 [M]. 北京：知识产权出版社，2004：177.

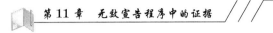

6　产品展示导致的公开

产品展示的种类很多，包括技术交易会、产品展销会、产品订货会、产品鉴定会等场合的产品展示以及模型演示等多种展示方式。在审查实践中，判断产品展示是否导致专利法意义上的公开时需要考虑产品展示的性质、目的等多种因素。不管将这种展示公开归入使用公开还是以其他方式公开，其根本点在于产品展示是否使所涉及的技术方案或设计处于公众想得知即可得知的状态。❶

【案例 11 – 25】

本案例引自第 121 号无效宣告决定。

本案中，请求人主张与涉案专利结构相同的产品已在申请日前参加了评比会，并提供了相应的证据。专利复审委员会认为，虽然上述评比会的名额有限定，但并不等于参加会议的人员均是与完成涉案专利有关的特定人员，限定名额是为了控制会议规模，无法由此得出该会议有保密的意向，因此该会议不同于一种新产品试制定型而需指定有关专家参加的技术鉴定会。相关产品在该会上陈列展出并予以示范介绍，已构成专利法意义上的公开。

【案例分析】

很显然，这个案例的焦点仍然在于非特定人问题，无论是请求人还是专利权人都应该对此予以特别的注意。

7　公开使用证据准备的难点和要点

申请日前已经公开使用的情况是经常存在的，但是要证明这样的事实非常困难。这是因为，公开使用是要求发生在申请日前的，因此，一般要证明的公开使用都是发生在案件启动多年以前的事情，想证明这样的事实而取得完整的证据链本身非常困难；更何况，证据链中任何一个环节的缺失或证据不确凿都可能使得请求人的证据不能达到证明标准。

为此，代理人应当尽可能采用其他证据形式。如果要依赖于公开使用证据，那么需要对潜在的证据链进行充分的分析，并设计可行的证据采集方式。证明公开使用要考虑的证据主要包括以下几类。

（1）证明公开使用时间的证据

对于设备和产品，设备和产品本身或者其包装上可能存在公开使用时间。否则，需要通过销售发票、合同、收货凭证等来证明公开使用的时间。可以从使用人和发货人两方面采集证据。由于时间久远，可能在使用人处不能得到全部证据的原件，但是

---

❶　国家知识产权局专利复审委员会. 现有技术与新颖性［M］. 北京：知识产权出版社，2004：178.

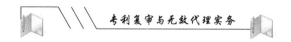

这些缺失的原件可能从发货人的某些证据原件中得到佐证。

（2）设备和产品未被维修和更换的证据

"未被维修和更换"是一个否命题，从逻辑上说是不能证明的，但是可以有一些辅助证据来佐证"未被维修和更换"。例如，出示设备和产品的全部维修记录；从设备或产品说明书中看是否有正常需要维修和更换的部件的年限。

（3）反映产品结构或技术方案的证据

如产品说明书、产品实物或照片，等等。

需要注意的是，发票、合同等证据上的产品型号或名称需与产品说明书或产品有对应关系。

第4节　电子证据

随着科技的发展，电子证据在专利纠纷特别是专利权无效宣告案件中越来越受到当事人的青睐，但对其真实性和公开时间的认定往往成为此类案件的焦点问题。

1　电子证据的概念

近年来，在各国的学术研究以及立法、执法实践中，围绕着与计算机有关的证据提出了许多新的学术用语，常见的中文术语有"电子证据""计算机证据""电子数据证据""数据电文证据""网络证据"等。

电子证据或网络证据是指以数字形式存在的，以通信网络作为传播媒介，公众能够从不特定的网络终端获取，需要借助一定的计算机系统予以展现，并且用于证明案件事实的证据材料。电子证据一般包括以下内涵：①电子证据是以数字形式存在的，即其生成、传送、接收、收集都离不开二进制的数字代码序列；②电子证据是以通信网络作为传播媒介的证据；③电子证据是必须通过计算机系统来展现的证据；④电子证据是能够作为证据使用的材料。

2　电子证据的特点

电子证据的数字性导致电子证据的修改不易被察觉，但是可以通过特定的技术手段加以查明。当人为因素或技术故障因素介入时，构成电子证据的二进制代码序列可以被修改和删除，这是电子证据的根本特点。尽管修改或删除文件操作的本身比较容易操作，并且操作后也难以留下痕迹，但是如果在用户执行这些操作之前没有获得相应权限，通常很难进行相应操作。

3　电子证据的真实性判断

对于电子证据，既不会仅因其修改不易留痕迹的特点而一律不予接受，也不会被不加分析地一概接受。实务中，专利复审委员会通常会根据个案情况对相关电子证据进行综合判断。由于电子证据的根本特点是数字性所导致的修改不易察觉，所以判断电子证据的真实性，难点主要在于判断电子证据是否经过修改。在判断电子证据是否经过修改时，可以从主观和客观两个方面全面考虑，综合分析修改的动机和修改的技术可行性。在具备修改动机和修改的技术可行性的情况下，电子真实性难以得到确认。

对于对方当事人提交的电子证据，如果提出质疑，可能需要从两个方面入手：一是对方当事人修改证据的动机和技术可行性，二是证据未被修改时的情况。相反，如果本人需要提供电子证据证明自己的主张，则一方面需要分析修改不具有可行性，另一方面还可以提供其他证据佐证所述电子证据未被修改过。

4　电子证据真实性的佐证

如果当事人能够提交下述证据，那么可以佐证电子证据的真实性。

（1）网站的日志文件

一般网站中，日志文件记载了网站服务器上进行的所有操作。因此，日志文件能够反映电子证据未经修改的事实。如果当事人提交经过公证程序获得的或者经过其他合法途径获得的日志文件，在对方当事人没有提交合理反证的情况下，可以通过网站的日志文件认可电子证据未经修改。

（2）网站管理人员的证人证言

一般情况下，如果当事人提交网站管理人员的证人证言，无论上述证人证言系网站出具的单位证言还是网站工作人员个人出具的证言，在没有证据证明该网站或工作人员与该方当事人存在利害关系，或者不存在合理怀疑的情况下，可以通过网站管理人员的证人证言证明电子证据未经修改。

（3）网页时间戳的证明

如果电子证据能够表现出网页的时间戳，那么在没有相反证据的情况下，可以认定该电子证据反映了该时间戳所标识的时间下的网页情况。

（4）网络爬虫的时间快照

通过网络爬虫的时间快照，可以证明网页的真实性和公开时间。例如，通过Google、百度等知名搜索引擎的搜索，能够判断该网页在第 n 日无法搜索获得，但是在第 n + 1 日可以搜索获得，那么在没有相反证据的情况下，可以认定该电子证据在第 n + 1 日构成公开并且自此未经修改。

5　电子证据公证书的相关问题

在通过公证方式对电子证据进行公证时，应当注意电子证据收集程序是否规范。

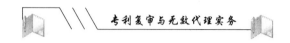

对于网页证据而言，常见的演示网页内容的步骤为：使用公证处的计算机、连接网络、打开最常用的搜索引擎、输入搜索内容、打开搜索结果中的网站链接。另外，也可以向合议组请求当庭演示证明电子证据的来源，此种情况下，亦应采用上述演示步骤。

6 电子证据公开时间的认定

公众能够浏览互联网信息的最早时间为该互联网信息的公开时间，一般以互联网信息的发布时间为准。在充分考虑网络证据的表现形式、网站的资质、网站与当事人之间的利害关系、网络证据的形成、网络证据的存储、网络证据的传送与接收、网络证据的收集、网络证据的完整性等方面，认定网络证据具备真实性的前提下，关于网络证据公开时间的认定，需要注意的是：第一，网页的发布时间是网络证据构成专利法意义上的公开的起始时间；第二，服务器上记载的时间代表了网页的发布时间，可以作为网络证据构成专利法意义上的公开的起始时间；第三，网页上记载的时间代表了网页的发布时间，可以作为网络证据构成专利法意义上的公开的起始时间，除非对方当事人能够提供证据证明网页经过了修改；第四，日志文件中记载的时间包括网页的上传时间、网页的发布时间以及网页内容修改的时间，能够根据日志文件的记载结合网页的发布时间和网页内容修改的时间，确定网络证据构成专利法意义上的公开的起始时间；第五，网页的撰稿时间、网页的上传时间均不能作为网络证据构成专利法意义上的公开的起始时间，因为在撰稿和上传的时间点上，网页内容尚未达到任何第三人想得知即可得知的状态；第六，网页中嵌入的 Word、PDF 文件信息中包含的时间不能作为网络证据构成专利法意义上的公开的起始时间。❶

【案例 11 - 26】

本案例引自第 6596 号无效宣告决定。

本案涉及"电动玩具自行车"的外观设计专利无效宣告案，请求人的无效宣告理由之一是涉案专利不符合《专利法》第 23 条的规定。请求人提交了附件 1 ~ 8 用以证明涉案专利在申请日前已在美佳玩具网上公开过，其中附件 2 ~ 4 为电子证据。

附件 2 为汕头市公证处于 2003 年 11 月 12 日做出的公证书，内附操作过程和网页打印件两个附件。操作过程显示，公证员于 2003 年 11 月 10 日登陆美佳玩具网：①在玩具搜索的名称关键字一栏中键入玩具货号，在发布日期栏键入 326 天之内，网页显示"未找到符合查询条件的记录"，而将发布日期改为 327 天之内时，网页显示找到了符合该货号的名称为"窗盒电动音乐自行车 8808"的记录；②返回美佳玩具网主页，在玩具搜索的名称关键字一栏中重新键入玩具名称"自行车"，重复上述其他操

❶ 国家知识产权局专利复审委员会. 专利行政诉讼概论与案例精解 [M]. 北京：知识产权出版社，2011：95 - 99.

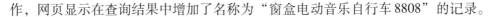

作，网页显示在查询结果中增加了名称为"窗盒电动音乐自行车8808"的记录。

附件3和附件4由汕头市公证处分别于2003年11月24日和2003年12月15日做出，其操作步骤与附件2相同，其中附件3得到了与附件2相同的搜索结果，而附件4的结果显示上述图片已经删除。

对于上述证据，专利复审委员会认为："附件2～4所示公证书的公证事项均为电子证据保全，虽然通过公证书能够认定公证当时的网络信息资源状态，但由于在实际生活中对网络数据实施变动的可操作性很强，网络信息资源处于极不稳定的状态，且三份公证书的公证日期均在涉案专利申请日后，公证的内容是通过网络追溯以前的事实，因此仅凭公证书不足以确定涉案专利申请日以前的真实的网络信息资源状态，在没有其他证据的支持下，请求人仅依靠另一证据中转述的他人证言加以补充，由于转述证言本身未经质证，不能作为有效证据，因此对请求人提出的上述主张不予支持。"

【案例分析】

在随后的专利行政诉讼中，一审和二审法院否定了专利复审委员会的认定，均确认了上述证据的效力。一、二审法院认为，由于附件2～4三份公证书记载的操作过程载明，在不同的时间三次登录美佳玩具网网站，在玩具搜索的名称关键字一栏中键入玩具货号MK0314271或键入玩具名称"自行车"，或在产品种类一栏中选择电动车等三种方式进行查询，网页上均显示了如附件2、附件3图片显示的名称为"窗盒电动音乐自行车8808"，表明该外观设计已于涉案专利申请日前在网络上公开。此外，虽然第一份公证书搜索出的自行车为49项，第三份公证书搜索出的自行车为51项，但是，数据的变化只能表明该网络经营商对上载项目的调整，并不足以证明在该时间段没有登载"窗盒电动音乐自行车8808"或登载的"窗盒电动音乐自行车8808"不具真实性。因此，美佳玩具网系一家独立经营的网站，在没有相反证据证明附件2～4记载的内容不真实的情况下，应认定该网站上载的内容具有真实性。

由于专利纠纷总是发生在专利申请日之后，因此如何证明互联网上的信息公开日早于申请日是实践中的一个难点。本案中取证方式很巧妙，其利用销售网页上的产品发布日期的搜索选项，证明了相关产品的发布日期。这里，产品的发布日期是一个很难证明的事项，如果以"证据确凿"为标准，对于当事人来说几乎是不可能的。一审和二审法院确定产品发布日期实质上是以"优势证据"的标准作的认定。

第5节　其他证据

我国《民事诉讼法》第63条规定了七种法定证据，即书证、物证、视听资料、证人证言、当事人的陈述、鉴定结论和勘验笔录。《专利审查指南2010》采用了与民事诉讼法律法规基本相同的规定。

1 证人证言

证人证言是无效宣告程序中经常碰到的一类证据。该类证据包括的种类较多，情况也比较复杂。常见的有单位出具的证明、自然人出具的书面证言、证人当庭作出的意见陈述等。

《专利审查指南 2010》第四部分第八章第 4.3.1 节关于证人证言的规定如下：

"证人应当陈述其亲历的具体事实。证人根据其经历所作的判断、推测或者评论，不能作为认定案件事实的依据。

"专利复审委员会认定证人证言，可以通过对证人与案件的利害关系以及证人的智力状况、品德、知识、经验、法律意识和专业技能等因素的综合分析作出判断。"

最高人民法院在其关于行政诉讼证据和民事诉讼证据的司法解释中对证人及证人出庭质证、证人证言的采信问题作了详尽的规定。

【案例 11 - 27】

本案例引自第 4886 号无效宣告决定。

本案中，请求人提交了多份证人证言。首先，专利复审委员会对于无正当理由不出庭作证的证人证言不予采信；其次，即使对于出庭作证和经质证的证人证言，合议组也不会单独将其作为定案的依据，而是需要结合其他证据进行分析；再次，对于单位出具的证明，在请求人没有提供原件，也没有相应的单位工作人员出庭进行说明和质证的情况下，专利复审委员会认为其作为证据的真实性无法核实，因此也没有予以认定。

【案例分析】

需要特别注意的是，对证人证言进行证据保全公证的公证书只能证明证人陈述案件事实的陈述行为及陈述过程是合法的，而不能证明陈述内容是否真实，因此该类证据不具有当然的证明力。经保全公证的证人证言仍属于证人证言的范畴，证人应当出庭接受质证。而证人证言是否应被采信，则由合议组结合证人接受质证时的具体情况综合分析并作出判断。

2 当事人陈述、认可及承认

《最高人民法院关于民事诉讼证据的若干规定》第 74 条规定："诉讼过程中，当事人在起诉状、答辩状、陈述及其委托代理人的代理词中承认的对己方不利的事实和认可的证据，人民法院应当予以确认，但当事人反悔并有相反证据足以推翻的除外。"

《专利审查指南 2010》第四部分第八章第 4.3.2 节对于当事人陈述相关的"认可和承认"作出了如下规定：

"在无效宣告程序中，一方当事人明确认可的另外一方当事人提交的证据，专利复审委员会应当予以确认。但其与事实明显不符，或者有损国家利益、社会公共利益，或者当事人反悔并有相反证据足以推翻的除外。

"在无效宣告程序中，对一方当事人陈述的案件事实，另外一方当事人明确表示承认的，专利复审委员会应当予以确认。但其与事实明显不符，或者有损国家利益、社会公共利益，或者当事人反悔并有相反证据足以推翻的除外；另一方当事人既未承认也未否认，经合议组充分说明并询问后，其仍不明确表示肯定或者否定的，视为对该项事实的承认。"

关于代理人的代为承认，该章节规定："当事人委托代理人参加无效宣告程序的，代理人的承认视为当事人的承认。但是，未经特别授权的代理人对事实的承认直接导致承认对方无效宣告请求的除外；当事人在场但对其代理人的承认不作否认表示的，视为当事人的承认。"

关于当事人承认的反悔，该章节规定："进行口头审理的案件当事人在口头审理辩论终结前，没有进行口头审理的案件当事人在无效宣告决定作出前撤回承认并经对方当事人同意，或者有充分证据证明其承认行为是在受胁迫或者重大误解情况下作出且与事实不符的，专利复审委员会不予确认该承认的法律效力。"

对于和解中认可的效力，该章节特别规定："在无效宣告程序中，当事人为达成调解协议或者和解的目的作出妥协所涉及的对案件事实的认可，不得在其后的无效宣告程序中作为对其不利的证据。"

【案例 11 – 28】

本案例引自第 4989 号无效宣告决定。

本案中，专利权人当庭承认了涉案专利所述产品在申请日前已经公开销售。虽然，专利权人的代理人事后进行了否认，但没有提供足够的证据证明所作的陈述有误。专利权人的利害关系人在出具了对专利权人不利的证据后虽然也重新出证推翻了在先的不利陈述，但也未提供任何证明。专利复审委员会参照《最高人民法院关于民事诉讼证据的若干规定》第 74 条的规定，对于专利权人及其利害关系人在先作出的对自己不利的陈述，在没有相反证据足以推翻的情况下，认定为真实的事实。

【案例分析】

通常来说，具有资质的代理人比委托人对程序的把握更加准确，在案件的审理中能够最大限度地维护委托人的利益。本案在专利权人与代理人没有充分沟通的情况下，由于专利权人的自认，使得案件出现了决定性的逆转，导致专利权最终被宣告无效。而实践中更多的情况是，请求人或专利权人在委托代理人后不参加口头审理或者虽然参加口头审理但并不发言。需要注意的是，在这种情况下，代理人对事实的自认与当事人出庭对事实作出自认具有相同的事实效果，当事人原则上不能事后撤销或更正代理人已经作出的自认。而无论是当事人还是代理人的自认，除非满足前述条件，

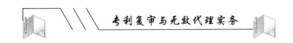
均很难撤销或更正。因此，在无效宣告案件的审理中，无论当事人出庭与否，代理人都应谨言慎行，避免作出对己方不利的自认。

3 鉴定报告

《专利审查指南 2010》没有对鉴定报告在无效宣告程序中的效力作出明确的规定，仅在第四部分第八章第 5.3 节"技术内容和问题的咨询、鉴定"中规定："专利复审委员会可以根据需要邀请有关单位或者专家对案件中涉及的技术内容和问题提供咨询性意见，必要时可以委托有关单位进行鉴定，所需的费用根据案件的具体情况由专利复审委员会或者当事人承担。"

《最高人民法院关于行政诉讼证据若干问题的规定》第 14 条对行政程序中采用鉴定结论的形式作了如下的规定："根据行政诉讼法第 31 条第 1 款第（6）项的规定，被告向人民法院提供的在行政程序中采用的鉴定结论，应当载明委托人和委托鉴定的事项、向鉴定部门提交的相关材料、鉴定的依据和使用的科学技术手段、鉴定部门和鉴定人鉴定资格的说明，并应有鉴定人的签名和鉴定部门的盖章。通过分析获得的鉴定结论，应当说明分析过程。"

而该规定第 62 条和第 63 条同时对行政程序中鉴定结论的效力及其认定作了详细的规定：

"对被告在行政程序中采纳的鉴定结论，原告或者第三人提出证据证明有下列情形之一的，人民法院不予采纳：

（一）鉴定人不具备鉴定资格；

（二）鉴定程序严重违法；

（三）鉴定结论错误、不明确或者内容不完整。

"证明同一事实的数个证据，其证明效力一般可以按照下列情形分别认定：

（一）国家机关以及其他职能部门依职权制作的公文文书优于其他书证；

（二）鉴定结论、现场笔录、勘验笔录、档案材料以及经过公证或者登记的书证优于其他书证、视听资料和证人证言；

（三）原件、原物优于复制件、复制品；

（四）法定鉴定部门的鉴定结论优于其他鉴定部门的鉴定结论；

（五）法庭主持勘验所制作的勘验笔录优于其他部门主持勘验所制作的勘验笔录；

（六）原始证据优于传来证据；

（七）其他证人证言优于与当事人有亲属关系或者其他密切关系的证人提供的对该当事人有利的证言；

（八）出庭作证的证人证言优于未出庭作证的证人证言；

（九）数个种类不同、内容一致的证据优于一个孤立的证据。"

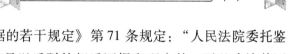

《最高人民法院关于民事诉讼证据的若干规定》第 71 条规定："人民法院委托鉴定部门作出的鉴定结论，当事人没有足以反驳的相反证据和理由的，可以确认其证明力。"

【案例 11 - 29】

本案例引自第 14119 号无效宣告决定。

本案中，专利复审委员会认为请求人提交的鉴定报告附具的照片仅显示了产品的部分零件，从中无法看出产品整体是否与涉案专利的技术方案相同，从该照片中也无法确定出厂日期，因此仅基于该鉴定报告不能认定涉案专利的技术方案已在申请日前公开。

【案例分析】

专利复审委员会的这一决定完全符合《最高人民法院关于行政诉讼证据若干问题的规定》第 62 条第 3 款规定的鉴定结论不予采纳的情形。

4　勘验笔录

根据《最高人民法院关于行政诉讼证据若干问题的规定》第 63 条的规定，勘验笔录、档案材料以及经过公证或者登记的书证优于其他书证、视听资料和证人证言，法庭主持勘验所制作的勘验笔录优于其他部门主持勘验所制作的勘验笔录。因此，在实践中，如果存在与无效宣告请求相关的专利侵权案件的受理法院认定产品侵权时对某些现场所作的勘验笔录，经过质证后是能够认定为证据使用的，而且证据的效力高于其他书证、视听资料和证人证言。❶

【案例 11 - 30】

本案例引自第 4969 号无效宣告决定。

本案中，证据之一的勘验笔录是与无效宣告请求相关的专利侵权案件的受理法院认定产品侵权时对某些现场所作的勘验笔录。虽然专利权人对该证据提出了异议，但没有提供任何证据支持其主张，根据最高级人民法院的上述规定，该证据被专利复审委员会认定为合法证据，并作为认定相关案件事实的依据。

第 6 节　证据的形式要件

1　原　　件

根据《专利审查指南 2010》第四部分第八章第 4.2 节"证据的审核"的规定：

---

❶　国家知识产权局专利复审委员会. 现有技术与新颖性［M］. 北京：知识产权出版社，2004：296.

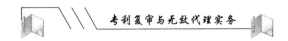
"合议组应当根据案件的具体情况，从以下方面审查证据的真实性：（1）证据是否为原件、原物，复印件、复制品与原件、原物是否相符……"

《最高人民法院关于行政诉讼证据若干问题的规定》第 71 条中规定，无法与原件、原物核对的复制件或者复制品不能单独作为定案依据。

根据上述规定，当事人一般应当提交证据原件。如果提交复印件，则其用作证据采信的前提是，该复印件须能与原件核对一致。如果不能符合这一要求，则不能单独作为定案证据，也就是需要补强的证据。特殊情况下，根据《最高人民法院关于行政诉讼证据若干问题的规定》第 65 条（在庭审中一方当事人或者其代理人在代理权限范围内对另一方当事人陈述的案件事实明确表示认可的，人民法院可以对该事实予以认定。但有相反证据足以推翻的除外。）和第 67 条（在不受外力影响的情况下，一方当事人提供的证据，对方当事人明确表示认可的，可以认定该证据的证明效力；对方当事人予以否认，但不能提供充分的证据进行反驳的，可以综合全案情况审查认定该证据的证明效力。）的规定，即使一方当事人提供的是不能与原件核对一致的复印件，如果对方当事人明确表示认可，也存在直接采信的可能。

【案例 11-31】

本案例引自第 6704 号无效宣告决定。

本案中，请求人提交的附件 1~7 均是复印件，专利权人对这些证据的真实性提出了异议。为此请求人当庭提交了附件 8，用来证明附件 1~7 的来源，但附件 8 本身也是复印件，请求人称附件 8 是从专利权人的公司获得的，但是请求人并没有提供任何证据来证明该证据是从专利权人公司获得的，且其不足以证明附件 1~7 的真实性。在附件 1~7 的真实性无法确定的情况下，请求人提交的所有证据均不能被采用。

【案例分析】

对于以复印件等形式提交给专利复审委员会作为证据使用的证明材料，请求人一般应当在口头审理当庭或在指定期限内提交相应的证据原件或能证明复印件与原件相符的证据供合议组和专利权人进行核实，否则应当承担举证不力的后果。

2　公　证　文　书

《专利审查指南 2010》第四部分第八章第 4.3.4 节关于"公证文书"的规定如下：

"一方当事人将公证文书作为证据提交时，有效公证文书所证明的事实，应当作为认定事实的依据，但有相反证据足以推翻公证证明的除外。

"如果公证文书在形式上存在严重缺陷，例如缺少公证人员签章，则该公证文书不能作为认定案件事实的依据。

"如果公证文书的结论明显缺乏依据或者公证文书的内容存在自相矛盾之处，则

第11章

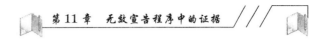

相应部分的内容不能作为认定案件事实的依据。例如，公证文书仅根据证人的陈述而得出证人陈述内容具有真实性的结论，则该公证文书的结论不能作为认定案件事实的依据。"

《最高人民法院关于行政诉讼证据若干问题的规定》第64条规定："以有形载体固定或者显示的电子数据交换、电子邮件以及其他数据资料，其制作情况和真实性经对方当事人确认，或者以公证等其他有效方式予以证明的，与原件具有同等的证明效力。"

公证书是公证机关根据当事人的申请依照法定程序对某些事实进行确认的法律文书，是具有较高证明效力的法律文书，属于《最高人民法院关于行政诉讼证据若干问题的规定》第68条第（4）项规定的已经依法证明的事实，一般情况下，可以直接认定为案件事实。❶

【案例11-32】

本案例引自第3886号无效宣告决定。

本案中，请求人提交了两份经过公证处公证的证据，虽然专利权人对其表示了异议，但并未提出足以推翻公证书所公证事实的相反证据，专利复审委员会认定该两份证据所含证据材料与存档文件原件相符，因此其真实性通过公证行为得到确认。

【案例分析】

根据《最高人民法院关于民事诉讼证据的若干规定》第9条的规定，除当事人有相反证据足以推翻的外，已为有效公证文书所证明的事实，可以不再查证。因此，专利复审委员会确认了两份公证书的效力。

3　域外证据的公证认证

《专利审查指南2010》第四部分第八章第2.2.2节关于"域外证据及香港、澳门、台湾地区形成的证据的证明手续"的规定如下：

"域外证据是指在中华人民共和国领域外形成的证据，该证据应当经所在国公证机关予以证明，并经中华人民共和国驻该国使领馆予以认证，或者履行中华人民共和国与该所在国订立的有关条约中规定的证明手续。

"当事人向专利复审委员会提供的证据是在香港、澳门、台湾地区形成的，应当履行相关的证明手续。

"但是在以下三种情况下，对上述两类证据，当事人可以在无效宣告程序中不办理相关的证明手续：

---

❶　国家知识产权局专利复审委员会. 现有技术与新颖性［M］. 北京：知识产权出版社，2004：274.

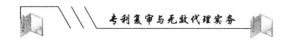

（1）该证据是能够从除香港、澳门、台湾地区外的国内公共渠道获得的，如从专利局获得的国外专利文件，或者从公共图书馆获得的国外文献资料。

（2）有其他证据足以证明该证据真实性的。

（3）对方当事人认可该证据的真实性的。"

【案例 11 - 33】

本案例引自第 6075 号无效宣告决定。

本案中，请求人提交的证据之一为国外的产品样册复印件，该复印件未经过公证和认证手续，也无原件予以核实，在专利权人不予认可其真实性的情况下，专利复审委员会认定该证据在本无效宣告程序中不能作为有效证据使用。

【案例分析】

对于域外形成的证据，当事人应当提供上述证据的公证认证文件，否则需要承担举证不力的后果。

4　外文证据的中文译文

《专利审查指南 2010》第四部分第八章第 2.2.1 节"外文证据的提交"的规定如下：

"当事人提交外文证据的，应当提交中文译文，未在举证期限内提交中文译文的，该外文证据视为未提交。

"当事人应当以书面方式提交中文译文，未以书面方式提交中文译文的，该中文译文视为未提交。

"当事人可以仅提交外文证据的部分中文译文。该外文证据中没有提交中文译文的部分，不作为证据使用。但当事人应专利复审委员会的要求补充提交该外文证据其他部分的中文译文的除外。"

该节还规定了在译文出现争议时的解决方法：

"对方当事人对中文译文内容有异议的，应当在指定的期限内对有异议的部分提交中文译文。没有提交中文译文的，视为无异议。

"对中文译文出现异议时，双方当事人就异议部分达成一致意见的，以双方最终认可的中文译文为准。双方当事人未能就异议部分达成一致意见的，必要时，专利复审委员会可以委托翻译。双方当事人就委托翻译达成协议的，专利复审委员会可以委托双方当事人认可的翻译单位进行全文、所使用部分或者有异议部分的翻译。双方当事人就委托翻译达不成协议的，专利复审委员会可以自行委托专业翻译单位进行翻译。委托翻译所需翻译费用由双方当事人各承担 50%；拒绝支付翻译费用的，视为其承认对方当事人提交的中文译文正确。"

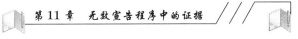

【案例11-34】

本案例引自第3046号无效宣告决定。

本案中，请求人在提出无效宣告请求时提交了三篇日文的日本公开特许公报作为证据，本案合议组多次要求请求人提供对比文件的中文译文，告知了其不提供中文译文的后果，并在期限届满后又给予其充分的时间，而请求人明确表示不提交所提供的日文对比文件的中文译文。最终，合议组认为已经给予请求人充分的机会，根据审查指南的规定，应视请求人未提交上述三篇对比文件，由于请求人也未提供其他证据，因此该无效宣告请求无任何证据支持。

【案例分析】

对于外文证据，当事人应当在规定的期限内提供相应的中文译文。需要特别注意的是，根据《专利审查指南2010》的规定，外文证据中文译文的提交期限是在"举证期限内"，即外文证据译文的提交期限与该外文证据本身的提交期限是一致的，否则该外文证据视为未提交。

第7节　证据的收集

基于本章的分析，由于无效宣告程序的双方当事人地位平等，通常情况下，专利复审委员会并不承担全面审查专利有效性的义务，而主要针对当事人之间的争议进行审理。从本章的介绍和近年来专利复审委员会审理的案件看，基于"谁主张谁举证"的举证责任分配原则，请求人在无效宣告案件中能否举出符合法定形式并满足证明标准的证据对于专利能否被最终宣告无效起着决定性的作用。为了取得无效宣告请求的成功，必须提供足够的、充分的证据来支持无效宣告请求的理由，且证据之间不得存在矛盾。因此代理人在接受委托时，要仔细研究委托人提出的证据，如果证据不充分，应当采取措施加以收集。本节重点对无效宣告案件中请求人的证据收集不同于民事诉讼证据收集的几种方式作出简要介绍。

1　自行或委托检索

不符合《专利法》规定的新颖性、创造性是提出无效宣告请求的主要理由之一，因此，能否检索到破坏涉案专利新颖性、创造性的现有技术对于无效宣告请求的成败至关重要。如果委托人所提供的证据不足以否定该专利权，或者说不能达到委托人所希望达到的无效宣告请求的目的，可以寻找更合适的对比文件或者补充对比文件作为现有技术。现有技术的检索包括对专利文献、非专利文献以及其他证据的检索。其中，其他证据的检索通常需要请求人自行搜集或提供线索，而对专利文献或非专利文献类的证据检索既可以由请求人自行安排，也可以委托专业的专利代理机构或国家知

识产权局下属的专门检索机构进行。另外，非专利文献的检索也可以借助图书馆等公共资源进行。

鉴于现有技术检索的重要性和专业性，代理人应当对检索的手段和基本知识有所了解，检索工作则最好由专门从事检索的人员通过专业的检索工具来完成。免费官方数据库包括国家知识产权局网站（http：//www. sipo. gov. cn）的数据库，国家知识产权局知识产权出版社的中国知识产权网（http：//www. cnipr. com）的数据库以及中国专利信息中心的专利检索服务 CPRS 数据库（http：//search. cnpat. com. cn）。商业数据库也有很多选择。一般而言，商业数据库对数据作了较完整的加工，从而提供更多检索的途径。无论选择什么数据库，检索是一项专业化的工作，由专业人员进行检索是最佳的选择。

2　查询和复制

如果已收集的证据基本上能够达到委托人期望的全部无效或部分无效的目的，就需要对这些证据作进一步准备。若是专利文件，只需准备复印件即可；若是国内的期刊、杂志等出版物，应准备好原件，以便提交原件或供专利复审委员会核查或以经公证的复印件方式提交；若是外国专利文件，最好办理经国家知识产权局专利局文献部确认的文本，对于其中在国内尚无法确认的文本，应当由相应外国专利局出具确认文本；若是外国的其他公开出版物，如期刊、杂志、产品目录说明书资料等，尤其是在我国国内并无馆藏的，则应当尽快到所在国办理公证和认证手续。此外，上述证据文件为外文资料的，需同时准备好相应的中文译文。

无效宣告程序中证据的取得相比普通民事诉讼也有其自身的特点，例如：请求人还可以申请从专利局获得部分证据，例如通过查阅和复制授权专利的审查历史，了解审查过程中审查员引用过的对比文件和审查意见，以及专利权人在申请的审批过程中的答复等，从中选择出有用的材料作为无效宣告请求的一部分证据。此外，查阅专利案卷还可以发现审查中的修改、澄清等问题，例如，专利申请文件的修改是否超出原说明书和权利要求书记载范围。所以在一般的无效宣告请求案中，除非已有确凿证据足以否定该专利的新颖性，请求方的代理人还是应当查阅一下专利案卷，这会为请求方提供一些有用信息，至少可以做到知己知彼。

《专利审查指南 2010》第五部分第四章第 5.1 节"查询和复制的原则"中规定："……（2）任何人均可向专利局请求查阅和复制公布后的发明专利申请案卷和授权后的实用新型和外观设计专利申请案卷。（3）对于已经审结的复审案件和无效宣告案件的案卷，原则上可以查阅和复制。……"

根据《专利审查指南 2010》第五部分第四章第 5.2 节规定，对于已经公告授予专利权的专利申请案卷，可以查阅和复制的内容包括：申请文件，与申请直接有关的手续文件，发明专利申请单行本，发明专利、实用新型专利和外观设计专利单行本，专利登记簿，专利权评价报告，以及在各已审结的审查程序（包括初步审查、实质审查、复审和无效宣告等）中专利局、专利复审委员会向申请人或者有关当事人发出的通知书和决定书、申请人或者有关当事人对通知书的答复意见正文。

《专利审查指南 2010》第五部分第四章第 5.3 节还对"查阅和复制程序"作出了规定。

对于属于分案申请的专利，为了获得尽可能全面的案卷信息，有时还需要对其母案申请的卷宗进行查阅。对于要求了优先权的专利，为了核实其优先权信息，往往需要对其优先权申请文件进行查询。对于有外国同族的中国申请，还可以在相关的网站上查询其同族专利的审查历史和检索报告等信息。虽然国外专利的审查一般不会直接用作判断专利有效性的依据，但是通过查阅复制上述文件，代理人通常可以在对比文件的准备和无效宣告理由的论述方面获得有价值的参考信息。

3　办理馆际互借

在无效宣告程序所需的证据中，有一类属于需要公证认证的域外证据，这类证据的取得在时间和金钱上都会给当事人造成较大负担。虽然大多数域外证据难以避免公证认证的手续，但是在满足一定条件的情况下，通过国内权威渠道，辅助一定的公证文书，也可使此类域外证据满足形式要件，获得专利复审委员会的认可。馆际互借就是其中一种有效的方式，下面的案例中就使用了这种方式。

【案例 11 - 35】

本案例引自第 10220 号无效宣告决定。

本案中，请求人提供了通过国家图书馆的馆际互借服务获得的域外杂志证据，同时提供了两份国家公证机关出具的公证书，内容分别是对请求人到中国国家图书馆馆际互借组递交馆际互借申请及领取结果的全过程以及在搜索引擎 Google 上检索与通过馆际互借服务得到的域外杂志相印证的论文的过程进行公证。专利复审委员会认为，虽然通过馆际互借服务获得的为域外证据，但根据《审查指南 2006》第四部分第八章第 2.2.2 节的规定，在有其他证据足以证明该证据真实性的情况下，当事人可以在无效宣告程序中不办理相关的证明手续；为了证明该证据的真实性，请求人之后又提交了上述两份公证书，足以证明该证据的真实性，可以作为本案证据使用。

【案例分析】

根据上述案例，请求人从递交查询申请到领取查询结果仅仅用了 1 周左右的时间，相对于漫长繁琐的域外证据的公证认证，对于国家图书馆没有馆藏但可以通过馆际互借渠道获取的域外出版物，完全可以尝试采用这种途径，辅以馆际互借过程的公证和网页公证等，达到证明其真实性的目的。

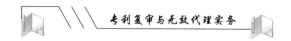

第8节 举证期限

举证期限是指负有举证责任的请求人和专利权人应当在法律、法规和审查指南规定和专利复审委员会指定的期限内提出证明其主张的相应证据，逾期不举证则承担证据失效法律后果的一项期间。举证期限制度实际上包含着举证期限和逾期举证法律后果两个方面，它决定了一份证据是否能够获得专利复审委员会的审查机会，而失去审查机会将导致该证据的证明权丧失。代理人在无效宣告程序的代理过程中，必须特别注意和遵守举证期限。

1 请求人的一般举证期限

《专利法实施细则》中涉及证据提交时限的包括第 65 条第 1 款的规定和第 67 条的规定。专利复审委员会通常不会接受超过举证时限的证据，而没有证据的无效宣告程序很难达到请求人的目的。

《专利法实施细则》第 65 条第 1 款规定："依照专利法第 45 条的规定，请求宣告专利权无效或者部分无效的，应当向专利复审委员会提交无效宣告请求书和必要的证据一式两份。无效宣告请求书应当结合提交的所有证据，具体说明无效宣告请求的理由，并指明每项理由所依据的证据。"

《专利法实施细则》第 67 条规定："在专利复审委员会受理无效宣告请求后，请求人可以在提出无效宣告请求之日起 1 个月内增加理由或者补充证据。逾期增加理由或者补充证据的，专利复审委员会可以不予考虑。"

《专利审查指南 2010》第四部分第三章第 4.3 节对证据的提交期限作出了更加明确的规定。这些规定对于请求人一方来说，可以在提出无效宣告请求时提交证据，还可以在提出无效宣告请求之日起 1 个月内再补充证据，但是如果超过该期限提交证据，专利复审委员会有权不予审理。此外，这里需要注意的是，上述 1 个月的起算时间是请求人提出无效宣告请求的提出日，而不是专利复审委员会受理该无效宣告请求的受理日。

请求人提交证据的第二个机会是当专利权人以合并方式修改权利要求或者提交反证的时候，《专利审查指南 2010》第四部分第三章第 4.3.1 节规定，请求人可以在专利复审委员会指定的期限内补充证据，这个期限一般也是 1 个月。

【案例 11-36】

本案例引自第 13582 号无效宣告决定。

本案中，第一请求人在口头审理时当庭补充提交证据 13，拟用该证据证明涉案专利不具备《专利法》第 22 条第 3 款规定的创造性。专利权人认为该证据的提交超出举证期限。合议组查明，证据 13 是在提出无效宣告请求之日起 1 个月后补充提交的，既不是针对专利权人以合并方式修改权利要求，也不是针对专利权人提交的反证；同时，该证据为专利文献，既不属于《审查指南 2006》规定的公知常识性证据，也非用于完善证据法定形式的证据。因此合议组认为，该证据的提交超出举证期限，合议组不予考虑。第二请求人在口头审理时当庭补充提交证据 H，即《中国大百科全书·化学 I》，拟用该证据证明重结晶的定义。专利权人认为该证据的提交超出举证期限。合议组查明，证据 H 是一本技术词典，属于《审查指南 2006》规定的公知常识性证据。根据《审查指南 2006》的相关规定，对于请求人在口头审理辩论终结前提交的上述证据 H 作为公知常识性证据，合议组予以考虑。

【案件分析】

本案比较完整地呈现出了无效宣告程序的举证期限的规定。第一请求人提交的证据适用请求人的一般举证期限，而第二请求人的证据则适用特别的举证期限，下文中还会有详细的介绍。

2　专利权人的一般举证期限

对于专利权人来说，专利权人的举证时限只有一种情况，就是在专利复审委员会指定的答复期限内提交证据。根据《专利审查指南 2010》第四部分第三章第 4.3.2 节的规定，专利复审委员会在受理无效宣告请求后，会将无效宣告请求书转送给专利权人，并且指定 1 个月的答复期限，而这 1 个月的答复期限，则是专利权人遇到的第一次举证期限，下面就是一个具体例子。

【案例 11 - 37】

本案例引自第 14120 号无效宣告决定。

本案中，专利复审委员会于 2009 年 4 月 23 日向专利权人发出了无效宣告请求受理通知书，同时将无效宣告请求人提交的无效宣告请求书及相关附件转送专利权人，并告知专利权人应当在收到无效宣告请求受理通知书之日起 1 个月内答复，而专利权人提交反证 1~5 的时间为 2009 年 7 月 23 日，超出了 1 个月的举证期限，故合议组对于反证 1~5 不予接受。

【案例分析】

对于专利权人而言，满足举证期限的要求尤其重要。对于请求人一方来说，如果请求人错过了举证期限，其还有机会就这些证据重新提起无效宣告请求作为弥补；而对于专利权人来说，如果错失了期限，那么可能导致专利权无效而永远失去了使用这些证据的机会。因此专利权人的代理人如果事先发现有需要提交的证据而不能在举证期限内提交，一定要向专利复审委员会提出延期举证请求。

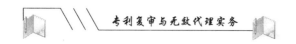

3 提交外文证据的中文译文的期限

外文证据的中文译文的举证期限同时适用于请求人和专利权人。根据《专利审查指南2010》第四部分第三章4.3.1节以及第四部分第八章第2.2.1节的规定，如果当事人提交的证据是外文的，应当提交中文译文，其提供中文译文的期限适用该证据的举证期限，未在举证期限内提交中文译文的，该外文证据视为未提交。而且，当事人应当以书面方式提交中文译文，未以书面方式提交中文译文的，该中文译文视为未提交。此外，当事人可以仅提交外文证据的部分中文译文。该外文证据中没有提交中文译文的部分，不作为证据使用。但当事人应专利复审委员会的要求补充提交该外文证据其他部分的中文译文的除外。

【案例11-38】

本案例引自第14326号无效宣告决定。

本案中，证据1是本案的主要对比文件，专利复审委员会认为证据1是专利号为49910668.7的德国外观设计专利授权公告文本，加盖有"国家知识产权局专利检索咨询中心副本认证专用章"。无效宣告请求人提交了证据1的原件，但是由于无效宣告请求人并未在举证期限内提交证据1的中文译文，因此，证据1视为未提交。

【案例分析】

外文证据的中文译文提交期限与该外文证据的提交期限是相同的，这一点在实践中容易与复印件及原件的举证期限相混淆，需要特别注意。

4 请求专利复审委员会调查收集证据的期限

请求人和专利权人可以请求专利复审委员会收集证据，根据《专利审查指南2010》第四部分第八章第3节的规定，专利复审委员会一般不主动调查收集审查案件需要的证据。对当事人及其代理人确因客观原因不能自行收集的证据，当事人应该在举证期限内提出申请，专利复审委员会认为确有必要时，可以调查收集。下面的案例展示了本规定在实践中的具体运用情况。

【案例11-39】

本案例引自第14206号无效宣告决定。

本案中，请求人请求专利复审委员会进行现场勘验。请求人在口头审理通知书的回执中以及口头审理当庭均明确提出可以进行现场勘验，并于口头审理之后再次向合议组提交了现场勘验请求书。对于无效宣告请求人提出的现场勘验请求，合议组认为，请求人在现场勘验请求书中明确了需要勘验的产品是请求人在中国进口并销售的产品，但请求人提交的相关证据均无法证明其在中国进口并销售了该产品；此外，需要现场勘验的产品何时进口、何时销售都缺少相关的证据加以证明。因此，综合考虑

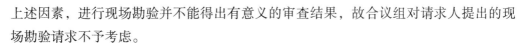

上述因素，进行现场勘验并不能得出有意义的审查结果，故合议组对请求人提出的现场勘验请求不予考虑。

【案例分析】

本案的重点在于示例勘验请求的期限。本案的请求人多次提出勘验请求，而且第一次勘验请求是在举证期间提出的，符合程序要求，因此专利复审委员会对该勘验请求进行了实体审查。当然，专利复审委员会对是否进行现场勘验有最后决定权，驳回请求人的勘验请求并不违反法律的规定。

5　提交公知常识性证据及完善证据形式的期限

对于公知常识性证据以及用于完成形式要件的公证文书和原件、物证的原物等证据，根据《专利审查指南 2010》第四部分第三章和第八章的规定，可以在口头审理辩论终结前提交。这里值得注意的是，所谓口头审理辩论终结，根据《专利审查指南 2010》第四部分第四章第 5.3 节的规定，是在双方当事人的辩论意见表达完毕后，由合议组组长宣布辩论终结，并且由双方当事人作最后的意见陈述。因此这个时间点包括三个要素：①辩论终结是在口头审理的第三阶段也就是口头审理辩论阶段宣布的；②是合议组组长宣布的；③必须是口头审理辩论"终结"。缺乏上述任何一个要素，都可能导致口头审理辩论没有终结。

【案例 11 - 40】

本案例引自第 12872 号无效宣告决定。

本案中，请求人当庭提交了北京市正阳公证处出具的公证书作为证据 12，专利权人认为该证据超过了自无效宣告请求日起 1 个月的举证期限，不应接受。对此，合议组认为，无效宣告请求人提交的附件 12 是用于完善证据法定形式的公证书，属于审查指南规定的 1 个月举证期限的例外情况，可在口头审理辩论终结前提交，故可以接受作为本案的证据使用。

【案例分析】

本案例与案例 11 - 36 相结合可以看出举证期限在无效程序中的重要性。

6　证人证言的举证期限

对于证人证言，请求人和专利权人应该在上文提到的期限内提交书面证言。对于出具过证言的证人出庭作证的，根据《专利审查指南 2010》第四部分第四章第 10 节的规定，必须在口头审理通知回执中声明，并且写明该证人的姓名、工作单位（或者职业）和要证明的事实，否则该证人的出庭要求可以不予允许。

【案例 11 - 41】

本案例引自第 12722 号无效宣告决定。

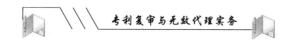

本案中，请求人在口头审理通知书回执中提出由李某和孟某出庭作证。合议组当庭告知双方当事人，由于李某在口头审理之前未出具过证人证言，因此，请求人提出由李某出庭作证违反了《审查指南2006》关于举证期限的规定，不接受李某出庭作证。由于孟某是海之歌印刷公司的经理，取得了海之歌印刷公司的授权，并且请求人在提出无效宣告请求时提交了由海之歌印刷公司出具的证人证言，因此，准许孟某出庭作证。

【案例分析】

本案的两个证人证言在口头审理程序中的不同待遇，再次体现了遵守举证期限规定的重要性。

第11章

第12章　无效宣告请求书的撰写

无效宣告请求书是无效宣告请求人请求专利复审委员会宣告某件专利权无效的法律文书。根据《专利法》及其实施细则的规定，提交无效宣告请求书是启动专利权无效宣告程序的前提条件，没有无效宣告请求书，就不能启动专利权无效宣告程序和宣告专利权无效。

《专利法实施细则》第65条规定："依照专利法第45条的规定，请求宣告专利权无效或者部分无效的，应当向专利复审委员会提交无效宣告请求书和必要的证据一式两份。无效宣告请求书应当结合提交的所有证据，具体说明无效宣告请求的理由，并指明每项理由所依据的证据。"

代理人在撰写无效宣告请求书时，应当针对专利文件进行准确、具体的分析，具体指明其中存在何种不符合《专利法》及其实施细则相关规定的缺陷，并从事实出发，结合证据，详细论述不符合有关规定的理由。此外，无效宣告请求书应当用词规范，有理有据，条理清晰，不强词夺理；避免仅仅提出请求宣告无效的主张而没有针对性的理由，或者仅仅罗列有关证据而没有具体分析说理。

本章针对如何撰写无效宣告请求书进行详细说明。

第1节　对案件事实和法律的分析

在撰写无效宣告请求书时，首先应当从案件事实出发，针对专利文件进行准确、具体的分析，依据事实和证据具体指明涉案专利文件存在哪些不符合《专利法》及其实施细则有关规定的缺陷。

1　选择与确定无效宣告理由

无效宣告理由是《专利法实施细则》规定的法定理由。在具体选择无效宣告理由时，应当结合案件事实依据《专利法》及其实施细则以及审查指南的规定作出分析。

1.1　对案情的了解

为确定无效宣告理由，代理人首先应当对受委托案件的具体情况有充分的了解。

（1）无效宣告请求的目的

如果目的是涉案专利权被宣告部分无效，那么要根据部分无效的权利要求进行相

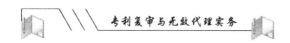

应的准备。如果目的是涉案专利权被宣告全部无效，那么要针对保护范围较小的权利要求进行相应的准备。

（2）专利当前的法律状态

法律状态包括：专利权处于有效期内并处于有效状态、因届满而终止、因未缴纳年费而终止、已经被宣告全部无效或部分无效、专利权转移、专利实施许可、处于无效宣告程序中等。

（3）已经取得的证据材料

对于已经取得的证据材料需要进行核实、甄别，剔除不能满足证据形式要件要求的证据材料。有些证据材料可能需要进行证据形式的补足，包括公证认证等。

（4）专利审查历史资料

对于专利审查历史资料，应当分析专利权人曾作过的主动修改、各次审查意见通知书及相应的修改和意见陈述等。

（5）本专利在先无效宣告请求或行政诉讼情况

如果有在先的无效宣告决定，则应当考虑其中的无效宣告理由和证据及其所针对的权利要求。基于一事不再理原则，以相同的证据和理由再次提出无效宣告请求可能导致专利复审委员会不予受理。

（6）是否有相关的专利侵权诉讼

如果存在相关的专利侵权诉讼，那么无效宣告理由的选择应当兼顾专利侵权诉讼。

1.2 确定无效宣告理由

在确定无效宣告理由时，有多种考虑因素，代理人可以根据具体案情和无效宣告请求的目的来选择无效宣告理由。

（1）不同的无效宣告理由出现的频率和在无效宣告决定中作为宣告专利权全部无效或部分无效的定案依据的情况均不相同

下面给出一些大致的分析，代理人可以在确定无效宣告理由时作为参考。

使用最频繁的无效宣告理由是发明和实用新型缺乏新颖性和创造性。而且，在已审结的无效宣告案件中，这类理由比其他理由的成功率高。由此可知，代理人需要重点挖掘涉及新颖性、创造性的理由。

涉及权利要求书和说明书自身缺陷的理由（例如，《专利法实施细则》第20条第2款、《专利法》第26条第3款和第4款、《专利法》第33条等）的出现频率也比较高，但是在无效宣告决定中作为宣告专利权全部无效或部分无效的定案依据的比率低于缺乏新颖性、创造性的理由。

以属于《专利法》第5条或第25条不授予专利权的客体或者不符合《专利法》第2条有关发明、实用新型或外观设计定义为理由提出无效宣告请求的情况比较少见，其他理由的情况更少。

（2）列出所有可选择的理由

针对可能涉及多个无效宣告理由的案件，由于可以采用的无效宣告理由是穷尽性的，代理人在选择理由时，可以将所有的可选择的无效宣告理由制作成列表，然后逐一审核每项理由是否适用于本案，以直观、全面地选择并确定无效宣告请求的理由。这样可以避免遗漏可选择的无效宣告理由。

（3）从众多理由中找出最强或最致命的理由作为主攻理由

在无效宣告案件中，往往涉及多个理由。有些请求人可能希望代理人提出尽可能多的理由，并认为理由越多，成功可能性越大。从理论上讲，尽可能地提出全部可能的理由固然成功的几率增大，但是，事实上，无效宣告请求成功的关键仅在于提出一个充分的理由，即只要理由充分，一个就足够了。因此，多个有一定威胁的理由不如一个充分的理由更有攻击力。

因此，对于涉及多个可能的无效宣告理由的案件，代理人不仅仅需要考虑如何全面地提出无效宣告理由，更重要的是，分析其中的哪个理由或者哪几个理由是最强的，并且，围绕最强的理由充分论述和准备证据。没有必要对这些理由等量齐观、逐一试之，应避免缺乏重点。

（4）对于涉及多个无效宣告理由的案件，在各个理由的撰写顺序上，需要考虑各个理由之间是否有影响或配合关系以及各个理由的攻击力

在各个理由的撰写顺序上，通常将涉及保护客体的理由（例如《专利法》第 2 条、第 5 条和第 25 条）以及涉及权利要求书和说明书自身缺陷的理由（《专利法实施细则》第 20 条第 2 款、《专利法》第 26 条 3 款和第 4 款、《专利法》第 33 条等）放在涉及新颖性和创造性理由（《专利法》第 22 条第 2 款和第 3 款）之前。

例如，对于权利要求的保护范围不清楚的理由，专利权人通常需要对权利要求的内容作出解释，而这些解释有可能能够被无效宣告请求人在后续的涉及新颖性和创造性的理由中加以利用。

在撰写技巧上，出于对各个理由的攻击力的考虑，最直接的方式是将最强的理由放在无效宣告请求书的靠前部分。在最强的理由下面可以设置小标题行，将重要观点以标题的形式列明，这样有助于合议组理解各个段落所要论述的问题。对于引用对比文件中关键的公开内容，可以用粗体字或加横线来强调其为重点内容。

因此，在各个理由的撰写顺序上，代理人需要综合考虑案情和无效宣告请求的目的来确定。

（5）突出重点

实践中有些代理人会将新颖性、创造性和实用性三者同时提出，但从效果来看，无效宣告请求案件以不具备实用性为理由取得成功的极少。在无效宣告请求案件中，请求人多半是因为与专利权人有侵权纠纷或者技术转让纠纷才提出无效宣告请求的。从理论上来讲，可以说一件完全不具备实用性的专利，不会与第三人发生侵权或技术

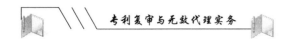

转让纠纷，所以一般而言没有必要将精力花费在这个成功机会很小的理由上。

【案例 12 – 1】

本案例引自第 17174 号无效宣告决定。

请求人提交的证据包括：

证据 1：专利号为 US6327944B1 的美国发明专利，授权公告日为 2001 年 12 月 11 日，复印件共 17 页；

证据 2：请求人声称的 AMP 压线钳说明材料及附图，公开日为 1983 年 4 月 20 日，复印件共 13 页；

证据 3：授权公告号为 CN2280606Y 的中国实用新型专利，授权公告日为 1998 年 5 月 6 日，复印件共 9 页；

证据 4：专利号为 US4719789 的美国发明专利，授权公告日 1988 年 1 月 19 日，复印件共 7 页；

证据 5：授权公告号为 CN2493367Y 的中国实用新型专利，授权公告日为 2002 年 5 月 29 日，复印件共 11 页；

证据 6：授权公告号为 CN2412706Y 的中国实用新型专利，授权公告日为 2001 年 1 月 3 日，复印件共 14 页；

证据 7：请求人声称的德国行业标准 DIN41641 及其中文译文，公开日为 1983 年 1 月，复印件共 20 页；

证据 8：专利号为 US5211050 的美国发明专利及其中文译文，授权公告日为 1993 年 5 月 18 日，复印件共 15 页；

证据 9：请求人声称的购买证据 2 的 Certi – Lok 手动压线钳产品的收据，彩色复印件共 1 页；

证据 10：请求人声称的 TYCO Electronics 公司官网介绍历史信息的网页，复印件共 3 页；

证据 11：《新专利法详解》，国家知识产权局条法司著，2006 年 3 月第五次印刷，封面、封底以及第 171～172 页，复印件共 4 页。

请求人提出的无效宣告理由包括：

① 权利要求 1～5 保护范围不清楚，不符合《专利法实施细则》第 20 条第 1 款的规定。

② 权利要求 1 相对于证据 1 不具备新颖性；权利要求 2 相对于证据 1 不具备新颖性，相对于证据 1、证据 3 的结合不具备创造性；权利要求 3 相对于证据 1、证据 8 的结合不具备创造性，同时相对于证据 1 不具备新颖性，相对于证据 1、证据 4 的结合不具备创造性；权利要求 4 相对于证据 1、证据 8 的结合不具备创造性，相对于证据 1 不具备新颖性，相对于证据 1、证据 5 的结合不具备创造性；权利要求 5 相对于证据 1、证据 6 结合不具备创造性，相对于证据 1 不具备新颖性。

③ 权利要求 1 相对于证据 2 不具备新颖性；权利要求 2 相对于证据 2 不具备新颖性；权利要求 3 相对于证据 2、证据 8 的结合不具备创造性，相对于证据 2 不具备新颖性；权利要求 4 相对于证据 2、证据 8 的结合不具备创造性，相对于证据 2 不具备新颖性；权利要求 5 相对于证据 2 不具备新颖性。

④ 权利要求 1 相对于证据 7 不具备新颖性；权利要求 2 相对于证据 7 不具备新颖性；权利要求 3 相对于证据 7、证据 8 的结合不具备创造性；权利要求 4 相对于证据 7、证据 8 不具备创造性；权利要求 5 相对于证据 7 不具备新颖性。

专利复审委员会以权利要求 1～5 不清楚宣告专利权全部无效。

【案例分析】

（1）证据准备和分析

在案件准备过程中所取得的证据一般总是比所提交的证据要多很多。案件处理中需要决定证据的取舍。代理人需要从各个角度分析从而向委托人提出建议。很多情况下，委托人认为非常重要的证据在案件中所实际起到的作用并不大，特别是公开使用的证据。本案中，请求也考虑过公开使用的证据，但是公开使用的证据若要形成完整的证据链并不容易，因此最后放弃准备公开使用证据。证据 2 是产品说明书，公开的内容如果得到认定，那么专利不具备新颖性和创造性的理由被支持的可能性将非常高，然而，该证据并非一般的公开出版物如书籍、专利文献等，因此请求人还提交了证据 9 来佐证证据 2 的来源；证据 10 用于佐证证据 2 的说明书至少公开于 1999 年，确切地说，证据 2 的公开日期是 1983 年 4 月 20 日；证据 11 用以说明随 AMP 公司的产品公开发行的说明书属于专利法所述的公开出版物，可以作为现有技术来评价权利要求的新颖性和创造性。由于证据 2 是否被专利复审委员会认定为公开出版物并不确定，因此代理人在准备无效宣告理由时，并未重点依赖于此证据。

（2）无效宣告理由的选取和确定

对于无效宣告请求的法定理由，请求人应逐一进行分析，核实是否有证据支持这些理由。对于有证据支持的无效宣告理由，都应当进行仔细考虑，分析其成功的可能性。可按照表 12 - 1 顺序逐一确定无效宣告理由。

表 12 - 1　无效宣告请求的法定理由

无效宣告理由	权项	考虑权重	备　　注
修改超范围（法 33 + 细则 43）	1～5	0	审查历史
公开不充分（法 26.3）	1～5	0	
权利要求得不到说明书支持（法 26.4）	1	2	说明书
权利要求不清楚（法 26.4）	1～5	4	说明书
缺少必要技术特征（细则 20.2）	×	×	说明书

续表

无效宣告理由	权项	考虑权重	备　　注
不具备新颖性（法22.2）	1~2	4	证据2认定较难，证据1及证据3~证据8
	3~5	3	证据2认定较难，证据1及证据3~证据8
不具备创造性（法22.3）	1~5	4	证据2认定较难，证据1及证据3~证据8
法2、法5、法25、法20.1	×	×	×
法9	×	×	×

基于对无效宣告理由和证据的分析，对无效宣告理由进行了取舍。权利要求得到说明书支持的理由不够强，因此舍弃了该理由。权利要求不清楚以及权利要求不具备新颖性和创造性的理由都相对比较强。

（3）重要无效宣告理由的着重阐述

在这些无效宣告理由中，创造性的理由选择了多种组合方式。这些组合方式尽管是并列地向专利复审委员会提交的，但是，在请求书、补充意见以及口头审理中都是有重点的。本案中，请求人的侧重点是权利要求不清楚。对此，请求人在补充意见中进行了重点阐述：

权利要求1的技术特征为："两片状压合部分别在两片体以横向的贯孔提供一嵌结块两端结合，两嵌结块相对外侧各设一卡结部，配合两夹块在外侧一较窄的结合部向后延伸一片内侧凹设卡槽的卡结块，并使卡结块与夹块本体之间形成一套槽，分别与压合部两嵌结块套组使卡结部与卡槽嵌结定位组合。"

1. 对于技术特征"两片状压合部分别在两片体以横向的贯孔提供一嵌结块两端结合"，本领域技术人员无法清楚理解"两片状压合部"如何提供"两端结合"这一操作动作，对于"两端结合"，本领域技术人员也无法理解哪个部件能够两端结合以及两端结合到哪个部件。

2. 对于技术特征"两嵌结块相对外侧各设一卡结部"，由于前一句仅限定"一嵌结块"，所以本领域技术人员无法清楚理解"两嵌结块"中除了上述"一嵌结块"以外的另一个嵌结块设置在什么位置。同时，本领域技术人员也无法得知"两嵌结块相对外侧"是指哪一侧，由此无法得知"一卡结部"所处的位置。

这些阐述将权利要求具体哪里不清楚都一一指明，有助于促使专利复审委员会以权利要求不清楚宣告专利权全部无效。

2　针对不同无效宣告理由的分析

下面从无效宣告理由入手来说明如何分析案件事实，特别是如何将无效宣告理由应用到具体的案件事实中。

2.1　专利不具备新颖性的分析

（1）新颖性的法律规定及其解释（《专利法》第 22 条第 2 款）

（2）明确该理由涉及的权利要求

（3）明确针对每一项权利要求所使用的证据

最常见是申请日之前的公开出版物，有时候也会涉及申请日之前使用公开的证据。虽然申请日之前以其他方式公开的证据和在先申请在后公开的中国专利申请文件也属于可采用的证据，但是在实务中很少出现。

（4）针对每一份证据，确定该证据所公开的与本案相关的内容是什么

说明所引用证据内容的具体出处，包括在证据文字部分的记载位置以及所使用的附图标号，有中文译文的直接指出所引用内容在译文中出现的位置；在描述方式上应当区分在证据中有直接文字记载的内容，以及文字部分虽没有涉及但认为从文字及附图中能够毫无疑义地得出的内容。

（5）对比权利要求与证据所公开的内容

a. 技术方案

权利要求和证据中用语相差较大时，应明确二者之间的对应关系。当存在区别，但认为区别是惯用技术手段的直接置换时，应说明理由；权利要求中存在多个必须分开的并列技术方案时，应分别进行评述，例如，可以采用列表对比方式来表明权利要求中的特征与证据中的技术内容之间的对应关系。

b. 所属技术领域

c. 解决的技术问题

d. 技术效果

（6）给出结论性意见

2.2　专利不具备创造性的分析

（1）创造性的法律规定及其解释（《专利法》第 22 条第 3 款）

（2）明确该理由涉及的权利要求

（3）明确针对每一项权利要求所使用的最接近的现有技术证据

最接近的现有技术证据包括：申请日之前的公开出版物、申请日之前使用公开的证据、申请日之前以其他方式公开的证据。

若所提供证据为多篇对比文件，首先应当指明与请求宣告无效的技术方案最接近的对比文件，并说明其对比方式：单独对比还是结合其他对比文件或结合公知常识进行对比；对于结合对比，存在两种或者两种以上结合方式的，还应当指明其具体结合方式。

（4）最接近对比文件所公开的内容

直接使用对比文件中的用语，避免使用涉案权利要求中的用语来描述对比文件公

第12章

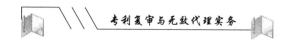

开的内容；说明所引用内容的具体出处，包括在对比文件文字部分的记载位置以及所使用的附图标号，有中文译文的直接指出所引用内容在译文中出现的位置；在描述方式上应当区分在对比文件中有直接文字记载的内容，以及文字部分虽没有涉及但认为从对比文件文字或图中能够毫无疑义地得出的内容。

（5）权利要求与最接近对比文件所公开内容的对比

例如可以采用列表对比方式来表明权利要求中的特征与证据中的技术内容之间的对应关系；找出权利要求的区别技术特征，然后根据该区别技术特征所能达到的技术效果确定发明实际解决的技术问题。

（6）对权利要求的技术方案是否显而易见的分析

现有技术整体上存在某种技术启示，即现有技术给出了将上述区别特征应用到该最接近对比文件以解决其存在的技术问题的启示。其中：

a. 当区别技术特征是公知常识时，通过详细说理或者引入公知常识性证据的方式说明公知常识。

b. 当区别技术特征为与最接近对比文件相关的技术手段，即同一篇对比文件公开了相关的技术内容时，具体分析从相关技术内容想到区别技术特征的理由。

c. 当区别技术特征为另一篇对比文件所公开的内容时，另一篇对比文件与最接近对比文件结合的具体分析，包括：

① 另一篇对比文件公开的内容是什么，包括具体位置和附图标记等。

② 另一篇对比文件技术领域及解决的技术问题是什么。

③ 区别技术特征在另一篇对比文件中所起的作用是什么。

④ 是否存在与所述最接近的对比文件结合的障碍，结合的理由及结合的结果是什么。

（7）给出结论性意见

2.3 说明书公开不充分的分析

（1）法律规定及相关解释（《专利法》第26条第3款）

（2）权利要求的技术方案、要解决的技术问题

（3）针对要解决的技术问题，指出说明书中哪里不清楚，分析为何导致无法实现

常见的无法实现的情况包括：只给出任务或设想，未给出能够实施的技术手段；给出的是含糊不清的技术解决手段；给出的手段不能解决技术问题；方案必须依赖实验结果加以证实才能成立。

（4）给出结论性意见

需要注意的是，充分公开中的"能否实现"取决于说明书的公开程度，即不能实现是由于说明书没有充分公开所需的技术内容而导致本领域技术人员不能实现。

2.4 权利要求得不到说明书支持的分析

（1）法律规定及相关解释（《专利法》第 26 条第 4 款）

（2）权利要求的内容、权利要求的技术方案要解决的技术问题

（3）指出权利要求中得不到说明书支持所体现的具体技术特征

（4）描述说明书对相关内容的记载

（5）结合说明书对相关内容的记载以及本领域技术人员所应具有的普通技术常识，具体分析本领域技术人员无法预期，权利要求的技术方案均能解决所述技术问题的理由。

（6）给出结论性意见。

2.5 权利要求保护范围不清楚的分析

（1）法律规定及相关解释（《专利法》第 26 条第 4 款）

（2）具体指出权利要求中存在的不清楚的内容

（3）具体分析该内容为何导致权利要求保护范围不清楚

（4）给出结论性意见

2.6 修改超范围的分析

（1）法律规定及相关解释（《专利法》第 33 条、《专利法实施细则》第 43 条第 1 款）

2010 年第三次修改的《专利法实施细则》新增了第 43 条第 1 款这一无效宣告理由，这是一个重要的无效宣告请求理由，分案申请的修改基础是母案原申请记载的范围，往往可能存在修改超范围的问题。

（2）原申请文件公开的相关内容是什么

（3）指出权利要求书或说明书（分案申请）中哪些修改内容超范围

（4）与原申请文件进行对比，分析说明所修改的内容未记载在原说明书和权利要求书中，同时也不能从原说明书和权利要求书记载的内容中直接地、毫无疑义地确定的理由

（5）对于说明书修改超范围的，分析为何所述修改影响到权利要求的保护范围

（6）给出结论性意见

2.7 权利要求缺少必要技术特征的分析

（1）法律规定及相关解释（《专利法实施细则》第 20 条第 2 款）

（2）指出涉案专利所要解决的技术问题（发明目的）

（3）结合说明书的整体内容，考虑说明书对发明效果的描述，进而明确涉案专利为解决技术问题所采取的技术手段

（4）具体分析哪些技术特征是解决该技术问题的必要技术特征

（5）给出结论性意见

需要注意的是，必要技术特征是指发明或者实用新型为解决其技术问题所不可缺少的技术特征，其总和足以构成区别于背景技术的其他技术方案。必要技术特征的判断应从所要解决的技术问题出发，并考虑说明书描述的整体内容，不应简单地将优选实施例中的技术特征直接认定为必要技术特征。

2.8 权利要求要求保护的方案不属于保护客体的分析

（1）法律规定及相关解释（《专利法》第 2 条、第 25 条）

（2）三要素分析：技术手段，解决的技术问题，产生的技术效果

（3）给出结论性意见

需要注意的是，《专利法》第 2 条中"新的技术方案"是对专利客体的一般性定义，不是判断发明或实用新型"三性"的具体审查标准。

对于发明或实用新型，依据该法条主要判断是否属于保护客体。新颖性、创造性和实用性应当依据《专利法》第 22 条提出无效宣告请求。

3 在案件事实和法律分析中应注意的问题

在分析案件事实和撰写无效宣告请求时，需要注意的是，既要重点突出、说理透彻，也应注意不要对可能的无效宣告理由有所遗漏。通常，在分析案件事实的过程中，代理人应注意以下几点。

（1）除非使用抵触申请为证据否定新颖性，应同时指出缺乏创造性

认定发明和实用新型缺乏新颖性只能以一篇对比文件进行对比，而认定发明和实用新型不具备创造性时则既可以将两篇或两篇以上对比文件结合起来分析，也可以将一篇对比文件和公知常识结合起来进行分析。尤其对于隐含公开的情况，如果证明缺乏新颖性不成功，还可以争辩涉案专利不具备创造性。

（2）核实优先权

证据中包括优先权日和申请日之间的专利文献的情况下，应当注意核实涉案专利的优先权。如果涉案专利不能享受优先权，那么本来只能作为抵触申请用于评价专利新颖性的证据有可能会成为一般的现有技术，从而可以用来评价创造性。另外，抵触申请的优先权也应当予以核实。

【案例 12 - 2】

本案例引自第 WX1090 号无效宣告决定。

涉案专利的优先权日为 1985 年 5 月 2 日，但该优先权是否享有涉及界定现有技术的时间点，直接影响本专利新颖性和创造性的判断。因此，在无效程序中请求人提交的宣告该专利无效的对比文件公开日在该优先权日和专利申请日之间，并且对该专利享有的优先权提出异议时，专利复审委员会对该专利是否享有优先权有必要予以审查。考察优先权文本时发现，其发明主题是制造形成一种八边形烟盒坯料的机器，虽

然优先权文本中也揭示了若干有关八边形烟盒坯料的技术信息，但是权利要求 1 所述香烟盒的必要技术特征围衬，特别是体现在该围衬上的本发明的主要发明点纵沿都制成斜角等技术内容并无记载，本领域技术人员在一般情况下虽然能确定用优先权文本所述八边形烟盒坯料制成的八边形烟盒应该有围衬，而且该围衬的纵沿也可以制成斜角以便与盒盖相配合，但这不是围衬形状的唯一选择，例如该围衬的纵沿可以制成弧形。正是围衬可能的形状的不唯一性，使得本领域技术人员阅读优先权文本时不能确定该围衬的具体形状，特别是权利要求 1 所述香烟盒的必要技术特征围衬的具体形状。在该形状属于本发明主要发明点的前提下，合议组对被请求人认为本专利应当享有优先权的主张不予支持，评价本专利新颖性和创造性所依据的现有技术的时间界限应为本专利的申请日。涉案专利由于不能享有优先权，因此，在优先权日和专利申请日之间的对比文件是现有技术。

【案例分析】

本案中，无效宣告请求人找到了在涉案专利优先权日和专利申请日之间的对比文件（P 类文件）。这类对比文件能否构成现有技术就取决于涉案专利是否能够享有优先权。

优先权核实的起点是涉案专利的权利要求，如果权利要求所限定的技术方案在优先权文本（全部文件）中均已记载，那么其可以享有优先权。如果权利要求所限定的技术方案在优先权文本中没有记载，则不能享有优先权。本案中，涉案专利权利要求 1 中围衬纵沿斜角的结构在优先权文本中均未记载，因此不能享有优先权。

并非在每个案子中都需要核实优先权，只有在检索到 P 类现有技术的情况下才有必要。这也给我们一个启示，即在进行检索的过程中，不能忽略涉案专利优先权日和专利申请日之间的对比文件。

另外，核实优先权时还要特别注意其优先权文本是否为首次申请。优先权基础不是首次申请的，不能享受优先权。由于专利的不同权利要求可以要求多项不同优先权，或要求部分优先权，因此，应当核实涉案专利的每一项权利要求，以便确定哪些可以享有优先权、哪些不能享有优先权。

【案例 12 - 3】

本案例引自第 19037 号无效宣告决定。

本案例涉及专利号为 201020270686.3、申请日为 2010 年 7 月 22 日的实用新型专利。请求人提交了证据 1：申请日为 2010 年 8 月 4 日、优先权数据为"2009903639 2009.08.04 AU"、申请公布日为 2011 年 11 月 30 日、申请公布号为 CN102264065A 的发明专利申请说明书全文复印件，共 20 页。专利权人提交了反证 1：2009 年 8 月 4 日提交的、澳大利亚专利申请 AU2009903639（即请求人提交的证据 1 的优先权文件），共 27 页。

合议组认为：反证 1 与证据 1 相比，反证 1 仅仅记载证据 1 中附图 1～附图 12 所示的第一实施例，而没有记载证据 1 中附图 13 ~ 附图 15 所示的第二实施例。因此证据 1 只能享有部分优先权，即其中附图 1 ~ 附图 12 所示的第一实施例内容可以享有优先权，而附图 13 ~ 附图 15 所示的第二实施例内容不能享有优先权。合议组认定：证据 1 中附图 1 ~ 附图 12 所示并在说明书中详细说明的第一实施例可以享有优先权，其优先权日早于本专利的申请日，公开日晚于本专利的申请日，该部分内容可以作为抵触申请评价本专利的新颖性；而证据 1 中附图 13 ~ 附图 15 所示并在说明书中详细说明的第二实施例不能享有优先权，证据 1 中记载的该部分内容不能用来评价本专利的新颖性。

【案例分析】

本案的抵触申请享有部分优先权，这是由于在中国提交申请时又追加了附图 13 ~ 附图 15 所示的第二实施例。这部分新追加的技术方案不能享有优先权，且由于其在中国的申请日 2010 年 8 月 4 日晚于涉案专利申请日 2010 年 7 月 22 日，因此其不能用来评价涉案专利的新颖性。

可见，代理人在检索到抵触申请时，还要注意抵触申请本身的优先权信息以及优先权文本的内容。

（3）对于有交叠的多个无效宣告理由，应当避免遗漏

无效宣告理由的法律依据所规定的内容、法律适用条件各不相同，但有时它们是有关联的，对某一具体事实来说可能会适用其中不止一个条款。对于有交叠的多个无效宣告理由，应当避免遗漏，将各个理由均一一指明。

第 2 节　无效宣告请求书的主要内容和格式

无效宣告请求书应当采用国家知识产权局规定的表格，并填写表格中的有关内容。对无效宣告理由的具体阐述是无效宣告请求书的主要部分，通常采用请求书正文的方式提交。这部分内容一般按照"三段式"格式撰写，包括起始部分、论述部分和结论部分。❶

1　起 始 部 分

1.1　无效宣告请求的对象

在请求书正文的起始部分，首先应当说明该无效宣告请求是针对哪一项专利提出的，以及该专利的概要情况。通常可采用下列格式句：

请求人×××根据《专利法》第 45 条和《专利法实施细则》第 65 条的规定，针

---

❶　李超，吴观乐. 专利代理实务分册［M］. 北京：知识产权出版社，2011：295 ~ 296.

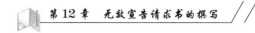

对第×××号发明（或实用新型）专利提出无效宣告请求，该专利申请日为×年×月×日，优先权日为×年×月×日，专利权人为×××，名称为"×××"。

1.2　无效宣告请求的范围和理由以及所依据的证据的简要陈述

无效宣告请求的范围、理由以及所依据的证据是彼此联系的，因此，简要陈述部分的主要目的是明确三者的联系和对应关系。

1.2.1　无效宣告请求的范围

《专利审查指南2010》第四部分第三章第3.3节第（1）项规定："无效宣告请求书中应当明确无效宣告请求范围，未明确的，专利复审委员会应当通知请求人在指定期限内补正；期满未补正的，无效宣告请求视为未提出。"

由此可见，无效宣告请求的范围是无效宣告请求书中不可缺少的内容。代理人在撰写无效宣告请求书时必须写明无效宣告请求的范围。所谓"无效宣告请求的范围"，是指主张专利权利要求全部无效还是部分无效。如果主张部分无效，应当明确主张哪项或哪些项权利要求无效。

对于以违反法律、未经保密审查向国外申请专利等理由提出无效宣告请求的，尽管无效宣告程序的审查内容主要是说明书，但是由于专利权人主张权利根据的是权利要求，因此，无效宣告请求的范围最终还是指向权利要求。

当请求人以专利申请文件的修改不符合《专利法》第33条的规定、说明书公开不充分从而不符合《专利法》第26条第3款为由请求宣告专利权无效时，如果这样的缺陷仅涉及部分权利要求所要求保护的技术方案，则专利复审委员会仅宣告那些受到影响的权利要求无效，维持其余权利要求有效。

【案例12－4】

一项专利包括装置权利要求1～3和方法权利要求4～6。该专利在审查过程中，申请人曾对说明书进行修改，其修改的内容仅仅涉及方法权利要求4～6的技术方案。

无效宣告请求人以说明书的修改超出原始记载范围为理由提出无效宣告请求，请求宣告全部权利要求无效。

专利复审委员会认为：申请人针对说明书的修改仅涉及对应方法权利要求4～6的技术方案，而且说明书对装置的结构记载清楚。针对说明书的修改不影响权利要求1～3所限定的关于装置的保护范围。因此宣告权利要求4～6无效，而维持权利要求1～3有效。

【案例分析】

无效宣告程序实质上是针对权利要求的，因此尽管无效宣告的法定理由看起来是针对说明书的，但无效宣告请求的范围仍然指向权利要求。

在针对引用关系比较复杂的从属权利要求明确无效宣告请求范围时，可能出现一些特殊情况。例如，当权利要求4引用权利要求2或权利要求3时，那么请求宣告权利要求 4 引用权利要求 2 的技术方案无效所依赖的理由和证据,可能与权利要求 4 引用权利要求 3 的技术方案的不同。如果请求人确认提出请求宣告权利要求 2 无效,而未请求宣告权利要求 3 无效,那么,针对权利要求 4 而言,只能请求宣告权利要求 4 引用权利要求 2 的技术方案无效,而不能请求宣告权利要求 4 引用权利要求 3 的技术方案无效。此时,无效宣告请求的范围就应当是权利要求 4 引用权利要求 2 的技术方案,而不是概括的权利要求 4。因此,大部分情况下,无效宣告请求的范围是"权利要求×";个别情况下,无效宣告请求的范围也可能是"权利要求×中引用权利要求×的技术方案"。

1.2.2　无效宣告请求的理由

《专利审查指南 2010》第四部分第三章第 3.3 节第(2)项中规定:"无效宣告理由仅限于专利法实施细则第 65 条第 2 款规定的理由,并且应当以专利法及其实施细则中有关的条、款、项作为独立的理由提出。无效宣告理由不属于专利法实施细则第 65 条第 2 款规定的理由的,不予受理。"由此可见,所谓无效宣告请求的理由是指请求人主张专利权无效的法律依据,而不是具体的推理过程。

《专利法实施细则》第 65 条第 2 款对无效宣告理由作了明确的规定。按照此规定,可以用来请求宣告专利权无效的理由❶包括:

① 授予专利权的发明创造不符合《专利法》第 2 条对发明、实用新型的定义。

② 授予专利权的发明创造属于《专利法》第 5 条规定的不授予专利权的情形,即违反法律、社会公德或妨害公共利益,或者发明创造的完成依赖于违反法律、行政法规的规定而获取或者利用的遗传资源。

③ 授予专利权的发明创造依照《专利法》第 9 条的规定不能取得专利权,即不符合同样的发明创造只能授予一项专利权的规定,或者该专利权的申请人不是对同样的发明创造最先提出申请的人。

④ 授予专利权的发明或实用新型不符合《专利法》第 20 条第 1 款的规定,即在中国完成的发明或实用新型没有经过保密审查即向外国申请专利。

⑤ 授予专利权的发明或者实用新型不符合《专利法》第 22 条有关新颖性、创造性和实用性的规定。

⑥ 授予专利权的发明创造属于《专利法》第 25 条规定的不能授予专利权的内容(科学发现、智力活动的规则和方法、疾病的诊断和治疗方法、动物和植物品种、原子核变换方法和用该方法获得的物质、平面印刷品)。

⑦ 授予专利权的发明或者实用新型不符合《专利法》第 26 条第 3 款、第 4 款的规定,即说明书没有对发明或者实用新型作出清楚、完整的说明,致使本领域技术人员不能实现,或者其权利要求书没有以说明书为依据,清楚、简要地限定要求专利保

---

❶　尹新天. 中国专利法详解［M］. 北京:知识产权出版社,2011:469 - 470.

护的范围。

⑧ 授予专利权的发明创造的专利文件不符合《专利法》第 33 条的规定，即对发明和实用新型专利申请文件的修改超出了原说明书和权利要求书记载的范围，或者对外观设计专利申请文件的修改超出原图片或者照片表示的范围。

⑨ 授予专利权的发明或者实用新型，其权利要求书不符合《专利法实施细则》第 20 条第 2 款关于独立权利要求应当从整体上反映发明或实用新型的技术方案、记载解决技术问题的必要技术特征的规定。

⑩ 授予专利权的发明创造不符合《专利法实施细则》第 43 条第 1 款的规定，即分案申请超出原申请记载的范围。

上述各项是对无效宣告理由的穷尽性规定。无效宣告理由必须限于以上罗列的范围。也就是说，除这些缺陷以外，即使涉案专利还存在其他不符合《专利法》及其实施细则规定的缺陷，它们也不能作为无效宣告理由。

需要特别说明的是，以上理由均为实体内容方面的缺陷，上述条款中非实体内容方面的缺陷不能作为无效宣告理由。例如，《专利法》第 26 第 3 款中还规定，摘要应当简要说明发明或者实用新型的技术要点，由于这不属于该专利实体内容的缺陷，因此，即使认为摘要不符合相关规定，也不能因该专利不符合《专利法》第 26 条第 3 款的规定而请求宣告专利权无效。

除上面列出的理由之外，以其他理由提出无效宣告请求的，专利复审委员会将不予受理。专利申请不符合单一性是专利申请的实质审查过程中驳回专利申请的理由，但不是无效宣告的法定理由。

对无效宣告理由的阐述应当条理清楚、简明扼要、符合逻辑。在具体阐明无效宣告理由时，应当抓住涉案专利的实体缺陷等关键问题进行分析，不要花费很多篇幅论述与无效宣告理由无关的内容。例如，在无效宣告请求书中论述该专利的实施侵犯了请求人另一件在先申请并授权的专利权是没有必要的。

此外，在具体阐明无效宣告理由时要避免出现前后矛盾、逻辑混乱。千万不要为强调某一观点而作出与其他内容相抵触的论述。例如，在分析说明书未充分公开权利要求的技术方案时，主张权利要求的某一技术特征在说明书中未予以充分公开，但随后在分析权利要求无创造性时，又认为该技术特征对本领域技术人员是显而易见的。对同一内容作出前后矛盾的分析，会给无效宣告请求带来不利的影响。

1.2.3　无效宣告请求所依据的证据

所谓无效宣告请求的证据是请求人主张专利权无效的事实依据。

对于证据比较简单的情况，可以将证据清单直接列在这部分；但是对于证据比较复杂的情况，则最好将证据清单和证据均作为无效宣告请求书的附件。

1.2.4　简要陈述部分的撰写格式

这部分的格式可以采用如下方式：

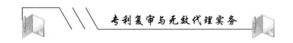

请求人认为：

权利要求 1 不符合《专利法》第 22 条第 2 款的规定，相对于证据 1 不具备新颖性。

权利要求 1 不符合《专利法》第 22 条第 3 款的规定，相对于证据 1 和证据 2 的结合不具备创造性。

权利要求 2~5 不符合《专利法》第 22 条第 3 款的规定，相对于证据 1 和证据 2 的结合不具备创造性。

权利要求 6 不符合《专利法》第 22 条第 3 款的规定，相对于证据 1、证据 3 及公知常识的结合不具备创造性。

请求宣告权利要求 1~6 全部无效。

2　论述部分

论述部分是无效宣告请求书的核心部分，代理人应当针对请求宣告无效的权利要求逐一陈述具体事实，结合提交的所有证据逐条分析和阐明无效宣告请求的理由。

2.1　论述的具体内容

论述部分的基本要求是以事实为依据、以法律为准绳，一般应包括以下三部分内容：论述的问题；事实和法律分析；结论。

（1）论述的问题

论述的问题通常是主张宣告专利权无效的范围、证据和理由的简单概括。例如，对于权利要求 1 不具备创造性这一无效宣告请求理由，所要论述的问题是权利要求 1 相对于证据 1 和证据 2 的结合不具备创造性。有时候针对一项无效宣告请求理由可能划分出几项要论述的问题。例如，对于权利要求 1 的修改超出原申请文件记载范围的理由，所要论述的问题可以分解为：（a）权利要求 1 限定的技术方案在原说明书和权利要求中是否有明确的记载；（b）权利要求 1 限定的技术方案是否依据原申请文件可直接地、毫无疑义地得出。

（2）事实和法律分析及结论

事实分析不是证据的罗列，而是通过对证据及证据之间的关系进行分析，得出该案中相关的待证事实。例如，对于主张权利要求不具备创造性的无效宣告理由，待证事实大体上包括：（a）涉案专利客观上要解决的技术问题，这需要将涉案专利与最接近的现有技术进行比较分析而得出；（b）现有技术中解决这个或这类技术问题的一般手段和技术方案，这需要重点分析现有技术中所公开的内容；（c）现有技术中给出了哪些技术启示和教导。

首先，法律分析应确定所适用的法律规定，特别是法律修改造成需要选择适用新法或旧法时。其次，法律分析部分除了考虑《专利法》及其实施细则的规定外，还需考虑审查指南和司法解释中确定的一些适用法律的基准，这些基准会使得法律的内容更具体化。最后，将相关法律基准应用于涉案的事实，作出具体的论述并得出相应的结论。

2.2 论述部分应当注意的问题

（1）结合证据充分论述无效宣告理由

在论述时一定要具体论述涉案专利不应被授予专利权的理由。同时，应当清楚地指明每个理由所依据的证据，并且讲明为什么所提交的证据能够证明该专利权应当被宣告无效。

（2）无效宣告理由应当与所选择的证据相适应

首先，代理人可以从无效宣告理由入手进行判断，然后根据该理由准备适当的证据，并围绕理由进行论述。例如，以权利要求不具备创造性作为无效宣告理由的，只能选择在申请日（或优先权日）之前公开的证据，而不能使用抵触申请或申请日（或优先权日）之后公开的证据。又例如，以专利申请日前已有相同的发明创造在国内公开使用为理由请求宣告专利权无效时，仅以一张写有同样产品名称的销售发票作为证据并不足以支持其无效宣告理由，还必须有诸如产品设计图纸、购销合同以及销售产品实物等证据，使其构成一个完整的证据链。

其次，根据证据来确定可以采用哪些理由以及所采用的理由是否恰当。例如，如果通过检索所获得的证据是抵触申请，那么应当考虑的无效宣告请求理由是涉案专利不具备新颖性。

（3）论述时要抓住关键和要害

代理人在论述时一定要抓住关键和要害，有针对性地进行分析和论述，条理清楚，逻辑性强；切忌花大量篇幅论述与无效宣告请求理由无关的内容。尤其是，如果引用的证据中出现了前后矛盾的内容，有可能会导致具有这些相互矛盾内容的证据均不被采信。

3 结 论 部 分

结论部分是无效宣告请求的概要性说明，应当包括无效宣告请求理由的概述和请求人的具体主张。通常可采用以下格式句：

综上所述，该专利的权利要求×不符合《专利法》第×条第×款有关×××的规定和《专利法实施细则》第×条第×款的规定，因此请求专利复审委员会宣告该专利权全部无效（权利要求×无效）。

4 无 效 宣 告 请 求 书 撰 写 范 例

以下通过实际案例给出一个"无效宣告请求书"的范文，以供参考。

【案例 12-5】

本案例中请求人提交的无效宣告请求书如下：

无效宣告请求书❶

（正文）

请求人×××根据《专利法》第 45 条和《专利法实施细则》第 65 条的规定，针对第 02102020.5 号发明专利提出无效宣告请求，本专利申请日为 2002 年 1 月 17 日，专利权人为×××，发明名称为"发光键盘"。

请求人认为本专利的权利要求 1~22 不具备《专利法》第 22 条第 3 款规定的创造性；权利要求 4、权利要求 6~14、权利要求 16~17、权利要求 19、权利要求 22 不符合《专利法》第 26 条第 4 款的规定，请求宣告本专利全部无效。

请求人提供的证据如下：

证据 1：授权公告号为 CN2417495Y 的中国实用新型专利说明书复印件共 14 页，其授权公告日为 2001 年 1 月 31 日；

证据 2：授权公告号为 CN2438170Y 的中国实用新型专利说明书复印件共 7 页，其授权公告日为 2001 年 7 月 4 日。

上述证据 1 和证据 2 的公开日均早于本专利的申请日，故构成本专利的现有技术，可以用于评价本专利的新颖性和创造性。

请求人请求宣告本专利全部无效，具体理由陈述如下。

1. 本专利独立权利要求 1 相对于证据 1 并结合证据 2 和公知常识不具备创造性，其中以证据 1 为最接近的现有技术

《专利法》第 22 条第 3 款规定：创造性，是指同申请日以前已有的技术相比，该发明有突出的实质性特点和显著的进步，该实用新型有实质性特点和进步。

判断一项权利要求的创造性时，首先要确定该权利要求的技术方案相对于最接近的现有技术的区别技术特征，并考查现有技术在整体上是否给出了引入区别技术特征以获得要求保护的技术方案的启示，如果存在这种技术启示，则该权利要求具有显而易见性。

权利要求如下："1. 一种发光键盘，包括：一键盘部，具有一底板、一薄膜电路板以及至少一键帽，其中该键帽可以相对该底板作上下运动的方式设置于该底板上，该底板具有一第一通孔，该薄膜电路板设置于该键帽与该底板之间；以及一背光装置，设置于该底板下方，该背光装置具有一导光板及一光源，该光源位于该导光板侧边，该光源经由该导光板从该第一通孔下方提供该键盘部光源。"

证据 1 是与本专利权利要求 1 最接近的现有技术，其公开了一种键盘（参见说明书第 4 页第 3 段至第 5 页第 2 段，图 1~图 3），其中按键组 2（相当于权利要求 1 的

键盘部）具有基板 12（相当于权利要求 1 的底板）、至少一键帽 24 以及置于基板 12 与键帽 24 之间的第一电路板 13。借助剪刀式结构，使键帽 24 以可相对该基板作上下运动的方式设置于基板 12 上。该基板 12 具有显示区 121，即在基板 12 上开设的透孔（相当于权利要求 1 的第一通孔）；发光元件 141 从基板 12 下方通过该透孔向上为键盘提供照明。

权利要求 1 与证据 1 相比仅存在以下区别技术特征：权利要求 1 中采用带有导光板和光源的背光装置来提供光线，并且光源位于导光板的侧边。涉案专利实际要解决的技术问题为：提供键盘照明，减少键盘厚度并且增强按键效果。

为便于理解，将权利要求 1 与证据 1 的比较列表如下：

权利要求 1	证据 1	证据 2	比较说明
一种发光键盘，包括：一键部，具有一底板、一薄膜电路板以及至少一键帽	键盘（参见说明书第 4 页第 3 段至第 5 页第 2 段，图 1～图 3），其中按键组 2（相当于权利要求 1 的键盘部）具有基板 12（相当于权利要求 1 的底板）、至少一键帽 24 以及置于基板 12 与键帽 24 之间的第一电路板 13		相同，证据 1 的第一电路板 13 对本领域技术人员来说会理解为是薄膜电路板形式
其中该键帽可以相对该底板作上下运动的方式设置于该底板上	借助剪刀式结构，使键帽 24 以可相对该基板作上下运动的方式设置于基板 12 上		相同
该底板具有一第一通孔	在基板 12 上开设的透孔（相当于权利要求 1 的第一通孔）		相同
该薄膜电路板设置于该键帽与该底板之间	置于基板 12 与键帽 24 之间的第一电路板 13		相同，电路板采用薄膜电路板是公知常识
以及一背光装置，设置于该底板下方，该背光装置具有一导光板及一光源，该光源位于该导光板侧边，该光源经由该导光板从该第一通孔下方提供该键盘部光源	发光元件 141 从基板 12 下方通过该透孔向上为键盘提供照明	一种具有均匀背光的输入键盘包括光源 13 及导光板 14 的背光装置，该背光装置设置在按键装置之下，光源 13 位于导光板 14 的一侧，光源发射出的光经由导光板从按键装置的透光部分射出提供给键盘，从而提供均匀的背光照明。（说明书第 1 页第 18 行至第 2 页第 23 行，图 1～图 2）	基本相同，区别仅在于权利要求 1 限定了以光源和导光板构成的背光装置提供光线，但此特征在证据 2 中公开

证据 2 公开了一种具有均匀背光的输入键盘（参见该证据的说明书第 1 页第 18 行至第 2 页第 23 行，图 1～图 2），其具体公开了具有包括光源 13 及导光板 14 的背光装置，该背光装置设置在按键装置之下，光源 13 位于导光板 14 的一侧，光源发射出的光经由导光板从按键装置的透光部分射出提供给键盘，从而提供均匀的背光照明。由此可见，证据 2 公开了权利要求 1 中的背光装置，该背光装置在证据 2 中所起的作用与在权利要求 1 中相同，都是利用导光板将位于导光板侧边的光源所发出的光线传导至键盘部下方以照亮键盘部。证据 2 中为键盘按键提供光源的方式是以导光板和侧边光源构成的背光装置提供照明，这就给出了以背光装置为键盘按键提供照明，使得按键厚度减小并改进按键照明效果的技术启示。对于本领域技术人员而言，在证据 1 的键盘按键结构的基础上，将发光元件 141 替换为证据 2 中的背光装置不需要花费创造性的劳动。

另外，证据 1 中公开了"第一电路板 13"。薄膜电路板是一种常用于键盘的电路板，其具有厚度薄、重量轻的公知性质。为了减少装置厚度、重量以及出于透光性的考虑，本领域技术人员很容易想到采用薄膜电路板。尽管文字表述为"第一电路板"，但是，作为本领域技术人员，这种设置在基板和键帽之间的"第一电路板"要么是传统印刷线路板，要么是在小型化装置中普遍采用的薄膜电路板，而对于基板和键帽之间的电路板为轻、薄考虑，大都采用薄膜电路板。因此"第一电路板"对本领域技术人员而言可以直接理解为薄膜电路板的形式，因此，在键盘中对该种薄膜电路板的采用为本领域的公知常识。

由此，在证据 1 的基础上结合证据 2 以及公知常识得到权利要求 1 的技术方案是显而易见的。因此，本专利权利要求 1 所要求保护的技术方案不具有突出的实质性特点和显著的进步，不具备《专利法》第 22 条第 3 款规定的创造性。

2. 从属权利要求 2 相对于证据 1 并结合证据 2 和公知常识不具有创造性

从属权利要求 2 的附加技术特征为"其中该第一通孔处以透明物质填充"。当由于底板通孔的存在并且薄膜电路强度不够高的时候，会导致向下按压力的反作用力较小，从而使得弹性元件与柔性的薄膜电路板的接触不良，为了不通过增加薄膜电路板的厚度（增加键盘的厚度和重量，不符合改进键盘的目的）来保证按键过程中按键电路的良好接触，本领域技术人员很容易会想到对通孔填充一定的填充物以借其产生适当的反作用力，保证弹性元件与电路板的良好接触；同时，当需要光线从下向上穿过通孔位置的时候，也很容易会想到选用透明物质以透过光线。因此，在键盘底板的通孔处设置透明填充物也为本领域技术人员所惯常使用的手段，属于公知常识。因此，在权利要求 1 不具备创造性的基础上，权利要求 2 也不具备创造性。

……

综上所述，本专利的权利要求 1～22 不具备《专利法》第 22 条第 3 款规定的创造性；权利要求 4、权利要求 6～14、权利要求 16～17、权利要求 19、权利要求 22 不符合《专利法》第 26 条第 4 款的规定，因此请求人请求专利复审委员会宣告本专利权全部无效。

【案例分析】

本案请求人提供的证据公开了本专利权利要求中的大部分技术特征，而未公开的技术特征或是本领域的常规技术手段或是现有技术中存在技术启示，同时这些未公开的技术特征也未带来任何意想不到的技术效果，故本专利所要求保护的技术方案相对于请求人提供的证据以及公知常识不具备创造性。

在本案的无效宣告决定中，合议组指出，鉴于依据证据已经得出全部权利要求不符合《专利法》第 22 条第 3 款的规定，所以合议组对请求人提出的权利要求 4、权利要求 6~14、权利要求 16~17、权利要求 19、权利要求 22 所记载的技术方案与说明书不一致从而不符合《专利法》第 26 条第 4 款的规定的理由和证据不再予以评述。

可以看出，该无效宣告请求书按照前述第 2.2 节中介绍的步骤对本案完整地进行了以下分析（以权利要求 1 为例）：

① 指明了创造性的法律规定及其解释。

② 明确指出了该理由所涉及的权利要求 1。

③ 指明了与本专利的权利要求 1 最接近的对比文件（证据 1），并说明了对比方式：结合其他证据和结合公知常识进行对比。

④ 描述了最接近的对比文件所公开的内容并且说明了所引用内容的具体出处。

⑤ 通过对独立权利要求与最接近的对比文件所公开内容进行对比列明了权利要求 1 的区别技术特征，结合说明书中的技术效果及描述确定了其实际解决的技术问题。

⑥ 通过逐一分析区别技术特征分别断定现有技术给出了将区别特征（a）应用到该最接近对比文件以解决其存在的技术问题的启示，以及区别技术特征（b）为公知常识。

⑦ 结论：在证据 1 的基础上结合证据 2 以及公知常识得到权利要求 1 的技术方案是显而易见的。所以本专利权利要求 1 所要求保护的技术方案不具有突出的实质性特点和显著的进步，不具备《专利法》第 22 条第 3 款规定的创造性。

由此可见，通过前述分析步骤的引导，请求人能够做到有理有据、条理清晰地针对专利文件进行准确、具体的分析，全面论述被请求宣告无效的专利不符合有关规定的理由，从而使其无效宣告请求获得成功。

第 3 节　无效宣告程序中证据的运用

按照《专利法实施细则》第 65 条第 1 款规定，请求宣告专利权无效或者部分无效的，应当在向专利复审委员会提交无效宣告请求书的同时提交必要的证据，并应当在请求书中结合提交的所有证据，具体说明无效宣告理由，并指明每项理由所依据的

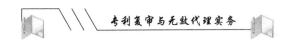

证据。此外，《专利审查指南2010》第四部分第三章第3.1节进一步明确，合议组通常仅针对当事人提出的无效宣告请求的范围、理由和提交的证据进行审查。由此可知，在无效宣告程序中，证据虽然不是程序能否启动的形式要件，但是在多数情况下却是无效宣告请求能否取得成功的关键。因此代理人和请求人应当十分重视无效宣告请求中证据的准备。

1 充分准备证据

为了取得无效宣告请求的成功，必须提供足够的、充分的证据来支持无效宣告理由。因此代理人在接受委托时，要仔细研究已有证据，如果已有证据不足以否定该专利权，或者不能达到委托人所希望达到的无效宣告请求的目的，应当寻找更合适的证据或者补充证据。

例如，某项待宣告无效的权利要求中有一部分技术特征在已有的对比文件中均未披露，应进行必要的检索。经过检索后，若找到的证据仍然不能达到委托人期望的目的，则应当如实向委托人说明情况，供委托人确定侵权诉讼的应对策略。

由于在无效宣告程序中对提供证据的时间限于自提出无效宣告请求之日起1个月内，因而除针对侵权诉讼而提出的无效宣告请求外，一般情况下的无效宣告请求均应当将证据准备充分后再提出。而对伴随侵权纠纷的情况，为了中止侵权审理，需要在答辩期内提出无效宣告请求，因此可以先按照现有证据先提出无效宣告请求，然后尽快补充查找更有效的证据，以便在提出无效宣告请求之日起1个月内补充新的无效宣告请求理由和提交新找到的证据。

2 优选更强的证据

针对一项无效宣告理由，应当优选更强的证据。例如，涉案专利与最接近的现有技术比较存在某区别技术特征，这个区别技术特征既被另一篇专利文献公开，又在一本教科书中公开，那么可以优先选用教科书公开的内容作为公知常识，以最接近的对比文件与公知常识进行结合来否定创造性。再例如，对于既有公开出版物证据，又有公开使用证据的情况，一般公开出版物被认定的可能性要高于公开使用证据被认定的可能性，因此，应当优先选用公开出版物证据。

3 对于新颖性或创造性的理由，合理选取对比方案

在有多篇对比文件的情况下，很有可能多篇对比文件中的内容都影响涉案权利要求的新颖性，或者可能存在多种影响涉案权利要求创造性的组合。代理人切忌"多多益善"，应当在仔细研读对比文件公开内容的基础上，选用与涉案权利要求最相关的对比文件或者对比文件的组合；须知将所有可能的使用方式进行堆砌并不增加宣告无

效的可能性，反而有可能适得其反。

4　形成完整的证据链

对于无效宣告案件而言，一般希望有更多的直接证据来直接证明待证事实，但也往往还有很多间接证据，其不能单独使用、而需要与其他证据形成证据链证明待证事实。在有多个证据的情况下，应具体分析不同证据之间的关联，以形成完整的证据链证明待证事实。

对于一个待证事实，应当从何人、何时、何地、何方式、何内容五个方面来考查。间接证据只反映了证明所述事实存在的五个方面的一部分，需要与其他证据相结合才能证明待证事实，例如通常用于证明公开使用的证据。

比如，请求人提交了一产品的实物，用于证明该产品在专利申请日之前就已在市场上销售，用此事实来破坏专利的新颖性。显然，这样一个物证本身是不足以证明"在专利申请日之前已经销售"的待证事实。请求人还应当提供如下证据：

① 证明公开时间的证据，例如销售发票、买卖合同、入库单、出库单、购买者或者销售者出具的证人证言等表明时间的证据；对于进口产品在国内的销售，为了证明产品的来源，还需要提供海关报关单据、中间销售合同等。

② 证明产品的实物与所销售产品相一致的证据，例如发票、合同以及产品实物的状态未发生改变方面的证据。

如果中间的一个环节出现问题，无法形成完整的证据链，则不能达到证明目的。

第4节　无效宣告请求与专利侵权诉讼的协调与配合

专利侵权诉讼中的被告通常选择对原告所主张的专利权向专利复审委员会提出无效宣告请求，希望通过挑战专利权的有效性而避免承担专利侵权责任。对被告而言，在无效宣告程序和专利侵权诉讼两个不同程序中涉及的权利客体是相同的。因此，存在一个如何从启动时间、请求事项、陈述内容、案件进度等方面相互配合、协调运作这两个程序的问题。

本节主要从无效宣告请求人的角度讲述无效宣告请求与专利侵权诉讼的协调与配合。

1　无效宣告请求与现有技术抗辩

现有技术抗辩是专利侵权纠纷中被告据以主张不承担侵权责任的一项抗辩制度。根据《专利法》第62条规定，在专利侵权纠纷中，被控侵权人有证据证明其实施的技术或设计属于现有技术或者现有设计的，不构成侵犯专利权。

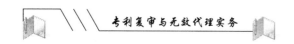

由于专利权的有效性是由专利复审委员会来确定的，因此，在专利侵权诉讼中，专利权应予无效并不是抗辩的理由。如果专利侵权诉讼的被告认为专利权应予无效，则应当在专利复审委员会主张。而审理专利侵权诉讼的法院不会在实体上确定专利权是否有效。

在准备无效宣告请求时，一般要检索。在检索过程中，应当包括两个检索方向，一个是针对专利的新颖性和创造性的现有技术，另一个是针对被控侵权产品的，即与被控侵权产品接近的现有技术。在进行检索之后，一般应当进行如下比对：

① 专利权利要求与现有技术的比对。

② 被控侵权产品或方法与现有技术的比对。

③ 被控侵权产品或方法与专利权利要求的比对。

如果检索到与被控侵权产品相同的现有技术，则可直接将这种现有技术在侵权诉讼中用于现有技术抗辩。

如果检索到的现有技术与专利权利要求更接近，则一般应当将这类证据重点用于无效宣告请求中。

2 无效宣告请求与不侵权抗辩

在专利侵权诉讼中，如果被控侵权物（产品或方法）缺少涉案专利权利要求中记载的技术特征，或者被控侵权物的技术特征与原告专利权利要求中对应的技术特征相比，有一项或者一项以上的技术特征不相同也不等同，即被控侵权物没有落入涉案专利权利要求保护的范围，则不构成侵犯专利权。因此，在专利侵权诉讼中，权利要求解释往往对专利侵权判定起到决定性的作用。由于专利权作为一种关乎专利权人和公众利益的权利，其权利范围必须是确定的，这就要求对于权利要求的解释也必须是客观的、确定的。

通过无效宣告程序，往往可以使专利权人不得不对权利要求的范围及其中的术语作出解释。这种解释可能有利于无效宣告请求人在侵权诉讼中的不侵权抗辩主张。对于与被控侵权产品接近的现有技术，在无效宣告请求中应当作为重要证据提出。对于专利权人来说，其需要争辩权利要求与这类现有技术的差别。这种关于差别的争辩意见有助于专利侵权诉讼的不侵权抗辩。因此，通过无效宣告程序，即使不能使专利权被宣告无效，也能使专利权人在为其新颖性和创造性进行争辩的过程中，明确界定或者限制专利权利要求的保护范围。这样，无效宣告请求人通过无效宣告程序可以配合侵权诉讼中的不侵权抗辩。

3 无效宣告请求与禁止反悔原则

无效宣告请求的审查过程中，专利权人的陈述可能影响对权利要求保护范围的解释。

无效宣告请求人在选择无效宣告理由和进行具体的理由阐述时，应当关注专利权人答辩中可能构成禁止反悔的内容。有时可以在策略上考虑设计一些争议焦点，使得专利权人针对这些争议焦点，为了与现有技术区别开，必须对权利要求的某些特征作出限制性的解释。这些限制性的解释可以在专利侵权诉讼中适用禁止反悔原则适用。

4　无效宣告请求与专利侵权诉讼程序的中止

为了协调好侵权诉讼与无效宣告程序的关系，对于人民法院受理的侵犯实用新型、外观设计专利权纠纷案件，被告在答辩期间内请求宣告该项专利权无效的，人民法院应当中止诉讼。另外，具备下列情形之一的，人民法院也可以不中止诉讼：

① 原告出具的检索报告❶未发现导致实用新型专利丧失新颖性、创造性的技术文献的。

② 被告提供的证据足以证明其使用的技术已经公知的。

③ 被告请求宣告该项专利权无效所提供的证据或者依据的理由明显不充分的。

④ 人民法院认为不应当中止诉讼的其他情形。❷

为了通过专利权无效宣告而请求中止诉讼，代理人在提出无效宣告请求时，应当尽可能将无效宣告的证据和理由准备充分，并且应当在侵权诉讼的答辩期内提交。虽然在无效宣告请求中专利权人有 1 个月的补充理由和证据的期限，但是在考虑中止诉讼的问题时，应避免依赖上述 1 个月的期限。

---

❶ 2008 年修改的《专利法》改为专利权评价报告。

❷ 参见 2001 年 6 月 22 日发布的《最高人民法院关于审理专利纠纷案件适用法律问题的若干规定》第 9 条。

第 13 章　无效宣告程序中专利权人的答辩

专利复审委员会受理无效宣告请求之后，向请求人和专利权人发出"无效宣告请求受理通知书"，与此同时将无效宣告请求书和有关文件副本转送给专利权人，要求其在收到该通知书之日起 1 个月内作出答复。本章将针对专利权人一方的代理人在此期间如何做好这方面的工作进行说明。

第 1 节　案情分析及答辩策略的制定

代理机构收到无效宣告请求受理通知书有两个途径。一是从专利复审委员会收到，二是从专利权人处收到。如果代理机构代理申请阶段的法律服务，那么专利复审委员会直接将无效宣告请求受理通知书送达给该代理机构。在这种情况下，代理机构应当在重新确定无效阶段的代理关系后再开始实质性的工作。这是因为无效宣告请求案往往伴随侵权争议，专利权人有可能需要另外的代理机构来处理专利权无效宣告阶段的事务。

代理人在收到无效宣告请求书和有关文件之后，应当向专利权人了解案件的背景信息，例如有关的诉讼情况、其他同族专利或专利申请的法律状态等。然后代理人应当认真阅读无效宣告请求书，并结合所附的证据进行案情分析。具体而言可从以下几个方面着手进行分析。

1　预备工作

在开始分析无效宣告请求的理由和证据之前，应当首先进行预备工作，具体就是对专利权申请/授权阶段的审查历史、关联侵权纠纷的背景情况、专利权人的想法和要求进行了解。

1.1　关于专利的申请/授权阶段的审查历史

专利的申请/授权阶段的背景情况的信息，可以通过如下两个渠道获取，一个是从专利权人处获取，另外一个是从专利局调取。

在这些信息中，特别需要关注的是：审查意见的各项内容，专利权人对说明书和权利要求书进行的修改；专利权人在意见陈述书中曾经对申请文件作出的各种解释。

通过对专利的申请/授权阶段的背景情况的信息进行研究，可以对专利的情况有更全面、更准确的把握，特别是对于权利要求书有更深入的理解。在无效宣告程序中，对于权利要求书的解释是基础问题、首要问题。仅从权利要求的字面含义来解释权利要求是机械的、不正确的。权利要求的解释应以权利要求的文字内容作为基准，在此基准上还应从本领域技术人员的角度、基于说明书所记载的内容、并且叠加考虑审查历史中的限定和解释来综合解释权利要求。

对于发明专利而言，审查历史尤为重要。

例如，在实质审查过程中，审查员曾经指出权利要求 1 的某技术特征不清楚，专利权人在意见陈述书中进行了答辩，澄清了该特征的含义，而审查员在此基础上对申请授权。由此，专利权利要求的该技术特征的解释就被澄清性的解释而确定，在无效宣告程序中，专利权人对同一技术特征的解释应当与审批阶段一致，并在该解释的基础上应对诸如不清楚、不支持、新颖性和创造性等无效宣告理由。

又例如，在审查过程中，审查员以对比文件 1 为最接近的对比文件，基于对比文件 1 和对比文件 2 的组合评价权利要求 1 不具有创造性。专利权人在意见陈述书中进行了答辩，对区别技术特征进行了解释，并在该解释的基础之上认为对比文件 2 没有公开该区别技术特征，最终审查员在此基础上对申请授权。由此，该权利要求的该区别技术特征的解释就被确定，在无效宣告程序中，专利权人就应当在该解释的基础上来应对诸如不清楚、不支持、新颖性和创造性等无效宣告理由。

1.2　关于关联侵权纠纷的背景情况

除专利权人发起的，以修改权利要求书、增加专利稳定性为目的的无效宣告案件外，多数无效宣告案件的背后都存在侵权纠纷。当然这里的侵权纠纷是一个广义的概念，既包括已发生的专利侵权纠纷民事诉讼，也包括专利侵权行政调处案件以及其他潜在的侵权纠纷。其实，这类无效宣告案件的本质就是受到专利权威胁的一方与专利权人的一场博弈：受到专利权威胁的一方希望通过无效宣告程序尽量缩小专利权的保护范围，而专利权人则希望在当前的案件事实下争取最佳的保护范围。

为此，代理人应当询问专利权人是否已经有侵权纠纷正在进行以及涉嫌侵权的产品的情况。基于该信息，代理人就可以分析涉嫌侵权的产品是落入所有权利要求的保护范围还是仅落入部分权利要求的保护范围。该因素对之后确定修改方案是极其重要的。此外，代理人还可以分析权利要求中是否存在争议特征而对争议特征进行怎样的解释更有利于获得覆盖涉嫌侵权产品的最佳的保护范围。

此外，代理人还应当询问专利权人被控侵权人是否曾经提出过现有技术抗辩以及是否提供了支持该抗辩的现有技术。如果在此情况下侵权诉讼的被告还基于该现有技术提出了无效宣告请求，则专利权人会处于两难的境地，应综合侵权和无效两个方面妥善应对。而在最为不利的情况下，当现有技术抗辩也的确成立（涉嫌侵权产品的确采用该现有技术）时，代理人应当提示专利权人在侵权诉讼中有败诉可能，并建议专

第13章

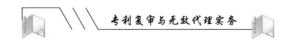

利权人不必再顾忌侵权诉讼，而应专注于寻找本专利与该现有技术的区别以全力争取维持专利有效。

【案例 13 - 1】

创格公司、马希光诉康柏公司专利权侵权纠纷一案中，原告创格公司和马希光是 ZL90204534.2 号"具有可替换电池及扩充卡座槽的电脑"实用新型专利的专利权人，被告康柏公司出品的 ARMADA1550T 型笔记本电脑被诉侵犯了原告专利权。

该专利的独立权利要求 1 中包含特征"可替换"。在关联无效宣告程序中，原告专利权人主张"可替换"应理解为"可互换"，现有技术与权利要求 1 所述技术方案的区别在于现有技术中座槽之间是不可互换的，而专利技术方案中座槽是可互换的，而且正是这一区别特征使涉案专利具有自由替换、互为备用的优越效果，从而符合了《专利法》关于创造性的规定。专利复审委员会经过审理，确认了原告的主张，并在此基础上作出维持专利权有效的第 2133 号无效宣告请求审查决定。

在侵权对比过程中，原被告在特征"可替换"处产生争议。原告认为：独立权利要求中对两座槽之间的关系并无特别限定，两座槽可以互换，也可以不互换，并基于此认为被控产品具有该特征。被告认为，实用新型的两座槽之间有一种互换关系，正是基于这种互换关系，该实用新型专利才具备了创造性，专利权才得以维持，应当禁止专利权人反悔，因此被控产品不具有该特征。

法院的判决结果是：适用禁止反悔原则，采用专利权人在无效宣告程序中的解释，认定被控产品不具有该特征。最终，判决被告不侵权，驳回原告起诉。

【案例分析】

在关联侵权诉讼案件的无效宣告案件中，专利权人的代理人对权利要求中的技术特征进行澄清或者解释时，应当特别小心。具体说，应当综合侵权诉讼案件的被控产品的情况、无效宣告案件的案件事实，制定最佳的解释、争取最佳的保护范围，避免日后出现赢了无效、但败了侵权诉讼的不利局面。

1.3　关于专利权人的想法和要求

在一些案件中，侵权纠纷可能尚未浮出水面，因此需要了解专利权人的想法和要求，例如，哪些权利要求专利权人觉得特别重要、希望最终被维持，或者，哪些特征在侵权对比中存在争议因而需要综合侵权案件和无效宣告案件进行协调一致的解释。

2　无效宣告理由的合法性分析

专利复审委员会进行合议审查时，合议组主要根据请求人提出的理由、事实和证据来判断无效宣告请求是否成立，在此基础上作出无效宣告请求审查决定。对于理由、事实和证据这三方面，理由具有统领性的地位，因此，为了确定整体答辩策略的需要，专利权人的代理人首先应当仔细分析请求人提出的无效宣告理由。

2.1　判断是否属于法定理由

首先，代理人应当根据专利的申请日（优先权日）判断应当适用新法还是旧法。

其次，基于所适用的法律，代理人应判断请求人提出的无效宣告请求理由是否属于《专利法实施细则》第 65 条规定的理由。

对于不属于《专利法实施细则》第 65 条规定的理由，例如，基于《专利法》第 31 条提出的不具有单一性的理由，代理人仅需在答辩意见陈述书中指出该理由不符合《专利法实施细则》第 65 条的规定、不属于法定的无效宣告请求理由。另外，专利权属纠纷也不是专利权无效宣告请求的法定理由。就权属纠纷，当事人应当向相关专利行政部门或人民法院提出。

2.2　判断理由是否符合其他要求

（1）是否具体说明理由并指明每项理由所依据的证据

按照《专利法实施细则》及审查指南的规定，请求人应当具体说明无效宣告理由，提交有证据的，应当结合提交的所有证据具体说明无效宣告理由。

对于请求人没有具体说明的无效宣告理由，或者提交了证据但没有结合所提交的证据具体说明无效宣告理由，或者没有指明每项理由所依据的证据的，属于专利复审委员会依照《专利法实施细则》第 65 条、第 66 条的规定不予受理的情形。

下列情形通常不符合《专利法实施细则》第 65 条第 1 款的规定：① "具体理由陈述" 部分仅载明：涉案专利早已是所属技术领域的公知技术，不但结构、功效相同，而且广泛运用在类似的技术领域中，故该专利应被宣告无效；② "具体理由陈述" 部分仅载明：涉案专利与专利号为 9810 × × × × . × 的发明创造内容完全相同，故该专利不具备《专利法》第 22 条第 2 款规定的新颖性，应被宣告无效；③ "具体理由陈述" 部分仅载明：涉案专利权利要求 1 不符合《专利法》第 26 条第 4 款的规定，保护范围不清楚，应当被宣告无效。

在这种情况下，代理人首先应当基于现有的证据针对请求人可能提出的最为不利的情形进行准备，但在意见陈述书中仅对相关内容予以形式答辩（表明立场即可），详细的争辩意见等到请求人补充证据和增加理由的期限届满之后再提出，从而做到有的放矢，避免言多语失。

（2）是否违反 "一事不再理" 原则

对于已作出审查决定的无效宣告案件涉及的专利权，以同样的理由和证据再次提起无效宣告请求的，应当依据 "一事不再理" 原则指出对该无效宣告理由和证据应当不予受理和审理，并附具相关的审查决定作为证据。

（3）无效宣告理由是否指向或影响权利要求

在分析无效宣告理由时，还应当注意无效宣告理由是否指向或影响权利要求，若无效宣告理由所针对的对象是专利权利要求以外的部分，对权利要求没有影响，则即

使该专利确实存在与权利要求无关的某些缺陷，也不能导致某项权利要求无效。例如：

① 请求人以说明书中存在修改超范围的缺陷而不符合《专利法》第33条为理由请求宣告专利权无效的，首先应当客观分析专利文件中是否存在修改超范围的缺陷；如果该缺陷确实存在，还要判断该缺陷是否影响权利要求的保护范围。在无效宣告案件的审查中，只要说明书中存在的修改超范围的缺陷不影响权利要求的保护范围，从公平合理的角度出发，专利复审委员会通常不会据此宣告一项专利权无效。因此，如果经过判断得出对专利说明书的修改超出了原申请文件记载的范围的结论，则应当把意见陈述的重点放在该缺陷不影响权利要求的保护范围的论述上。

② 请求人以说明书对某一技术方案的公开不充分而不符合《专利法》第26条第3款的规定为理由请求宣告专利权无效的，首先应当客观分析说明书中是否充分公开了实现该技术方案的相关内容；如果确实存在公开不充分的缺陷，还要判断在权利要求书中是否要求保护该技术方案。基于上述同样的道理，虽然说明书中存在着公开不充分的技术方案，但在权利要求书中未要求保护该技术方案，通常也不会据此宣告一项专利权无效。因此，如果经过判断得出说明书中存在公开不充分的技术方案，则应当把意见陈述的重点放在权利要求书所限定的技术方案与说明书公开不充分的技术方案无关或者权利要求书所限定的技术方案公开充分上。

3 审核和分析请求人提供的证据

专利权无效宣告程序实际是围绕证据展开的，证据是整个案件的基石，因此，审核和分析请求人提供的证据是一个关键步骤。在该步骤中，代理人应当仔细审核和分析证据的"三性"，即真实性、合法性和关联性。

关于证据问题，主要的法律依据是《民事诉讼法》《最高人民法院关于民事诉讼证据的若干规定》和《专利审查指南2010》的相关规定。本部分第3章已经详细探讨了无效宣告程序中的证据问题。在本节中，将从专利权人的角度出发，探讨在准备意见陈述书时应考虑的一些与证据有关的问题。

3.1 对证据的形式要件的检查

在专利权人准备意见陈述时，专利权人仅收到了专利复审委员会转送的无效宣告请求书和证据的复印件，尚无法看到并核对原件。此时，代理人需要按照最不利的情况进行准备，也就是假定请求人都能够出示原件，并在此基础上研究证据。在分析过程中，代理人需要研究如下方面。

3.1.1 查看每份证据的类型

除了专利文献外的其他证据都需要在口头审理中核实原件。对于专利文献类型的证据，代理人也应当自行下载该专利文献，以便核对其真实性。

代理人还应查看每份证据的来源。如果证据是在域外形成的，则根据《专利审查指南2010》第四部分第八章第2.2.2节关于"域外证据及香港、澳门、台湾地区形成的证据的证明手续"的规定，代理人应当审核相关证据是否已经过公证和认证或其他证明手续及这些手续是否合法和有效。

3.1.2 查看外文证据的译文

根据《专利审查指南2010》第四部分第八章第2.2.1节关于"外文证据的提交"的规定，当事人提交外文证据的，应当提交中文译文。为此代理人应当查看对于外文证据是否提交译文、是否是在法定期限内提交以及译文的准确性。

对于公证书、司法鉴定书和其他证书，代理人应检查证书的形成过程是否违法或者有严重缺陷，例如，出具司法鉴定书的机构没有此类鉴定资质或者鉴定人没有鉴定资质，或者公证书缺少公证员的签章等。

3.2 对证据能否证明待证事实的分析

在无效宣告程序中，最核心的事实问题是现有技术能否基于证据而被确立，具体说，就是相关的技术方案是否已在申请日之前公开。现有技术的公开方式包括出版物公开、使用公开和以其他方式公开。

对于无效宣告请求人提交的证据，专利权人的代理人应当首先分析这些证据用来支持哪一种公开方式，并基于相关公开方式的证明要求来检查证据，发现证据在证明力上的瑕疵，以便制定最佳的争辩策略。

3.2.1 出版物公开方式

在出版物公开方式中，专利文献证据的证明力是最强的，也最容易判断公开日。这里，专利文献记载的公开日就是专利法意义上的公开日，而不需要考虑地域和时差的问题。

【案例13-2】

本案例引自第WX2846号无效宣告决定。

在本案中，焦点问题是对比文件是否是申请日之前公开的。请求人提出了新颖性理由和对比文件1，该对比文件1是一篇美国专利文献，文献记载的公开日是1997年12月16日。而本实用新型的申请日是1997年12月17日。

专利权人主张，考虑时差的关系，对比文件1不可能在本专利的申请时点之前被公众所知，因此对比文件1不能作为现有技术被用来评价新颖性。

请求人主张，《专利法》第22条第2款中所述的申请日是日期而非时刻，因此应当将对比文件1作为判断该实用新型专利新颖性的现有技术。

在该无效宣告请求审查决定中，合议组支持了请求方的观点，认为《专利法》第22条中界定现有技术的时间界限是申请日。一件申请的申请日仅取决于申请行为发生的日历时期，而不涉及该日历时期内的具体时刻。因此专利权人提出的对比文件1的

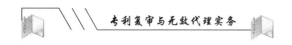

实际公开时刻晚于实际提交时间的主张没有法律依据，不予支持。

由于对比文件1被认定为现有技术，而且公开了权利要求1的技术方案，该实用新型被宣告全部无效。

【案例分析】

通过本案可以看到，确定对比文件的公开日期是至关重要的一个环节，其直接决定着对比文件能否被用于评价新颖性和创造性。而且，公开时间是以日为基准的，并不考虑具体时刻。

标准、图书、期刊类的出版物的证明力次之。代理人对于这类证据应当检查其是否为正规出版的出版物，是否具有规范标准号、书号和期刊号，并切实检查出版日期或者发行日期来确定公开日。

至于图集与产品目录及样本、具有版权标识的出版物和论文及研制报告和测试报告等，一般而言这些证据的证明力相对较弱，如果仅提交孤证的话其真实性一般不会被采信。实务中，专利复审委员会会根据个案情况对相关证据综合判断。对于这类证据，专利权人的代理人应当对真实性提出异议，从证据的薄弱点进行攻击，例如没有确切的印刷人、出版人和出版时间等，或者指明内容上的矛盾之处，或者搜集反证。

【案例13-3】

本案例引自第WX15274号无效宣告决定。

在本案中，焦点问题是证据的认定问题。无效宣告请求人提交了证据1，并声称证据1是在2006年由其与齐齐哈尔轨道交通装备有限公司共同设计完成的图纸的复印件，请求人未能当庭出示该证据的原件。

专利权人对证据1的真实性有异议。

合议组认为：请求人未能提供证据1的图纸原件，也未能提供其他任何可证明证据1真实性的佐证，在此情形下，证据1的真实性难以判断，因此合议组对证据1的真实性不予认可。

【案例分析】

图纸本身是一种书证，应当提交原件以确立其真实性。如果请求人仅提交复印件，只要专利权人不予认可，该证据一般不会被采信。

至于电子出版物，证明力也相对较弱，实务中，专利复审委员会通常会根据个案情况对相关电子证据综合判断。对于电子出版物证据，专利权人的代理人无论如何都应当对真实性提出异议，争辩点可以是：该电子证据本身就是伪造的，当前的证据是否足以证明公开的时间点，或者当前的证据是否足以证明公开时的证据内容，或者当前的证据能否证明电子证据未曾被修改过等。

3.2.2 使用公开方式

使用公开方式涉及的情况非常复杂，可能包括：制造导致的公开、使用导致的公开、测试和试验及试用导致的公开、商业销售导致的公开、广告导致的公开和产品展示导致的公开。无论哪一种使用公开的形式，要证明这样的事实都是非常困难的，需要取得完整的一组证据，而且证据之间必须存在有效的关联从而组成完整的证据链条。当然，这对于专利权人是有利的，代理人可以争辩的点很多，包括个别证据的真实性、证据之间的关联等。代理人还可以搜集和提交反证。

【案例13－4】

本案例引自第16945号无效宣告决定。

本案件的焦点问题是证据认定。请求人主要提供了如下证据：

附件1：《电力系统通信》杂志；

附件2：《通信电源技术》杂志；

附件3：CTU6000型UPS蓄电池电导测试仪；

附件4：买卖合同；

附件5：发票；

附件6：附件3的CTU6000的照片；

请求人主张附件3~5构成了在先销售的证据链条，尽管附件3的产品实物上没有CTU6000的标记，但附件1和附件2公开了CTU6000型UPS蓄电池电导测试仪的产品外观和型号CTU6000的对应关系，该对应关系佐证附件4和附件5提到的CTU6000电导测试仪产品就是附件3。

合议组对附件4和附件5的真实性予以确认，并认为：附件4和附件5可以表明在本专利申请日之前，福光公司已实际销售过CTU6000电导测试仪。但是，附件3产品上并未标有其产品型号。关于附件1和附件2的佐证一节，因附件1及附件2中所示产品的图片均只显示了该产品的一部分，没有显示其全部外观，因此无法表明其与附件3产品的外观是相同的，请求人的上述主张不能成立。综上所述，虽然附件4和附件5可以证明CTU6000电导测试仪已在本专利申请日之前公开销售，但是没有证据表明附件3产品即为CTU6000电导测试仪，因此请求人认为附件3~6表明与本专利相同或相近似的外观设计已在申请日之前公开这一主张不能成立，合议组不对本专利与附件3产品是否相同或相近似进行比较。

【案例分析】

证明在先使用公开的事实是非常困难的，需要取得完整的一组证据，而且证据之间必须存在有效的关联从而组成完整的证据链，专利权人可以充分利用该特点组织争辩意见。本案中产品实物证据与销售证据（发票）之间的有效连接缺失，导致证据链断裂，虽然证据的真实性被确认，但无法证明在先使用公开的事实，即基于销售证据能证明CTU6000在申请日前被公开销售，然而其不能证明CTU6000的外观设计为何；基于产品能够证明存在相关的外观设计，然而无法确立该外观设计公开的时间。尽管请求人利用杂志广告公开的CTU6000型UPS蓄电池电导测试仪的产品外观和型号的对应关系对该关联加以佐证，但合议组并没有予以认可，理由是附件1及附件2中所

示产品的图片均只显示了该产品的一部分，没有显示其全部外观，因此无法表明其与附件3产品的外观是相同的，因此不足以确立待证事实。最终，该专利权被维持。

【案例13－5】

参见前述案例11－3。

【案例分析】

利用在先使用公开（包括在先销售公开）确立现有技术的事实，往往需要将在先销售或者使用的产品进行固定。专利权人进行证据分析时，不仅要核查产品证据与销售证据（或使用证据）的关联性，而且还应当质疑产品从销售之日起到证据被固定期间所处的状态、是否可能被改造或者改动，如果发生这种情况，被固定的产品就不能证明现有技术的原始技术方案为何，因此不能被采信。在本案中，专利权人就成功利用了这一点，提出反证证明恰是与本专利相关的部分曾被改动，因此相关证据无法确立现有技术的原技术方案。

【案例13－6】

本案例引自专利复审委员会第989号无效宣告决定。

请求人提出的无效宣告理由是：权利要求1要求保护的产品在申请日之前早已投放我国市场，因此权利要求1不具备新颖性和创造性。为此请求人提供了证据1－1至证据1－4和证据2－1至证据2－4分别用来证明公开使用。

专利权人针对上述实用新型专利权无效宣告请求作出答复和反驳，认为这些无效宣告请求理由不能成立，其主要意见如下：①上述证据都没有提出与该实用新型的整体结构特征相同或近似的技术方案，显然不足以否定该实用新型的新颖性；②该实用新型是对在先专利结构上的缺点进行改进而得出的，根据实际使用情况证明，它能够克服现有技术的缺点，具有积极效果，因此具备创造性。

合议组认定：请求人提交的各附件存在缺少针对性和不能相互印证的问题。具体地说，证据1－1、证据1－2和证据2－1没有公开出版时间；附件2－2的发票虽然早于申请日，但是无公章和缺少产品名称或型号，而且请求人提交的所有附件均没有涉及该实用新型的结构特征，从中也看不出与该实用新型产品之间存在任何必然的联系。因此，请求人提交的所有附件，不足以证明在该实用新型申请日之前已存在公开销售的同样的产品。

合议组最后维持了该实用新型专利。

【案例分析】

从上述案件的事实以及合议组作出的无效宣告请求审查决定可以看出：在提供证明公开销售证据的情形下，如果缺少证明其为何时、何地、何人、以何方式、公开何物中的任何一项内容，所提供证据不能构成一个完整的证据链，则不足以支持涉案专利不具备创造性的理由。

本案中，请求人提供的证据存在明显缺陷：首先，请求人提交的各证据存在缺少针对性和不能相互印证的问题，而且请求人提交的所有证据均没有涉及该实用新型的结构特征，从中也看不出其与该实用新型产品之间存在任何必然的联系，而专利权人声称其行为是一种在特定关系人之间进行的新产品的试生产和销售行为，因此请求人提交的所有证据，不足以证明在该实用新型申请日之前已存在公开销售的同样产品；其次，请求人提供的证据没有涉及该实用新型专利的技术内容或结构特征，因此缺少评价该实用新型权利要求所记载的技术方案是否具备创造性的基础，不足以否定该实用新型的创造性。

如果专利权人通过结合事实分析发现请求人提供的事实和证据存在漏洞，则应当指出证据不能支持无效宣告理由的问题。在有些情况下，如果请求人提交的证据有缺陷，但是专利权人没有提出对证据的反对意见，甚至确认请求人的证据的情况下，专利复审委员会可以根据该证据确定案件事实。因此，代理人应当特别注重准备质证意见，包括口头审理中的质证意见以及口头审理前后的书面质证意见。

4　分析合议组可能依职权引入的理由和证据

除了请求人提出的理由和证据，在无效宣告请求的审查过程中，还可能出现合议组主动引入新的理由和证据的情况。对此，专利权人的代理人也需要进行分析。仅仅针对请求方的错误观点进行反驳是不够的，必须考虑合议组可能依职权引入的理由和证据。

4.1　专利复审委员会依职权审查的相关规定

针对请求人提出的无效宣告请求的范围、理由和提交的证据，专利复审委员会可以根据"依职权审查原则"进行审查。

《专利审查指南 2010》第四部分第三章第 4.1 节中规定：

"专利复审委员会在下列情形可以依职权进行审查：

（1）请求人提出的无效宣告理由明显与其提交的证据不相对应的，专利复审委员会可以告知其有关法律规定的含义，允许其变更或者依职权变更为相对应的无效宣告理由。例如，请求人提交的证据为同一专利权人在专利申请日前申请并在专利申请日后公开的中国发明专利文件，而无效宣告理由为不符合《专利法》第 9 条第 1 款的，专利复审委员会可以告知请求人《专利法》第 9 条第 1 款和第 22 条第 2 款的含义，允许其将无效宣告理由变更为该专利不符合《专利法》第 22 条第 2 款，或者依职权将无效宣告理由变更为该专利不符合《专利法》第 22 条第 2 款。

（2）专利权存在请求人未提及的明显不属于专利保护客体的缺陷，专利复审委员会可以引入相关的无效宣告理由进行审查。

（3）专利权存在请求人未提及的缺陷而导致无法针对请求人提出的无效宣告理由进行审查的，专利复审委员会可以依职权针对专利权的上述缺陷引入相关无效宣告理

第
13
章

由并进行审查。例如，无效宣告理由为独立权利要求 1 不具备创造性，但该权利要求因不清楚而无法确定其保护范围，从而不存在审查创造性的基础的情形下，专利复审委员会可以引入涉及《专利法》第 26 条第 4 款的无效宣告理由并进行审查。

（4）请求人请求宣告权利要求之间存在引用关系的某些权利要求无效，而未以同样的理由请求宣告其他权利要求无效，不引入该无效宣告理由将会得出不合理的审查结论的，专利复审委员会可以依职权引入该无效宣告理由对其他权利要求进行审查。例如，请求人以权利要求 1 不具备新颖性、从属权利要求 2 不具备创造性为由请求宣告专利权无效，如果专利复审委员会认定权利要求 1 具有新颖性，而从属权利要求 2 不具备创造性，则可以依职权对权利要求 1 的创造性进行审查。

（5）请求人以权利要求之间存在引用关系的某些权利要求存在缺陷为由请求宣告其无效，而未指出其他权利要求也存在相同性质的缺陷，专利复审委员会可以引入与该缺陷相对应的无效宣告理由对其他权利要求进行审查。例如，请求人以权利要求 1 增加了技术特征而导致其不符合《专利法》第 33 条的规定为由请求宣告权利要求 1 无效，而未指出从属权利要求 2 也存在同样的缺陷，专利复审委员会可以引入《专利法》第 33 条的无效宣告理由对从属权利要求 2 进行审查。

（6）请求人以不符合《专利法》第 33 条或者《专利法实施细则》第 43 条第 1 款的规定为由请求宣告专利权无效，且对修改超出原申请文件记载范围的事实进行了具体的分析和说明，但未提交原申请文件的，专利复审委员会可以引入该专利的原申请文件作为证据。

（7）专利复审委员会可以依职权认定技术手段是否为公知常识，并可以引入技术词典、技术手册、教科书等所属技术领域中的公知常识性证据。"

专利权人应当注意的是，在请求人提出的无效宣告请求存在明显错误或明显疏漏、专利权存在请求人未提及的明显缺陷时，专利复审委员会可以依职权引入相关无效宣告理由并进行审查，并且还可以引入公知常识性证据。

4.2 考虑合议组依职权审查可能提出的意见

专利权人一方的代理人在阅读分析无效宣告请求书时不应当局限在请求人的思路上，需考虑合议组可能依职权引入的理由。只有这样才可能与专利权人一起商定出正确的应对策略。

虽然专利复审委员会在无效宣告请求审查过程中依职权审查仍属于较少发生的情形，但代理人在办案过程中应当考虑到这个可能性。

下面通过一个实际案例来说明专利复审委员会依职权审查的情形。

【案例 13-7】

在专利复审委员会第 10447 号无效宣告请求审查决定中，针对 2004 年 4 月 21 日授权公告的 96190788.6 号发明专利，请求人于 2007 年 1 月 12 日向专利复审委员会提出无效宣告请求。涉案专利具有 24 项权利要求，其中权利要求 1 和权利要求 10 为独立权利要求，权利要求 2 ~ 9 和权利要求 11 ~ 24 分别为这两项独立权利要求的从属权利要求。

请求人的无效宣告请求中包括多项理由并针对多项权利要求，其中包括：权利要求 1、权利要求 3、权利要求 7、权利要求 10、权利要求 19、权利要求 23 不符合《专利法》第 26 条第 4 款的规定。

在口头审理过程中：请求人提出权利要求 1、权利要求 10 不符合《专利法》第 26 条第 4 款的规定，合议组当庭明确告知双方当事人将依职权审查分别从属于权利要求 1、权利要求 10 的从属权利要求 2 ~ 9、权利要求 11 ~ 16 是否符合《专利法》第 26 条第 4 款的规定。

在无效宣告决定中，合议组认为权利要求 1 ~ 16 不符合《专利法》第 26 条第 4 款的规定，具体为：该权利要求 1 不能从说明书充分公开的内容中得到或概括得出，不符合《专利法》第 26 条第 4 款的规定；权利要求 2 ~ 9 分别直接或间接从属于权利要求 1，它们与独立权利要求 1 存在同样的缺陷，均不符合《专利法》第 26 条第 4 款的规定；基于与以上相同的理由，该权利要求 10 得不到说明书的支持，并且权利要求 11 ~ 16 分别直接或间接从属于权利要求 10，它们与独立权利要求 10 存在同样的缺陷，均不符合《专利法》第 26 条第 4 款的规定。

【案例分析】

本案的请求人在提出无效宣告请求时提出了多个无效宣告理由。本案合议组依职权审查，即：在请求人仅提出独立权利要求 1、权利要求 10 不符合《专利法》第 26 条第 4 款的情况下，合议组当庭告知双方当事人将依职权审查上述独立权利要求 1、权利要求 10 的从属权利要求。合议组认为，一方面，在这种情况下依职权引入对独立权利要求 1、权利要求 10 的从属权利要求是否符合《专利法》第 26 条第 4 款的审查对于专利权的稳定有效是有利的；另一方面，合议组采取当庭告知双方当事人依职权审查的情况也满足了听证原则的要求。

从这个案例可以看出，依职权审查往往是因请求人依据证据明显应当提出相应的无效宣告理由而实际上没有提出。专利权人的代理人在仔细分析案件的情况下一般也可以看出这些问题，因此专利权人的代理人不宜仅局限于请求人提出的无效宣告理由进行准备，还应当对请求人本应提出而没有提出的无效宣告理由也作相应的准备，以争取答辩中的主动。

5　整体答辩策略的制定

在案件事实的基础上，专利权人的代理人首先应当对无效宣告请求的理由成立与否进行判断，而后确定出最佳的争辩路线。下面，分别针对具体的无效宣告理由进行

阐述。

5.1 针对修改超范围的理由

根据《专利法》第33条的规定，申请人可以对其发明或实用新型专利申请文件进行修改，但是修改不得超出原说明书和权利要求书记载的范围。

针对修改超范围的无效宣告理由，专利权人的代理人首先要基于审查历史判断修改后的技术方案是否超出了原始提交说明书和权利要求书记载的范围。

在组织争辩意见时，代理人应在原始提交的说明书或者权利要求书中尽力寻找记载或者反映修改后技术方案的语句，如果没有找到直接的文字基础，则需要将争辩的重点放到"能从原说明书和权利要求书记载的内容中直接地、毫无疑义地确定"上。

【案例13－8】

本案例摘自最高人民法院（2011）知行字第17号行政裁定书。

某申请原始文本记载的比值范围为1∶10～50，授权文本为1∶10～30，无效宣告程序中再次修改为1∶30，因此涉及的焦点问题是1∶30的比值是否在原说明书中有记载，这样的修改是否超出了原说明书和权利要求书记载的范围。

根据查明的事实可知，本专利说明书中明确公开了氨氯地平1mg与厄贝沙坦30mg的组合，并将氨氯地平1mg/kg与厄贝沙坦30mg/kg作为最佳剂量比，在片剂制备实施例中也有相应符合1∶30比例关系的组合，可见1∶30的比值在说明书中已经公开。

法院认为，对于比值关系的权利要求而言，说明书中具体实施例只能记载具体的数值，而无法公开一个抽象的比值关系，而且本专利说明书中披露的是在大鼠身上进行试验所得到的结果，本专利说明书明确记载可应用的剂量范围是氨氯地平2mg～10mg，厄贝沙坦50mg～300mg，如果认定其披露的最佳组方仅为1mg∶30mg这一具体剂量而非比值，则该最佳组方根本不包含在上述可应用的范围内，显然不符合常理。对于本领域技术人员来说，1mg/kg和30mg/kg表明的是两种成分的比值而非一个固定的剂量，故本案中应认为1∶30的比值关系在说明书已有记载，该修改没有超出原说明书和权利要求书的范围。

【案例分析】

从本案可以看到，1∶30虽然没有被"原申请文件直接文字记载"，但是对本领域技术人员来说，其已经通过1mg/kg和30mg/kg的实施方式以及其他符合该比率的实施方式隐含公开，从而1∶30能够从原始文件直接地、毫无疑义地被确定。本案件可以给专利权人对修改超范围的理由组织答辩意见提供思路。

5.2 针对说明书公开不充分的理由

《专利法》第26条第3款规定，说明书应当对发明或者实用新型作出清楚、完整的说明，以所属技术领域的技术人员能够实现为准。

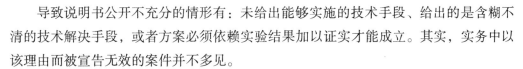

导致说明书公开不充分的情形有：未给出能够实施的技术手段、给出的是含糊不清的技术解决手段，或者方案必须依赖实验结果加以证实才能成立。其实，实务中以该理由而被宣告无效的案件并不多见。

在实务中，针对说明书公开不充分的争辩角度一般是：

① 明确本专利要解决的技术问题；

② 明确本专利给出的技术手段；以及

③ 阐明本专利给出的技术手段能够解决本专利要解决的技术问题。

下面结合案例说明。

【案例 13 - 9】

本案例引自第 13549 号无效宣告决定。

请求人认为，本专利权利要求 1 中没有记载其磁路中导磁通道是否包含有导磁材料，但如果没有导磁材料的存在，则权利要求 1 的技术方案就不能调节导磁板 14 的磁通量，进而无法实现其发明，因此，权利要求 1 和说明书的相关部分不符合《专利法》第 26 条第 3 款的规定。

专利权人认为，导磁外壳内中间空白部分存在适当的导磁材料是本领域技术人员已知的技术，对该导磁材料的选择查工具书就可以，本领域技术人员根据说明书的文字和附图记载，是可以实现本专利的技术方案的，本专利符合《专利法》第 26 条第 3 款的规定。

合议组支持了专利权人的观点，认为本专利要解决的问题是提供一种对大管径、大容器的、钢铁材料制成的设备进行堵漏的磁压堵漏器。从本领域技术人员的角度来看，本专利记载的技术方案已经是清楚、完整的，能够解决要解决的技术问题；尽管技术方案在与要解决的技术问题无关的方面没有详细描述，或者存在一些问题或者缺陷，这仅是实际使用时的效果问题，不影响本专利能否实现或者是否已经充分公开的问题。

【案例分析】

专利权人在争辩说明书充分公开的问题时，简单地阐述本领域技术人员可以实现是不够的，专利权人还应当正面进行阐述，即应当首先适当明确本专利要解决的技术问题，而后引用说明书记载的内容解释本专利的技术方案和技术手段如何解决了该技术问题。

5.3　针对不支持的理由

依据《专利法》第 26 条第 4 款规定，权利要求书应当以说明书为依据。

权利要求书未以说明书为依据，即得不到说明书支持的问题，其本质是权利要求书和说明书的关系问题。如果将说明书的具体实施方式比喻为一个个的支撑点，而将权利要求要求保护的技术方案的集合比喻为一个被支撑面的话，则支持问题就是：支

撑点对被支撑面的支撑是否充分，是否被支撑面存在某部分得不到支撑。即便从本领域技术人员的角度来看，也是如此。

在实务中，针对不支持无效宣告理由的争辩角度一般是：

① 从说明书中找到可作为支撑点的内容。

② 阐述相关权利要求的技术方案与说明书中的前述内容支持与被支持的关系。

【案例 13 - 10】

本案例引自第 8483 号无效宣告决定。

本专利的权利要求 3 如下：

3. 如权利要求 2 所述的装置，其中，组成主和辅助加热装置的电阻加热轨迹是具有不同电阻率的材料。

无效宣告请求人认为本专利权利要求 3 不符合《专利法》第 26 条第 4 款的规定，理由是权利要求 3 中限定了主加热装置的电阻加热轨迹的电阻率既可以高于也可以低于辅助加热装置的电阻加热轨迹的电阻率；而在本专利说明书中仅提到了主加热装置的电阻加热轨迹的电阻率低于辅助加热装置的电阻加热轨迹的电阻率，而没有对主加热装置的电阻加热轨迹的电阻率可以高于辅助加热装置的电阻加热轨迹的电阻率的情况进行说明，因此该权利要求 3 没有以说明书为依据。

专利权人争辩：加热轨迹的电阻取决于轨迹的电阻率和它的长度，通过改变这些参数中的任一个或者两者，能够得到期望的电阻。因此，权利要求 3 覆盖了主和辅助加热装置是具有不同电阻率的轨迹的可能性，从而允许每一个获得合适的电阻。说明书第 10 页第 26 ~ 28 行的内容足以支持上述特征。

合议组认为：电阻的计算公式为：$R = \rho L / S$，电阻率是影响电阻的因素之一，长度与横截面积都可以影响电阻的大小，因此，权利要求 3 进一步限定的是主、辅加热装置具有不同的电阻率，即限定的是不同的材料特征，而不是限定二者具有不同的电阻。本专利说明书第 13 页 11 ~ 18 行进行了如下描述，电阻加热轨迹构成了主和辅助加热装置，它们最好是采用不同的材料。可见，上述相关描述能够支持权利要求 3 进一步限定的技术特征，即权利要求 3 能够得到说明书的支持，符合《专利法》第 26 条第 4 款的规定。

【案例分析】

从本案可以看出，针对不支持的问题，专利权人从说明书中找到可作为支撑点的内容是争辩的关键，同时基于该事实阐述相关权利要求的技术方案与说明书中相关内容之间支持与被支持的关系也是不可缺少的。

5.4 针对不清楚的理由

依据《专利法》规定，权利要求书应当清楚、简要地限定要求专利保护的范围。

导致权利要求不清楚的情况有多种，需要具体案件具体分析。针对请求人经常提出的、因某特征而导致的权利要求书保护范围不清楚的问题，专利权人的代理人可以从本领域技术人员的角度出发，结合本领域的通常含义或者结合说明书特别说明和限定的相关内容争辩权利要求书中相关的特征不存在歧义，进而能够根据当前的权利要求的特征得到确定而且清楚的保护范围。

【案例 13 - 11】

本案例引自第 13614 号无效宣告决定。

第一请求人认为，权利要求 4 中"该第一接脚架和第二接脚架"在其引用的权利要求 1 中没有出现过，没有引用基础，不符合《专利法实施细则》第 20 条第 1 款的规定。

专利权人认为，权利要求 4 中的"第一接脚架"和"第二接脚架"为错别字，属于笔误，应该为"第一接脚座"和"第二接脚座"。

合议组认为，权利要求 4 是一种变压器绕线架，本专利说明书第 3 页第 23～25 行记载了绕线架 400 包括第一接脚座 412 和第二接脚座 414，说明书第 5 页第 5～21 行和说明书附图 4、附图 5A、附图 5B 记载了第一接脚座 412 和第二接脚座 414 的结构以及与之连接的部件之间的关系，以及第一接脚座 412 和第二接脚座 414 还包括多个垂直接脚，例如接脚 436，这些接脚将绕线架 400 的变压器固定于一电路板上等；权利要求 4 引用了权利要求 1，其中权利要求 1 中明确记载了第一接脚座和第二接脚座的结构和与其他部件之间的连接关系，这些记载也与说明书中的记载一致；并且，权利要求 4 中对第一接脚架和第二接脚架的描述为"还包括多个垂直接脚用以将该变压器固定在一电路板上"；因此本领域技术人员在理解本发明的基础上，可直接确定权利要求 4 中的"第一接脚架和第二接脚架"应该为说明书和权利要求 1 中记载的"第一接脚座和第二接脚座"。因此权利要求 4 的技术方案是清楚的，符合《专利法实施细则》第 20 条第 1 款的规定。

【案例分析】

对于笔误造成的不清楚问题，专利权人简单回应是笔误是不够的，应当结合说明书记载的整体技术方案、结合权利要求书的上下文阐述本领域技术人员基于该有误的文本也能够毫无疑义地得到正确的解释，该笔误不会带来歧义，不会导致权利要求的保护范围不清楚。

【案例 13 - 12】

本案例引自第 13614 号无效宣告决定。

第二请求人认为，权利要求 1 中特征"该中空架筒的转角处附近包括一起绕点"的"附近"一词含义不确定，而说明书也没有对"附近"的含义作出特定说明、限定，仅仅记载起绕点在转角附近的目的，是在于"使得第一铜线由起绕点 B 进入中空架筒的铜线线段能尽可能靠近中空架筒 402"，用语仍然模糊不确切，导致权利要求 1 的保护范围不清楚；同理，权利要求 2 中特征"第二起绕点位于该中空架筒的一第二

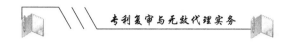

转角处附近",导致权利要求2保护范围不清楚;因此从属权利要求3~权利要求8保护范围不清楚。

专利权人认为,说明书中描述了中空架筒转角处的位置,说明书附图中标识了A、B、C圆圈位置均为转角处附近作为起绕点的具体位置,因此,中空架筒转角处的位置清楚了,该转角处附近的位置也清楚。

合议组认为,权利要求1是一种变压器绕线架,其中记载了绕线架的部件中空架筒的形状,和中空架筒的转角处所处的位置为"中空架筒的一上平面,一与该上平面相交的侧平面,以及该分隔板的交点",记载了中空架筒的转角处包括了一起绕点,"该起绕点为该第一铜线缠绕于该中空架筒上时的绕线起点"、中空架筒的转角处还包括第二起绕点,以及"第二入线导槽用以放置该第一铜线的起点至该第二起绕点的第一铜线的铜线线段";并且本专利说明书第4页第9行至第6页第23行以及附图2A、附图3A,记载了变压器绕线架的具体结构形状,以及起绕点所处位置的作用就是"可有效地解决现有绕线架中因电压差过大而引起的短路问题",并且用起绕点来限定"第一入线导槽444用以放置从接脚416上的第一铜线的起点到起绕点B的铜线线段"和起绕点的设定目的"在中空架筒402为长方体的条件之下,起绕点B为尽量靠近于由中空架筒402的上平面454和上平面454相邻的侧平面456与分隔板410(所形成)的交点转角处附近,目的在于使得第一铜线由起绕点B进入中空架筒402的铜线线段能尽量靠近中空架筒402。因此只要入线导槽444能使第一铜线圈从位于转角处的起绕点B开始缠绕起,则符合本发明的精神"。基于上述限定,本领域技术人员能够清楚地理解转角处附近的含义,权利要求2的技术方案是清楚的,因此权利要求1符合《专利法实施细则》第20条第1款的规定;同理权利要求2也符合《专利法实施细则》第20条第1款的规定;从属权利要求3~8也符合《专利法实施细则》第20条第1款的规定。

【案例分析】

对于"附近"这类含混词语造成的不清楚问题,专利权人简单断言清楚是不够的,应当引用说明书中的相关内容,并且从本领域技术人员的角度出发,结合本领域的通常含义或者结合说明书特别说明和限定的相关内容阐明权利要求书中相关的特征不存在歧义,进而论证能够根据当前的权利要求的特征得到确定而且清楚的保护范围。

5.5 针对缺乏必要技术特征的理由

专利权人的代理人需要对缺乏必要技术特征的理由进行谨慎判断。判断某一技术特征是否为必要技术特征,应当从所要解决的技术问题出发并考虑说明书描述的整体内容,不应简单地将优选实施例中的技术特征直接认定为必要技术特征。

实务中,经常出现请求人将最佳实施方式所解决的所有技术问题认定为本发明要解决的基本技术问题，或是请求人根据其对技术的理解增设了一些除了基本技术问题之外的技术问题，进而将一些优选特征认定为必要技术特征。对此，专利权人的代理人可以如下方式争辩：

① 基于说明书背景技术和发明内容部分的记载归纳出与当前独立权利要求相适应的本发明要解决的基本技术问题。

② 从基本技术问题和当前独立权利要求的特征的关系出发，阐述当前独立权利要求包含了解决该技术问题的所有必要技术特征。

③ 如果可能，再正面阐述一下请求人提出的特征仅是优选特征，并不是解决前述基本技术问题所必要的特征。

5.6　针对不具备新颖性的理由

根据《专利法》第 22 条第 2 款，新颖性是指：该发明或者实用新型不属于现有技术；也没有任何单位或者个人就同样的发明或者实用新型在申请日以前向国务院专利行政部门提出过申请，并记载在申请日以后公布的专利申请文件或者公告的专利文件中。具备新颖性是授予专利权的必要条件之一。

经过对证据进行分析，如果判断请求人的证据能够确立现有技术的公开事实，专利权人的代理人就需要将该现有技术与相关的权利要求进行单独对比，以判断相关权利要求是否具备新颖性。

新颖性的判断原则在《专利审查指南 2010》第二部分第三章第 3 节 "新颖性的审查" 中已经有详细的论述，而且这也是专利代理人实务中的基本功，这里就不再赘述。

下面仅就实务中的难点问题，即关于非 "惯用技术手段的直接置换" 的争辩进行论述。请求人经常会将现有技术和权利要求的区别说成是 "惯用手段的直接置换"。对此，专利权人的代理人可以从相关特征是否属于相同技术领域、是否是基本相同的技术手段以及能否带来基本相同的效果等角度进行争辩，而且还可以将本案的现有技术和权利要求的一对区别特征与《专利审查指南 2010》例举的 "螺钉固定" 与 "螺栓固定" 的 "惯用手段的直接置换" 进行比照，证明相关区别特征与《专利审查指南 2010》的范例相差很远。

【案例 13 - 13】

本案例引自第 11811 号无效宣告决定。

权利要求 1 要求保护一种吹风机。对比文件 1 公开了一种多功能刷机，从其右视图可以看出，该多功能刷机包括：手柄、连杆、刷机体、连杆套、滚轮，手柄固定在连杆的一端，连杆的另一端安装在连杆套中，连杆套固定在刷机体上。

无效宣告请求人认为，本专利权利要求 1 的技术方案与对比文件 1 公开的内容相比，区别在于：A. 权利要求 1 要求保护的是一种吹风机，而对比文件 1 所公开的是一

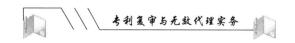

种多功能刷机；B. 权利要求 1 中包括一个挡块（5）。对于上述区别 A，请求人认为：本专利权利要求 1 并没有公开吹风机的任何特有的结构，而是将吹风机作为一个整体，公开的技术方案是解决其移动方便的技术问题。吹风机的外观设计的分类号为 15 – 05，对比文件 1 的分类号为 15 – 05，因此，将多功能刷机解决其移动方便的技术方案应用到本专利的吹风机上，是本技术领域的惯用手段的直接替换。

专利权人认为：对比文件 1 与本专利的技术领域不同，所要解决的技术问题不同，并且未公开连杆套、挡块、主机，以及连杆套和主机之间的连接关系，所公开的滚轮的位置也与权利要求 1 中的不同，上述区别也不属于本领域公知常识；对比文件 4、对比文件 5 与本专利技术领域不同、解决的技术问题不同，且没有公开权利要求 1 所述的吹风机的具体构成部件；请求人在附件 8 中提到的公知常识只公开了轴的结构特征，未公开权利要求 1 所述的吹风机的具体构成部件。因此，本专利权利要求 1 相对于对比文件 1 具备新颖性和创造性。

合议组认为：首先，权利要求 1 要求保护的是一种吹风机，而对比文件 1 所公开的是一种多功能刷机，因此，两者属于不同类别的产品，因此属于不同的技术领域；并且本专利是实用新型，不存在外观设计的分类号，其外观设计分类号仅是请求人的认定。其次，新颖性审查过程中惯用手段的直接替换是指发明或实用新型与现有技术相比，两者的区别技术特征属于能起到相同作用、达到相同技术效果的不同的常用技术手段，而对比文件 1 所公开的多功能刷机是可在地面移动并用于地面的清洁，本专利所保护的吹风机是可移动使用的送风设备，上述区别技术特征 A 显然不能起到同样的技术效果。因此，上述区别技术特征 A 不属于惯用手段的直接替换。

对于区别 B，请求人认为该区别技术特征已经在对比文件 1 中公开。合议组认为，从对比文件 1 的右视图并不能直接地、毫无疑义地得到挡块这一技术特征。请求人所认定为挡块 E 的部件实质上是该多功能刷机的连杆套与固定装置的连接部分，其并不是本专利权利要求 1 中用来使得连杆可以收起来的挡块，因此，上述技术特征并不相同，其所起的作用也与本专利中的挡块的作用不同。由上述分析可见，权利要求 1 所保护的技术方案与对比文件 1 所公开的技术方案所属的技术领域不同，并且权利要求 1 中的技术特征在对比文件 1 中也没有全部被公开，权利要求 1 相对于对比文件 1 具备《专利法》第 22 条第 2 款规定的新颖性。

【案例分析】

专利权人针对新颖性的答辩理由的重点应当首先放在区别技术特征上或者技术方案是否相同上，然后考虑所属技术领域的技术人员根据对比文件和本专利的两个技术方案能否适用于相同的技术领域、解决相同的技术问题，并具有相同的预期效果。发明、实用新型及外观设计的分类号仅能起到参考作用，分类号不是判断是否属于相同技术领域的决定性依据。针对区别技术特征是否属于"惯用手段的直接置换"，则应当分析涉案专利所属技术领域的各种常用技术手段，判断对比文件中的相应技术手段是否是可以"直接置换"的。

5.7　针对专利不具备创造性的理由

根据《专利法》第 22 条第 3 款，发明的创造性，是指与现有技术相比，该发明有突出的实质性特点和显著的进步。具备创造性是授予专利权的必要条件之一。

《专利审查指南 2010》第二部分第四章第 3 节对发明创造性的审查进行了详细的规定，本书不再重复。

判断是否具有"突出的实质性特点"，或者说判断"是否显而易见"，通常按照如下步骤进行：①确定最接近的现有技术；②确定发明的区别技术特征和发明实际解决的技术问题；③判断现有技术中是否存在技术启示。

类似地，专利权人的代理人应当按照前述三个步骤进行分析，寻找争辩点、准备争辩意见。

5.7.1　确定最接近的现有技术

最接近的现有技术，是指现有技术中与要求保护的发明最密切相关的一个技术方案。

在"确定最接近的现有技术"步骤中，专利权人的代理人首先应当注意审查所使用的对比文件是否构成现有技术，如果该对比文件并不是现有技术而是"抵触申请"，则不能够用来评价创造性的问题。

【案例 13 - 14】

本案例引自第 7622 号无效宣告决定。

本案中的焦点问题是附件 5 背景技术部分记载的内容能否作为现有技术评价创造性。

附件 5 为专利号为 03248282.5 的中国实用新型专利说明书复印件，其申请日为 2003 年 7 月 15 日，授权公告日为 2004 年 7 月 14 日。请求人认为，附件 5 的背景技术与附件 6 相结合可以破坏涉案专利权利要求 1 ~ 6 的创造性，在评价创造性时最接近的现有技术是附件 5。

合议组认为，附件 5 是实用新型专利说明书，其申请日 2003 年 7 月 15 日在本专利的申请日 2003 年 8 月 31 日之前，其公开日 2004 年 7 月 14 日在本专利的申请日之后，因此仅可用于评价本专利的新颖性。对于附件 5 背景技术中所记载的技术内容而言，由于该专利说明书中未记载其来源和公开时间，因此不能作为评价本专利创造性的已有技术，即使将该部分的技术内容的公开时间认定为附件 5 的公开时间，其公开时间在本专利申请日之后，因此也不能作为评价本专利创造性的已有技术。

【案例分析】

"在先申请、在后公开"的专利文献背景技术部分所记载的技术内容，在无确实的引证信息及其他佐证的情况下，通常也仅能用于评价某项专利权利要求的新颖性，

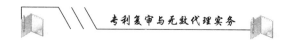

而不能与其他现有技术或公知常识相结合来评价权利要求的创造性。

另外应当注意的是，在确定最接近的现有技术时，应当首先考虑技术领域相同或者相近的现有技术。如果无效宣告请求人选择了技术领域相差较远的现有技术作为最接近的现有技术，就会给专利权人的争辩带来空间。具体说，专利权人的代理人争辩思路可以是：基于不同领域的最接近对比文件的区别特征涉及领域的差异（将一个领域的一组特征转移到另一领域的特征），这本身就具有非显而易见性，而且即便另一现有技术公开了该区别特征，也可争辩不存在结合的技术启示。

5.7.2　确定发明的区别技术特征和发明实际解决的技术问题

在该步骤中，准确理解现有技术所公开的技术方案、技术特征是非常重要的一环，也是正确确定发明的区别技术特征的前提。

专利权人的代理人应当通读对比文件，从而对现有技术的公开内容有全局的、实质的把握，以防止被请求人通过断章取义将本来不相同的特征说成是相同的特征。对于外文证据，代理人最好直接研究证据原文的内容；如果的确存在语言障碍，则可以先委托翻译公司对外文证据进行全文翻译而后研究翻译文件。完全依赖于请求人提供的译文研究对比文件的做法是不可取的，因为立场的不同使得请求人提供的译文往往是不可靠的。

确定发明的区别技术特征的基础是准确理解对比文件公开的内容。

【案例 13 - 15】

本案的焦点问题之一是对比文件的公开内容。

无效宣告请求人认为对比文件 1 是最接近的现有技术，并认为对比文件 1 公开了权利要求 1 中限定的 "所述的输送管线以相对于水平轴 $X - X'$ 的倾斜角 α 基本上水平延伸，所述倾斜角 α 小于 45°"。

合议组认为：对比文件 1 公开了用于烯烃聚合的设备，但其并未具体公开诸如旋转输送器 10 和清洗柱等的输送管线是否为基本上水平的布置。虽然对比文件 1 的附图显示旋转输送器 19 为水平布置，但是专利文献的附图只是用图形补充说明书文字部分的描述，使得能够直观地、形象化地理解发明或实用新型的每个技术特征和整体技术方案，对比文件 1 的附图并不是严格的工程制图，其是表征所述方法和设备特征的示意流程图，因此，无文字说明、仅仅是附图显示的上述信息不是能够从对比文件 1 中直接地、毫无疑义地确定的内容，不应当作为对比文件 1 已公开的内容。

【案例分析】

专利权人的代理人应当根据《专利审查指南 2010》第二部分第三章第 2.3 节 "对比文件" 的规定适当把握 "对比文件公开的内容"。特别是，对于请求人声称的对比文件的附图中所公开的内容，专利权人的代理人要特别谨慎，应当仔细考察该声称被公开的内容是否属于由附图推测的内容，或者无文字说明、仅仅是从附图中测量得出的尺寸及其关系。根据《专利审查指南 2010》的规定，这些内容不能够从附图中直接地、毫无疑义地确定，不应当作为对比文件公开的内容。

5.7.3　判断现有技术中是否存在技术启示

《专利审查指南 2010》第二部分第三章第 3.2.1.1 节"判断方法"中给出了三种通常认为现有技术中存在上述技术启示的情形，分别是：（i）所述区别技术特征为公知常识；（ii）所述区别特征为与最接近的现有技术相关的技术手段；（iii）所述区别特征为另一份对比文件中披露的相关技术手段，该技术手段在该对比文件中所起的作用与该区别技术特征在要求保护的发明中为解决该重新确定的技术问题所起的作用相同（简称"作用相同带来启示"）。

如果请求人主张情形（i），专利权人的代理人首先应争辩公知常识需要举证，其次还可以从整体技术方案出发从如下的角度阐释区别特征不是公知常识，例如：区别特征与其他特征是有机配合的，不是简单叠加；区别特征对于解决技术问题有重要贡献；区别特征在解决该重新确定的技术问题时所起的作用是新的、在特殊背景下产生的，而不是普遍适用的。

如果无效宣告请求人主张情形（ii），专利权人只能够从对比文件的公开内容和特征对比上寻找争辩要点。

如果无效宣告请求人主张情形（iii），专利权人不但可以从对比文件的公开内容和特征对比上寻找争辩要点，而且从作用不同因此没有启示上进行争辩也是可能取得成功的。

【案例 13 – 16】

本案例引自第 6437 号无效宣告决定。

本案的焦点问题是创造性判断中的技术启示问题。

权利要求 1 要求保护一种管状带输送机，包括输送带和形状保持框，输送带由多个六边形托辊组成的形状保持框（12、13）支撑，整条管状带输送机上的成型段上都采用上下两辊水平对称型形状保持框（12），输送带的过渡段与成型段交界处设有左右两辊垂直对称型形状保持框（13）。（说明：左右两辊垂直对称型形状保持框（13）其实就是上下两辊水平对称型形状保持框（12）绕其中心轴线转动 30 度得到）

无效宣告请求人认为，对比文件 1 和对比文件 3 的组合破坏权利要求 1 的创造性，对比文件 1 是最接近的现有技术，权利要求 1 与对比文件 1 的区别特征是"过渡段（10）与成型段交界处设有左右两辊垂直对称型形状保持框（13）"，而对比文件 3 公开了该区别技术特征，而且根据受力分析，左右两辊垂直对称型形状保持框对对抗侧向反作用力增大的情况有较好的效果，本领域技术人员在侧向反作用力较大的位置选用该保持框是显而易见的。

合议组首先认定，附件 3 公开了管状带式输送机的承载区段由 6 个托辊组成的正六边形截面，其图 2 示出了管状带式输送机的两种形状保持框，即上下两辊水平对称型形状保持框和左右两辊垂直对称型形状保持框，但上下两辊水平对称型形状保持框

第13章

被设置在承载侧，左右两辊垂直对称型形状保持框被设置在返程侧的成型段。

基于上述事实，合议组认为附件3中没有结合的启示：附件3中的左右两辊垂直对称型形状保持框被设置在处于空载状态的返程侧的成型段，保持框并没有受到管状带侧向增大的反作用力，即此处保持框的受力状况与过渡段与成型段交界处的不同，故附件3中没有给出将左右两辊垂直对称型形状保持框设置在过渡段与成型段交界处的启示，本领域技术人员不花费创造性的劳动难以将附件1与附件3结合以获得本专利权利要求1的技术方案。本专利的这种设置使交界处附近相邻的保持框相错30度，使在带一定纵向距离内与保持框之间的周向接触点由6点增加到12点，能更好地限制管状带的变形，使形状保持辊受力均衡，故本专利权利要求1相对于附件1、附件3具有实质性特点和进步，具备《专利法》第22条第3款所规定的创造性。

【案例分析】

在本案中，从"左右两辊垂直对称型形状保持框被设置在处于空载状态的返程侧的成型段"，可知"保持框并没有受到管状带侧向增大的反作用力"，由此可知附件3的"左右两辊垂直对称型形状保持框"与权利要求1的"左右两辊垂直对称型形状保持框"作用并不相同，由此认定没有启示，这是典型的针对结合启示问题的争辩思路。

5.8 实用新型创造性理由

实用新型创造性的判断与发明创造性的判断上的不同，主要体现在现有技术中是否存在"技术启示"，这种区别具体体现在两个方面：

（1）现有技术的领域

对于实用新型而言，一般着重考虑该实用新型的所属领域。该规定为专利权人的代理人提供了争辩空间。但是，专利权人的代理人仅仅指出参与评价创造性的现有技术属于不同领域是不够的，还应当从整体技术方案和区别技术特征出发进一步阐明领域的不同给现有技术的组合带来了困难，因而现有技术没有给出结合启示，本专利对于本领域技术人员不是显而易见的。

（2）现有技术数量

对于实用新型专利而言，一般情况下可以引用一项或者两项现有技术评价创造性。现有技术数量的限制，对于专利权人争辩创造性是有利的。同时，专利权人的代理人也应当注意"简单的叠加"的例外，即对"简单的叠加"类型的实用新型的权利要求可以采用多篇现有技术评价创造性，因此专利权人的代理人在利用篇数限制争辩创造性时，应当首先争辩本专利权利要求不是"简单的叠加"类型。

【案例13-17】

本案例引自第13581号无效宣告决定。

本案的焦点问题是对实用新型创造性判断的篇数限制问题。

请求人认为，本专利权利要求1相对于对比文件1~4的结合不具备创造性。

合议组认为，首先，对于实用新型专利的创造性审查而言，一般着重考虑该实用新型专利所属的技术领域的现有技术。针对本专利而言，其是一项实用新型专利，技术领域为电池的结构零件，具体涉及一种组合电池的壳体构造；而对比文件 1、对比文件 3 和对比文件 2、对比文件 4 的领域分别为电连接元件的连接装置的零部件和电设备零部件。并且，从国际专利分类号来看，本专利的国际专利分类号为 H01M2/10，对比文件 1～4 的国际专利分类号分别为 H01R13/62、G06F3/00、H05K5/00、H05K5/00。本专利的国际专利分类号与对比文件 1～4 的国际专利分类号均不相同。由此可见，对比文件 1～4 的领域与本专利的领域均不相同。

其次，请求人用四篇对比文件的结合评述本专利权利要求 1 的创造性。一般而言，可以引用一项或两项现有技术评价实用新型专利的创造性。除非由现有技术"简单叠加"而成的实用新型专利，可以引用多项现有技术评价其创造性。本专利权利要求 1 请求保护的组合式电池的壳体结构这一技术方案是一个有机整体方案，壳体各部件相互配合、共同作用以解决技术问题，并非是各部件简单叠加拼凑的技术方案。而且，请求人也未提出任何证据或意见陈述表明上述权利要求的方案是现有技术的"简单叠加"。本专利创造性的评价并非可以采用多项现有技术进行组合的情形。

综上所述，本专利权利要求 1 相对于对比文件 1～4 的结合具备创造性。

【案例分析】

在本案中，可以注意到，合议组基于专利文献的国际专利分类号来评价领域是否相同相近。另外，在适用篇数限制之前，合议组也阐明了本专利权利要求 1 请求保护的组合式电池的壳体结构这一技术方案是一个有机整体方案，壳体各部件相互配合、共同作用以解决技术问题，并非是各部件简单叠加拼凑的技术方案。

代理人在仔细阅读无效宣告请求书并对无效宣告理由和证据进行分析之后，应当对涉案专利在无效宣告请求程序中的前景作初步判断，同时还应当考虑其他因素。例如，与涉案专利相关的侵权诉讼案件的情况。在此基础上分析涉案专利被宣告无效的可能性有多大，以便确定答辩时的相应策略。

代理人可以根据委托人的意图为委托人设计答辩策略，包括：是否答复、答复的深入程度、是否修改权利要求书和修改时机。代理人应当根据委托人的意图准备答复意见和修改文件，并在得到委托人的确认之后提交。

在分析请求人提出的无效宣告理由和证据之后，代理人有时能够判断出无效宣告理由是明显不成立还是明显成立。但这种情况相对较少，大部分的案件处于两者之间的模糊地带。

5.9　反　　证

尽管对于无效宣告请求的主张而言，专利权人并没有证明专利权有效的举证责任，但是，如果专利权人通过分析之后认为，根据具体的案件事实，有必要提交反证来支持专利权人提出的反驳意见，那么此时代理人应当考虑的应对策略是：在专利复审委员会指定的答复期限内提交反证并进行具体说明。提出反证时应当具有针对性。具体地，可以针对无效宣告请求的证据提出反证，也可以针对无效宣告理由提出反证。例如，针对不符合《专利法》第 22 条规定的新颖性、创造性等无效宣告理由提供相应的反证。

对于专利权人提交反证的期限等，《专利审查指南 2010》第四部分第三章第 4.3.2 节作了以下规定：

"专利权人应当在专利复审委员会指定的答复期限内提交证据，但对于技术词典、技术手册和教科书等所属技术领域中的公知常识性证据或者用于完善证据法定形式的公证文书、原件等证据，可以在口头审理辩论终结前补充。

"专利权人提交或者补充证据的，应当在上述期限内对提交或者补充的证据具体说明。

"专利权人提交的证据是外文的，提交其中文译文的期限适用该证据的举证期限。"

另外，根据《专利审查指南 2010》第四部分第三章第 4.3.3 节的规定，对于有证据表明因无法克服的困难在规定的举证期限内不能提交的证据，专利权人可以在所述期限内书面请求延期提交。

下面给出一个专利权人提交反证并且基于该反证对案件事实的证明而使其专利权得以维持的实际案例。

【案例 13 - 18】

本案例引自第 WX17820 号无效宣告决定。

本案的申请日为 2008 年 4 月 14 日。请求人主张，权利要求 1 与证据 1 的区别在于：区别技术特征①和区别技术特征②。但区别技术特征①在证据 2 中公开，区别技术特征②与证据 1 中的效果相同，因此权利要求 1 相对于证据 1 和证据 2 的结合不具备创造性；权利要求 2、权利要求 3 的附加技术特征都被证据 1 公开，因此也不具备创造性。

专利权人针对请求人的主张提交了反证 1：授权公告号为 CN201083948Y、授权公告日为 2008 年 7 月 9 日的中国实用新型专利说明书复印件。专利权人主张：证据 2 并未给出对区别技术特征①的启示，涉案专利通过采用区别技术特征①能降低成本，而区别技术特征②能实现美观、连接可靠等效果，因此权利要求 1 具备创造性。

针对上述专利权人提出的主张，请求人认为：区别技术特征①并非本案发明重点，说明书中也未说明其效果，因此权利要求 1 不具备创造性。

在无效宣告决定中，合议组认为：涉案专利说明书中尽管未说明区别技术特征①的效果，但其效果是由该区别技术特征本身带来的，是客观存在的，并且在专利权人提交的反证 1 中也详述了其技术效果。因此，合议组对请求人的主张不予支持，维持 200820079937.2 号实用新型专利权有效。

【案例分析】

判断一项权利要求所要求保护的技术方案是否具备创造性，应当首先找出该权利要求相对于最接近的现有技术的区别技术特征，再基于区别技术特征找到其实际要解决的技术问题，然后判断现有技术中是否存在将该区别技术特征应用于最接近的现有技术以解决其技术问题的技术启示，而不能仅仅依据所述区别技术特征是否为专利的发明重点来认定该权利要求是否具备创造性。

本案争议的焦点在于涉案专利的创造性，即请求人提出的无效宣告理由为涉案专利权利要求不符合《专利法》第 22 条第 3 款的规定。请求人认为专利权人主张的一个区别技术特征不是其发明重点并且说明书中没有说明该区别技术特征的技术效果，而技术效果在创造性的判断中是一个重要因素。本案专利权人通过提交反证 1，证明了通过该区别技术特征能够取得的技术效果，并且这种技术效果是由该区别技术特征本身带来的，是客观存在的。综合其他因素，合议组最终作出了维持专利权有效的决定。这个案例属于专利人针对无效宣告理由提出反证而获得成功的情形。

需要说明的是，反证 1 的申请日是在涉案专利的申请日之前，公告日则在涉案专利的申请日之后。这个反证 1 不能用于证明现有技术，但是却可以用来说明涉案专利的区别技术特征所带来的技术效果。

5.10　特殊情况的应对策略

请求人提出的无效宣告理由有可能是明显不成立的，也有可能是明显成立的，但在大多数情况下是介于这两者之间。作为代理人，对每种情况均需认真进行应对。对于明显成立的无效宣告理由，代理人除了认真分析并如实告知专利权人相应的分析意见之外，还需要注意进一步挖掘可能的答辩手段。

5.10.1　无效宣告理由明显不成立

如果专利权人在进行分析之后认为，请求人提出的无效宣告理由和证据尚不足以宣告专利权无效，则可以只作出答辩而不修改专利文件。

然而，值得注意的是，在撰写意见陈述书时，应当针对请求人在无效宣告请求书中提出的所有无效宣告理由以及所附的所有证据逐一提出相应的反驳意见。还要注意请求人的无效宣告请求是否存在明显疏漏，而这些疏漏可能成为专利复审委员会依职权审查的范围；此外，还应注意请求人还有在法定期限内补充证据和增加无效宣告理由的可能。

5.10.2　无效宣告理由明显成立

在分析请求人提出的无效宣告理由和证据之后，如果代理人认为请求人提出的理由成立，这时可具体分以下两种情形向专利权人提出相应的答辩建议，包括：是否答辩、在答辩时是否修改权利要求和/或提出反证。

（1）专利权有可能被宣告部分无效

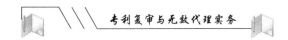

如果请求人提出的无效宣告理由明显成立，但是针对的是部分权利要求，则代理人需要从以下几个方面考虑应对策略：

① 针对可能被宣告无效的权利要求，通过修改权利要求书来克服其中存在的缺陷，并结合修改后的权利要求书论述无效宣告理由不成立的具体意见，以尽可能争取在修改后的权利要求书基础上维持专利权部分有效；

② 针对可能被宣告无效的权利要求，通过修改权利要求书并提交反证来克服其中存在的缺陷，并结合修改后的权利要求书和提交的反证来论述无效宣告理由不成立的具体意见，以达到维持专利权部分有效的目的。

例如，独立权利要求缺乏新颖性或创造性或者存在其他实质性缺陷，而其从属权利要求或将几项从属权利要求合并成的新权利要求具备新颖性或创造性或者不存在上述实质性缺陷，则可以考虑修改权利要求书，放弃那些不符合专利授权条件的权利要求，将从属权利要求修改为新的独立权利要求或将几项从属权利要求合并改写成一项新的独立权利要求，在此基础上再进行答辩，以达到维持专利权部分有效的目的。

特别是在几项从属权利要求合并成新的独立权利要求有可能被维持有效的情况下，专利权人应当充分利用这个机会，对权利要求进行合并式修改。对于独立权利要求可能无效，而从属权利要求（不需要合并多个从属权利要求）可能有效的情况，则可以考虑不作修改，而在答辩过程中不但对独立权利要求进行争辩，而且对从属权利要求应当被维持提出正面的意见。

（2）专利权有可能被宣告全部无效

如果请求人提出的无效宣告理由明显成立并且针对的是全部权利要求，而且也无法通过修改权利要求书使专利权得到维持，则代理人应当明确告知专利权人分析结论。

例如，请求人引用的一篇申请日前公开的出版物与涉案专利所有权利要求的技术方案非常接近，涉案专利极有可能被宣告全部无效。这时，可由专利权人根据需要决定是否进行相应的答辩。

另外，此时专利权人可以考虑是否需要与请求人谋求和解。例如，对于针对侵权诉讼而提出的案件，可以就在一定条件下专利权人撤回侵权诉讼而无效宣告请求人撤回无效宣告请求进行和解。

第2节　权利要求书的修改

1　修改的原则与方式

1.1　修改的原则

在专利权无效宣告程序中，对专利文件的修改仅限于权利要求书，不得对说明书及其附图进行任何修改。而对于权利要求书的修改不得超出原说明书和权利要求书记载的范围。《专利审查指南 2010》第四部分第三章第 4.6.1 节进一步明确了权利要求书的修改应当遵循以下四个原则：

① 不得改变原权利要求的主题名称。

② 与授权的权利要求相比，不得扩大原专利的保护范围，例如，通过删除权利要求中的技术特征，导致保护范围扩大是不允许的。

③ 不得超出原说明书和权利要求书记载的范围。对专利文件的修改不得超出原说明书和权利要求记载的范围是对修改的基本要求，在专利审批阶段如此，在专利权无效宣告程序中对专利文件的修改也是如此。

④ 一般不得增加未包含在授权的权利要求书中的技术特征。对权利要求的技术方案进行修改时不得从说明书中引入权利要求书中没有记载的技术特征对权利要求作进一步限定。

1.2　修改的方式

在满足上述修改原则前提下，修改权利要求书的具体方式一般限于权利要求的删除、合并和技术方案的删除：

① 权利要求的删除是指从权利要求书中去掉某项或者某些项权利要求。

② 技术方案的删除是指从同一权利要求中并列的两种以上技术方案中删除一种或者一种以上技术方案。

③ 权利要求的合并是指两项或者两项以上相互无从属关系但在授权公告文本中从属于同一独立权利要求的权利要求的合并。在此情况下，所合并的从属权利要求的技术特征组合在一起形成新的权利要求。该新的权利要求应当包含被合并的从属权利要求中的全部技术特征。在独立权利要求未作修改的情况下，不允许对其从属权利要求进行合并式修改。

1.3　修改专利文件时应当注意的问题

在无效宣告程序中，对权利要求书的修改还应当注意以下四个方面：

① 委托专利代理人办理无效宣告事务并委托其代为修改权利要求书的，应当在委托书中写明给予其代理人特别授权。

② 合并式修改的考虑：代理人应考虑是否需要这样修改以及这样的修改是否会导致修改超出原始申请文件记载范围。

对权利要求的合并式修改自然满足了前述修改原则的要求，但是应当注意，按照上述方式进行修改还需要满足《专利法》第 33 条的规定，即按照上述方式修改以后，新的权利要求（合并后的技术方案）应当符合《专利法》第 33 条的规定。

③ 修改权利要求书将导致权利要求保护范围的缩小，因此修改时应当掌握合适的尺度。如果过于缩小保护范围，势必影响专利权人的利益。相反，如果在有充分的无

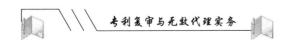

效宣告理由的情况下，坚持不修改权利要求书又会存在被宣告全部无效的可能性，因而专利权人应当权衡得失，寻求最佳修改方案。这一点对于作为侵权诉讼的抗辩手段而提起的无效宣告案件尤为重要。在无效宣告案件的审查过程中，专利文件的修改可以采用如下总体原则，即删去授权公告权利要求书中明显不具备授权条件的权利要求，将那些可能争取到最宽保护范围的权利要求改写成新的独立权利要求，在此基础上再以权利要求合并方式补充几项符合授权条件和无效宣告程序中专利文件修改要求的从属权利要求。这样，即使新修改的独立权利要求仍然不满足授权条件而被宣告无效，另几项从属权利要求仍有维持有效的可能。

④ 由于针对以合并的方式修改的权利要求书，请求人可以在规定期限内增加新的无效宣告理由和提出新的证据，因此，专利权人在以合并的方式对权利要求书进行修改之后，还应当关注请求人是否增加了新的无效宣告理由或者提交了新的证据，并及时作出适当的应对。

2 修改方案的制定

由于无效宣告程序中的修改方式受到了极其严格的限制，因此专利权人仅在非常有限的情形下能够通过修改克服缺陷。这些情形主要包括：

① 某个从属权利要求的附加技术特征不清楚，或者独立权利要求包含并列的技术方案、其中的某个技术方案不清楚。

② 独立权利要求缺乏必要技术特征，而该必要技术特征被包含在某从属权利要求中。

③ 独立权利要求存在新颖性和创造性的问题。

对于情形①，专利权人可以通过删除某个从属权利要求或者删除独立权利要求中该不清楚的技术方案来克服该问题。

对于情形②，专利权人可以通过将该从属权利要求的全部特征并入独立权利要求来克服该问题。

对于情形③，专利权人需要具体案件具体分析。如果当前权利要求书中本身就存在某从属权利要求相对于请求人提交的对比文件具备新颖性和创造性，则专利权人一般没有必要进行删除式的修改，因为即便不进行修改，专利复审委员会也会对该从属权利要求进行审查，如果其具有新颖性和创造性，则该权利要求会被维持有效，本专利最终会被部分维持有效。如果当前权利要求书中并没有，但通过合并式修改可以得到对于请求人提交的对比文件具有新颖性和创造性的技术方案，则专利权人应当进行修改。

另外，考虑到评价实用新型专利创造性的领域限制和篇数限制，对于实用新型专利而言，主动地通过修改来克服创造性问题是非常有效的。当然，专利权人的代理人

进行合并式修改时，应当考虑是否过多缩小了保护范围以及这样修改是否会超出原始文件的记载范围。

【案例 13 - 19】

本案例引自第 12572 号无效宣告决定。

本案的授权权利要求如下：

1. 一种变压器，其特征在于，包括：一绕线架，具有一贯通孔；一一次侧绕线组及一第一二次侧绕线组，分别旋绕在该绕线架上；一第一磁芯，嵌入该贯通孔；以及一第二磁芯，具有一第一端及一第二端，分别耦接该第一磁芯，该第二磁芯还具有一第一突出部，位于该第一端及该第二端之间，该第一突出部配置于该一次侧绕线组及该第一二次侧绕线组之间。

2. 如权利要求 1 所述的变压器，其特征在于，该变压器还包括一第二二次侧绕线组，该一次侧绕线组位于该第一二次侧绕线组及该第二二次侧绕线组之间。

3. 如权利要求 2 所述的变压器，其特征在于，该第二磁芯还包括一第二突出部，位于该第一突出部及该第二端之间，该第二突出部配置于该一次侧绕线组及该第二二次侧绕线组之间。

4. 如权利要求 1 所述的变压器，其特征在于，该第一磁芯呈 I 字型。

5. 如权利要求 1 所述的变压器，其特征在于，该第二磁芯呈 E 字型。

6. 一种灯管驱动电路，其特征在于，包括：一驱动装置；一绕线架，具有一贯通孔；一一次侧绕线组旋绕于该绕线架上，且耦接该驱动装置；一第一二次侧绕线组，旋绕于该绕线架上，与该一次侧绕线组间隔一既定距离；一第一磁芯，嵌入该贯通孔；一第二磁芯，具有一第一端及一第二端，分别耦接该第一磁芯，该第二磁芯还具有一第一突出部，该第一突出部配置于该一次侧绕线组及该第一二次侧绕线组之间；以及一第一灯管，耦接该第一二次侧绕线组。

7. 如权利要求 6 所述的灯管驱动电路，其特征在于，该灯管驱动电路还包括：一第二二次侧绕线组，该一次侧绕线组位于该第一二次侧绕线组及该第二二次侧绕线组之间；以及一第二灯管，耦接该第二二次侧绕线组。

8. 如权利要求 7 所述的灯管驱动电路，其特征在于，该第二磁芯还包括一第二突出部，位于该第一突出部及该第二端之间，该第二突出部配置于该一次侧绕线组及该第二二次侧绕线组之间。

9. 如权利要求 6 所述的灯管驱动电路，其特征在于，该第一磁芯呈 I 字型。

10. 如权利要求 6 所述的灯管驱动电路，其特征在于，该第二磁芯呈 E 字型。

针对无效宣告请求，专利权人于 2008 年 8 月 26 日提交了意见陈述书和经修改的权利要求书，其中删除了原权利要求 1 和权利要求 2，并将原权利要求 4 和权利要求 5 引用新修改的权利要求 1；删除了原权利要求 6 和权利要求 7，并将原权利要求 9 和权利要求 10 引用新的权利要求 4。具体修改如下：

第13章

1. 一种变压器，其特征在于，包括：一绕线架，具有一贯通孔；一一次侧绕线组及一第一二次侧绕线组，分别旋绕在该绕线架上；一第一磁芯，嵌入该贯通孔；以及一第二磁芯，具有一第一端及一第二端，分别耦接该第一磁芯，该第二磁芯还具有一第一突出部，位于该第一端及该第二端之间，该第一突出部配置于该一次侧绕线组及该第一二次侧绕线组之间，该变压器还包括一第二二次侧绕线组，该一次侧绕线组位于该第一二次侧绕线组及该第二二次侧绕线组之间，该第二磁芯还包括一第二突出部，位于该第一突出部及该第二端之间，该第二突出部配置于该一次侧绕线组及该第二二次侧绕线组之间。

2. 如权利要求 1 所述的变压器，其特征在于，该第一磁芯呈 I 字型。

3. 如权利要求 1 所述的变压器，其特征在于，该第二磁芯呈 E 字型。

4. 一种灯管驱动电路，其特征在于，包括：一驱动装置；一绕线架，具有一贯通孔；一一次侧绕线组旋绕于该绕线架上，且耦接该驱动装置；一第一二次侧绕线组，旋绕于该绕线架上，与该一次侧绕线组间隔一既定距离；一第一磁芯，嵌入该贯通孔；一第二磁芯，具有一第一端及一第二端，分别耦接该第一磁芯，该第二磁芯还具有一第一突出部，该第一突出部配置于该一次侧绕线组及该第一二次侧绕线组之间；以及一第一灯管，耦接该第一二次侧绕线组，该灯管驱动电路还包括：一第二二次侧绕线组，该一次侧绕线组位于该第一二次侧绕线组及该第二二次侧绕线组之间；以及一第二灯管，耦接该第二二次侧绕线组，该第二磁芯还包括一第二突出部，位于该第一突出部及该第二端之间，该第二突出部配置于该一次侧绕线组及该第二二次侧绕线组之间。

5. 如权利要求 4 所述的灯管驱动电路，其特征在于，该第一磁芯呈 I 字型。

6. 如权利要求 4 所述的灯管驱动电路，其特征在于，该第二磁芯呈 E 字型。

口头审理中，合议组经过审查后主动引入新的无效宣告理由，即专利权人于 2008 年 8 月 26 日提交的权利要求 3 和权利要求 6 不清楚，不符合《专利法实施细则》第 20 条第 1 款的规定；专利权人同意删除权利要求 3 和权利要求 6，并随后提交了修改文本。

合议组认为，将权利要求 1 与附件 1 相比，其区别技术特征为：该变压器还包括一第二二次侧绕线组，该一次侧绕线组位于该第一二次侧绕线组及该第二二次侧绕线组之间；该第二磁芯还包括一第二突出部，位于该第一突出部及该第二端之间，该第二突出部配置于该一次侧绕线组及该第二二次侧绕线组之间。在附件 2 所公开的变压器中，虽然公开了两个二次线圈，两个突起，但是线圈的卷绕和突起的设置都在同一个线圈铁心上；而权利要求 1 的变压器中，线圈的卷绕和突起是分别设置于两个不同的线圈铁心上的，因此附件 2 中的变压器的结构与权利要求 1 要求保护的变压器的结构是不同的。本领域技术人员从附件 2 所公开的变压器结构中不能得到将附件 2 公开的技术特征应用到附件 1 公开的变压器上的启示，也就不能由附件 1 和附件 2 得到权利要求 1 要求保护的技术方案。因此，相对于附件 1 和附件 2 的结合，权利要求 1 要求保护的技术方案具有实质性特点和进步，具备《专利法》第 22 条第 3 款所规定的创造性。

【案例分析】

在本案中，专利权人修改后的权利要求 1 实质上是授权的权利要求 3。修改后的权利要求 2 尽管其特征对应于授权的权利要求 4，但是二者并不是相同的技术方案。授权的权利要求 4 是引用权利要求 1 而没有引用权利要求 3，修改的权利要求 2 则引用修改后的权利要求 1，因此其相当于授权权利要求 3 与权利要求 4 的合并。如果在无效宣告阶段专利权人不进行修改，那么，非常可能的情形是授权权利要求 1~2、权利要求 4~7、权利要求 9~10 均被宣告无效而仅授权权利要求 3 和权利要求 8 维持有效。

本案授权权利要求 3 引用的是权利要求 2。如果授权权利要求 3 引用权利要求 1，那么更有必要将权利要求 1~3 进行合并式修改，以利于创造性的答辩。

【案例 13－20】

本案例引自第 19337 号无效宣告决定。

本案的焦点问题是对实用新型专利的修改和创造性评价。

针对无效宣告请求书，专利权人于 2012 年 6 月 5 日提交了意见陈述书及权利要求书全文的修改替换页，其中将从属权利要求 11~13 的附加技术特征并入权利要求 1 中，删除了权利要求 11~13 并适应性修改了权利要求的顺序编号。

针对修改后的权利要求 1，请求人认为权利要求 1 相对于证据 1 和证据 6 及公知常识的组合不具备创造性。

合议组认为，本专利权利要求 1 请求保护的技术方案与证据 1 公开的内容相比，其区别技术特征在于：①该转子在使用中能以至少 5000rmp 的速度旋转；②空气出口包括科恩达表面，该科恩达表面定位在嘴部附近且嘴部被布置为引导气流流过该表面上方，空气出口还包括扩散器，该扩散器定位在科恩达表面的下游。

对于上述区别技术特征①，由于有多篇文献公开了此转速，因此认定为公知常识。

对于上述区别技术特征②，合议组经审查认为：首先，确实如请求人所述，证据 6 中公开了科恩达表面，但证据 6 中科恩达表面的设置位置与本专利权利要求 1 中科恩达表面的设置位置不同。具体说来，证据 6 中的科恩达表面设置在风扇的下游的一角，而本专利权利要求 1 中的科恩达表面定位在嘴部附近，本专利中嘴部是用于发出气流的部位，参见证据 6 附图 4－5 的图示可知，证据 6 中所公开的位于风扇的下游、设置了科恩达表面的部位位于风扇的内部通道而并非是用于发出气流的部位，因此不能相当于本专利权利要求 1 中的嘴部。其次，证据 6 中科恩达表面的作用与本专利权利要求 1 中科恩达表面的作用不同。虽然确实如请求人所述，科恩达表面的"附壁引

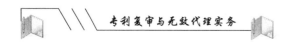

导作用"是由科恩达表面的本质特性决定的，但科恩达表面在证据6中与在本专利中具体所起到的作用不同。具体说来，证据6中由于气流沿科恩达表面流动，使得风扇叶片所送出的气流更多地继续向下游的方向排气，从而减小风扇叶片的尖端与保护罩之间气流的泄漏，而本专利中则利用设置在所述嘴部附近的科恩达表面来增大经由风扇内部通道、通过嘴部发出的气流。简言之，虽然都是利用科恩达表面的"附壁引导作用"，但由于科恩达表面的实际作用不同，因此证据6没有给出将科恩达表面设置在本专利所述嘴部附近以增加气流的技术启示。再次，"空气出口还包括扩散器，该扩散器定位在科恩达表面的下游"，也即在科恩达表面的下游还设有扩散器这一技术特征未在证据6公开，而且目前没有证据表明在科恩达表面的下游设置扩散器是本领域的公知常识。综上所述，在现有的证据情况下，本领域技术人员得到本专利权利要求1要求保护的技术方案并非显而易见，从而该本专利权利要求1具备创造性，请求人主张本专利权利要求1不具备创造性的无效宣告请求理由不能成立。

【案例分析】

专利权人考虑到本案当前的权利要求书中的各权利要求相对于请求人提出的现有技术的创造性高度似乎都不够，因此选择了合并式的修改，将合并式修改得到的相对于现有的对比文件包含多个区别技术特征的权利要求作为审查基础，最终使专利权得以部分维持。

在本案中，从"证据6中科恩达表面的设置位置与本专利权利要求1中科恩达表面的设置位置不同"，得到"科恩达表面的实际作用不同"，进而认定"证据6没有给出将科恩达表面设置在本专利所述嘴部附近以增加气流的技术启示"，这是一个评价没有技术启示的典型案例。

需要特别注意的是，应当根据侵权纠纷的情况来制定修改方案。具体说，专利权人的代理人应当考查备选的修改方案中的独立权利要求的保护范围是否仍然能够覆盖涉嫌侵权的产品，或者说，涉嫌侵权的产品是否仍落入修改后的独立权利要求的保护范围。

第3节 意见陈述书的撰写

在与专利权人研究了应对策略、必要时对专利文件进行修改之后，代理人就可以着手撰写意见陈述书，对无效宣告请求书进行答辩。

1 撰写意见陈述书的基本要求

针对无效宣告请求书的意见陈述书应当在对无效宣告请求书进行准确、具体分析的基础上，针对无效宣告请求书中的具体无效宣告理由，从事实出发，结合证据，详细论述其不成立的理由。例如，针对不符合《专利法实施细则》第 20 条第 2 款规定的无效宣告理由，应当根据涉案专利说明书认定该专利所要解决的技术问题，论证权利要求的技术方案已经记载了解决该技术问题的全部必要技术特征，进一步论述请求人指出的必要技术特征与该技术问题的解决无关或者是解决该技术问题的进一步优选措施，属于非必要技术特征，从而得出该权利要求符合《专利法实施细则》第 20 条第 2 款规定的结论。只笼统地指出某个技术特征不是必要技术特征是不够的。

当存在多项无效宣告理由时，应根据情况确定论述重点，对每一项无效宣告理由逐一陈述意见，不要遗漏。如果认为某个无效宣告理由相对比较充分，应当将其作为重点加以论述。

针对同一事实提出多个无效宣告理由的，也应当逐一进行意见陈述，但可针对其中一个理由重点陈述意见，对于其他理由的意见则可简要论述，以避免重复。

意见陈述书应当避免强词夺理，避免仅仅针对无效宣告理由提出反对主张而没有针对性的论述，或者罗列有关证据而没有具体分析说理。意见陈述书应当词语规范，有理有据，条理清晰，主次分明。具体地说，在陈述每一项无效宣告理由意见时，应当意思明确，符合逻辑，行文清晰简明，前后一致，不能相互矛盾。

2　意见陈述书的主要内容和格式

专利权人的答辩意见应当以意见陈述书的方式提交。意见陈述书应当采用国家知识产权局规定的表格，填写表格中的有关内容，即专利基本信息、意见陈述人、专利代理机构、具体意见陈述、附件清单等内容。专利权人提交反证的，应当将其作为意见陈述书的附件提交。提交证据时应当按顺序编号，并与附件清单中的编号一致。

具体意见陈述是意见陈述书的主要部分，通常采用意见陈述书正文的方式提交。意见陈述书正文一般可按照"三段式"格式撰写，包括起始部分、论述部分和结论部分。❶

2.1　起始部分

在起始部分说明该意见陈述书的答复对象，即首先说明该意见陈述书是针对哪一件无效宣告请求或者哪一次提交的意见陈述书作出的答复，通常可采用如下格式撰写：

专利权人收到请求人×××于×年×月×日对××××××××××号发明（实用新型）专利提出的无效宣告请求书及所附证据副本（案件编号为××××）。现针对请求人所提出的无效宣告理由和证据进行答辩，具体意见如下。

2.2　论述部分

这部分是意见陈述书正文的主体内容，应针对请求人提出的无效宣告理由有理有

---

❶　李超，吴观乐. 专利代理实务分册［M］. 北京：知识产权出版社，2011：328－331.

第 13 章

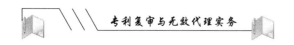

据地逐一陈述意见。

对于不属于《专利法实施细则》第65条第2款规定的无效宣告理由，应当直接予以指出，不必再作详细分析。对于请求人结合证据提出的无效宣告理由，应当结合证据进行考虑。当有充分理由认为证据不能被采信时，可以仅对证据发表意见；当有充分理由认为证据可以被采信，但相应的无效宣告理由不成立时，应当着重对该无效宣告理由加以反驳；当没有充分理由认为证据不被采信时，应当考虑专利复审委员会采信该证据的可能性，不仅指出该证据不应被采信，还应当对相应的无效宣告理由提出反驳意见。

如果在答复时修改了权利要求书，则应当以附件形式提交权利要求书的修改替换页，并首先在意见陈述书正文的论述部分简要说明对权利要求书的具体修改情况，在此基础上论述对权利要求的修改符合《专利法》第33条、《专利法实施细则》第69条以及《专利审查指南2010》第四部分第三章第4.6节的相关规定，请求专利复审委员会在此修改文本的基础上进行审查，并在修改的权利要求的基础上对无效宣告理由逐一进行反驳。

对每一项无效宣告理由进行反驳时，应当依据《专利法》《专利法实施细则》和《专利审查指南2010》的规定进行论述，通常可按照如下方式撰写：

（1）首先应当针对无效宣告理由及法律依据、该理由所涉及的权利要求以及所依据的证据陈述意见

必要时，阐明相关法律规定的内容及《专利审查指南2010》具体解释的内容。例如：

本专利权利要求1的修改符合《专利法》第33条的规定。

《专利法》第33条规定，对发明和实用新型专利申请文件的修改不得超出原说明书和权利要求书记载的范围。

《专利审查指南2010》第二部分第八章第5.2.1.1节规定，原说明书和权利要求书记载的范围包括原说明书和权利要求书文字记载的内容和根据原说明书和权利要求书文字记载的内容以及说明书附图能直接地、毫无疑义地确定的内容……

（2）对专利文件和证据中的相关事实要点陈述意见

具体地说，对于请求宣告无效的专利，如果请求人主张的事实存在错误，应当予以指出，并结合专利文件中的具体内容给出正确的事实。对于证据，尤其是非正规出版物类证据、用于证明公开使用或者以其他方式公开的证据，如果认为其不具备证据资格，应当在具体分析证据的真实性、合法性及与待证事实的关联性的基础上提出反驳意见；此外，如果认为证据之间不能彼此关联形成完整的证据链以证明待证事实成立，应当具体分析证据之间为何不相关联。

（3）在事实认定的基础上，对相关法律规定的适用进行具体分析，得出涉案专利符合相关法律规定的结论

第13章

在上面提出的三部分内容中，重点应当放在根据证据所能确定的事实方面以及在此事实的基础上的法律分析方面。

2.3　结论部分

结论部分应当用概要性的文字说明涉案专利符合《专利法》《专利法实施细则》和《专利审查指南 2010》的相关规定，并明确专利权人的具体主张。

通常可采用如下格式撰写：

综上所述，本专利符合《专利法》第×条第×款和《专利法实施细则》第×条第×款的规定，请求人的无效宣告理由不成立，请求专利复审委员会依法维持本专利有效。

或者是：

综上所述，专利权人认为本专利修改后的权利要求×至×符合《专利法》第×条第×款和《专利法实施细则》第×条第×款的规定，请求人的无效宣告理由不成立，请求专利复审委员会在修改的权利要求书的基础上维持本专利有效。

3　撰写意见陈述书时应当注意的问题

在撰写意见陈述书时应当注意以下几方面的问题。

3.1　关于期限

在专利权无效宣告程序中，专利权人应当重视各种有关期限的规定。一方面，应当及时指出请求人在期限方面存在的问题，以此排除超期提出的无效宣告理由、范围或证据；另一方面，也应当把握好时机，在无效宣告请求受理通知书或其他通知书中指定的期限之内陈述意见，提出反证，必要时对权利要求书进行修改。

在实务操作中，由于某些原因导致不能按期提交意见陈述的情况时有发生。这种情况是要尽量避免的。一旦发生这种情况，专利权人的意见陈述仍然应当在超期后尽快提交。尽管专利权人是否提交意见陈述并不影响专利权无效宣告案的审理程序，如果在超期后提交意见陈述，那么合议组将有机会在口头审理之前阅读专利权人的意见，使得合议组能够更充分地领会专利权人的理由，增加了专利权被维持有效的机会。

3.2　正确把握答复的分寸

在撰写意见陈述书时，仅需针对请求人提出的无效宣告理由陈述意见，不必针对涉案专利是否符合无效宣告理由之外的其他授权条件陈述意见，即使涉案专利中确实存在不符合规定之处。一方面，请求人增加无效宣告理由或者证据都要受到规定期限的约束；另一方面，即使请求人在规定期限内增加了无效宣告理由、补充了证据，或者专利复审委员会依职权引入新的无效宣告理由或证据，专利复审委员会也会给专利权人提供相应的答复机会，届时再进行相应的答复即可。

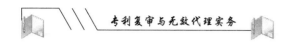

3.3 考虑理由变更的可能性

在有些无效宣告案件中会出现无效宣告理由与事实或证据不对应的情形。根据《专利审查指南2010》第四部分第三章第4.1节的规定，在此情况下，专利复审委员会可以告知请求人有关法律规定的含义，允许其变更或依职权变更为相对应的无效宣告理由进行审查。因此当出现这种情形时，仅仅依据对方的错误观点就得出其无效宣告理由不成立是不够的，同时还应当考虑无效宣告理由变更以后的应对策略。在这种情况下，在准备意见陈述书时应当就各个无效宣告理由以正面陈述意见为主，而不要把重点放在反驳请求人的主张上。

3.4 考虑请求人延期提交证据的可能性

《专利审查指南2010》第四部分第五章第4.3节规定，请求人可以在口头审理辩论终结前提交技术词典、技术手册和教科书等所属技术领域中的公知常识性证据或者用于完善证据法定形式的公证文书、原件等证据，并结合该证据具体说明相关无效宣告理由。

因此，对于请求人主张但未举证证明的公知常识，专利权人应当客观地进行判断，当有理由怀疑不属于公知常识时，应当提出质疑，并且需要注意请求人于口头审理辩论终结前提出相关证据的可能性。

对于请求人未按规定提交公证认证文件的，应当谨慎进行意见陈述。请求人可能在口头审理辩论终结前提交相关公证认证文件，也可能根本不能提交公证认证文件。因此在意见陈述书中可以暂不对相关证据发表意见，而是在后面的口头审理准备中准备好相应的答辩意见。

对于请求人只提交了复印件、复制品或者反映物证客观情况的照片和文字说明的，该证据的真实性被确认的可能性比较小，因此，在意见陈述书中针对证据的真实性可以暂不发表意见，在后面的口头审理阶段进行相应准备，但是应当对上述复印件、复制品或者照片和文字说明所揭示的内容进行必要的分析和答辩。

3.5 注意"禁止反悔"原则

对于针对侵权诉讼而提出的无效宣告案件来说，专利权人在陈述意见时还应当考虑到其陈述的意见是否会对权利要求保护范围的解释带来影响，避免在专利侵权诉讼过程中陷入不利的境地。

3.6 避免前后不一致的论述

在意见陈述书中对无效宣告理由进行反驳时应全面考虑，注意各个无效宣告理由之间的相互关联，避免出现不一致的论述。例如，对某一技术手段是否属于公知常识的论述既可能涉及说明书的充分公开，又可能涉及创造性的判断。因此，在针对说明书未充分公开的无效宣告理由进行反驳时，如果强调某一技术特征属于本领域的公知常识而无需对其有关内容进行详细说明，则必然会导致认定这一技术特征本身不会对发明的创造性作出贡献。由此可知，在上述情况下应当十分注意论述的方式，避免作出的答复意见前后不一致，相互矛盾，致已方于不利境地。

第4节 专利权人的证据准备

关于证据的举证期限、证明标准以及证据的形式要件在第 11 章进行了详细的阐述。专利权无效宣告程序中，举证责任主要在请求人一方，但是专利权人在一些情况下也应当提交证据。

1 针对请求人提出的证据准备反证

专利权人应当针对请求人提出的证据准备反证。

例如，针对请求人提出的证明使用公开或以其他方式公开的证据提供反证。为了证明不是在先公开销售、只是鉴定前为取得必要的试验或测试数据而交付使用的情况，专利权人可以提供一份当时签订的、包含有保密要求的合作协议书或委托测试书原件或经公证的副本。

2 针对无效宣告请求理由准备证据

（1）针对专利不符合《专利法》第 22 条有关新颖性、创造性和实用性的规定等无效宣告理由准备相应证据。

例如，在前述案例 13 – 18 中，其争议点在于涉案专利是否具备创造性。在其专利说明书中没有说明区别技术特征的技术效果，而技术效果在创造性的判断中是一个重要因素。专利权人通过提交详述该技术效果的反证证明了这种技术效果是由该区别技术特征本身带来的，是客观存在的。通过该证据与其他证据的结合使专利权得到维持。

又例如，为了证明实用性，专利权人可提供必要的试验结果来说明涉案专利能够产生积极的效果。

（2）针对专利不符合《专利法》第 26 条第 3 款、第 4 款的规定，即说明书没有对发明或者实用新型作出清楚、完整的说明，致使本领域技术人员不能实现，或者其权利要求书没有以说明书为依据，清楚、简要地限定要求专利保护的范围等无效宣告理由准备证据。

例如，提供公知常识性证据。为了证明充分公开，专利权人可提供相关现有技术资料，证明说明书中未详细描述的内容属于申请日前公众的公知常识或者从现有技术能获知的内容。

除了以上所列举的常用无效宣告理由外，专利权人可针对《专利法实施细则》第

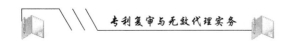

65 条第 2 款规定的其他无效宣告理由准备相应的证据。

下面通过案例说明在专利权无效宣告程序中对于公知常识性证据的认定。

【案例 13 – 21】

本案例引自专利复审委员会的第 7592 号和第 9999 号无效宣告决定。无效宣告理由之一是说明书公开不充分。本案经历了两次无效宣告程序。在第二次无效程序中专利权人提交了两份反证，分别为：

反证 1：耿光斗译、中国建筑工业出版社出版、1978 年 1 月第一版的《料仓》封面页、版权页、目录页、第 87 页、第 90 页、第 91 页、第 94 页、第 95 页、第 97 页、第 100 ~ 105 页、第 188 页、第 189 页、第 196 页；

反证 2：陆厚根编著、同济大学出版社出版的《粉体技术导论》封面、前言、目录第 2 页和第 61 页。

专利权人表示反证 1 用来证明请求人主张公开不充分的技术特征是现有技术，反证 2 用来证明请求人主张公开不充分的技术特征是本领域公知的概念。请求人认可两份反证的真实性，也认可其为现有技术，但是不认可其属于审查指南规定的公知常识性证据形式，因为从出版前言可以看出上述两个反证不是手册、词典等。专利权人则表示根据上述反证的前言可知其是教科书，因此是公知常识。

合议组认为，反证 1 扉页"译校者的话"介绍了该书是作者根据近年来关于料仓设计和应用方面的有关文献加以归纳整理的，可以作为从事料仓设计和生产应用方面的工程技术人员参考之用；反证 2 扉页的"再版序"介绍了其作者根据本课程教学实践的体会和读者的反馈建议从而在再版时对该书作了进一步的完善，由此可知，上述反证 1 和反证 2 应当属于审查指南规定的公知常识性证据的范畴，在专利权人在口头审理辩论终结前提交且对其进行具体说明的情况下，合议组对其予以考虑。在此基础上，由于请求人认可其真实性而且是涉案专利的现有技术，因此反证 1 和反证 2 可以作为本案证据使用，其上记载的内容可以用来反映在涉案专利申请日之前本领域技术人员的知识水平。

无效宣告决定认为说明书公开充分而维持了该专利。

【案例分析】

本案经过了两次口头审理、一次行政诉讼。在第二次口头审理过程中，请求人当庭放弃涉案专利不符合《专利法》第 22 条第 3 款规定的无效宣告理由，明确其无效宣告理由是涉案专利说明书不符合《专利法》第 26 条第 3 款的规定，导致权利要求 1 ~ 10 不符合《专利法》第 26 条第 3 款的规定。而专利权人则准备了新的证据（即反证 1 和反证 2），并在口头审理辩论终结前提交，同时对其进行了具体的说明。

合议组认为，由反证 1 和反证 2 的扉页可知，上述反证 1 和反证 2 应当属于《审查指南 2006》规定的公知常识性证据的范畴，合议组对其予以考虑。在此基础上，由于请求人认可其真实性而且是涉案专利的现有技术，因此反证 1 和反证 2 可以作为本案证据使用，其上记载的内容可以用来反映在涉案专利申请日之前本领域技术人员的知识水平。

本案专利权人在第二次口头审理过程中准备并提交的公知常识性证据足以反驳对方的观点，证明了对方主张的无效宣告理由不成立，从而成功地使其实用新型专利权得以维持。

此外，通过本案例可以清楚地认识到，对于说明书中记载的不涉及任何权利要求的技术特征，无论说明书中是否充分公开了这样的技术特征，都不会导致权利要求中限定的技术方案不清楚、不完整而使本领域技术人员无法实现，不会因此导致权利要求不符合《专利法》第 26 条第 3 款的规定。

第 5 节　专利权无效宣告与专利侵权诉讼的协调与配合

无效宣告请求往往是伴随着专利侵权诉讼而产生的。对于专利侵权诉讼来说，侵权成立以专利权有效为前提。因此，专利权一旦被宣告全部无效，侵权的前提不再存在，人民法院就可以作出侵权不成立的判决，专利侵权诉讼程序随之终止。如果专利权被宣告部分无效，则针对被维持有效的权利要求作出是否侵权的判决。

1　在无效宣告程序中与专利侵权诉讼的配合的考虑

专利侵权诉讼中的被告提出无效宣告请求，其目的无非是利用无效宣告程序，将作为专利侵权诉讼基础的专利权宣告全部无效或部分无效，达到使专利权人无法滥用权利或者被控侵权物不落入专利保护范围的目的。

对于伴随有侵权诉讼的无效宣告请求，若无效宣告请求审查决定的结论是维持有效或宣告部分无效的情况，代理人要根据此决定结果帮助委托人确定在侵权诉讼中的对策。

此时，应当分析被控侵权的产品或者方法对于被维持部分有效的专利（即仍被维持有效的权利要求）是否构成侵权。要做到这一点，需要正确解释权利要求并准确确定权利要求的保护范围。在此基础上决定专利权人在专利侵权诉讼中的对策。

2　专利侵权诉讼中禁止反悔原则的适用

由于在专利侵权诉讼中适用禁止反悔原则，因此，专利权人在无效宣告程序中对其权利的处置应当有一个前瞻性的考虑，避免因在无效宣告程序中过于缩减权利要求的保护范围或对技术特征的限制性解释而在专利侵权诉讼中令自己处于不利地位。

"禁止反悔原则"是指：专利权人在专利审批程序或者专利权无效宣告程序中，通过书面声明或者文件的修改对权利要求的保护范围作了限制或者部分放弃，对于经承认属于已有技术的内容或者明确表示放弃的技术内容，在专利侵权诉讼中，不得对这些技术内容主张权利。

禁止反悔原则的设立旨在防止专利权人采用出尔反尔的策略，即在专利申请过程中，为获得专利权而承诺对其保护范围进行限制，或者强调权利要求中某个技术特征对于确定其新颖性、创造性如何重要，到了专利侵权诉讼时又试图反悔，取消之前所作的限制，或者强调该技术特征可有可无，以此来扩大其保护范围。

应当注意的是，适用禁止反悔原则的范围应当涵盖所有与专利权的授予或专利权的维持有关的书面修改和意见陈述，而不应仅仅局限于有关新颖性和创造性的承诺或者修改。专利权人所作出的不涉及专利权利要求实质内容的说明、解释不属于适用禁止反悔原则的范围。而且，限制承诺或者放弃保护的技术内容，必须是对专利权的授予或者维持专利权有效产生了实质性的作用。

根据禁止反悔原则，专利权人为克服原权利要求相对于现有技术缺乏新颖性或创造性的缺陷所放弃的范围，不得在侵权判断时通过解释而扩大到这些范围。但是，如果放弃的范围不涉及现有技术所披露的内容或者放弃该范围时基于其他非实质性理由，例如，权利要求保护范围不清楚，则不能以禁止反悔原则来阻止将权利要求解释到合理的等同范围（具体案例可参考案例13 – 1）。

3 专利权无效宣告案结案之前的和解

在实践中，有些无效宣告请求案都是通过双方互作让步、相互妥协以和解的方式结案的。在这种情况下双方当事人找到了利益的平衡点，从而节省了时间、经费。因此，在收到专利权无效宣告请求审查决定之前，代理人应当根据案情帮助委托人分析和解的利弊得失，以便委托人作出决断。由于无效宣告请求案是依据请求原则而启动的确定专利权有效或无效的法律程序，所以无效宣告请求案的审理不像在民事诉讼中"着重调解"，无效宣告程序中的和解是在双方自愿基础上的，决定是否和解以及在何种条件下和解是双方当事人的事，所以代理人在和解活动中能够起到重要的作用。

作为代理人来说，切忌为展示自己能力而对委托人一味承诺取胜，切勿在和解对双方来说是双赢的情况下阻碍当事人自愿和解。

第14章 无效宣告程序的口头审理

按照《专利审查指南 2010》第四部分第四章第 1 节引言中的定义,口头审理是根据《专利法实施细则》第 63 条、第 70 条的规定而设置的行政听证程序,其目的在于查清事实,给当事人当庭陈述意见的机会。

从实践来看,口头审理是专利复审委员会对无效宣告案在合议审查阶段的主要审查方式。因为口头审理双方通过当面辩论可以使案件事实和证据更加清楚,所以多数无效宣告案都是经过口头审理才作出审查决定。有鉴于此,当事人的代理人应当充分利用口头审理的机会,在口头审理中采用适当的策略,为当事人争取有利的结果。

第1节 口头审理的准备

为了在口头审理中为当事人争取更有利的审查决定的结论,代理人应当充分做好口头审理的准备工作。

1 口头审理的确定

1.1 口头审理请求的提出及其理由

《专利审查指南 2010》第四部分第四章第 2 节规定:"在无效宣告程序中,有关当事人可以向专利复审委员会提出进行口头审理的请求,并且说明理由。请求应当以书面方式提出。

无效宣告程序的当事人可以依据下列理由请求进行口头审理:

① 当事人一方要求同对方当面质证和辩论。

② 需要当面向合议组说明事实。

③ 需要实物演示。

④ 需要由出具过证言的证人出庭作证。

对于尚未进行口头审理的无效宣告案件,专利复审委员会在审查决定作出前收到当事人依据上述理由以书面方式提出口头审理请求的,合议组应当同意进行口头审理。

在无效宣告程序中,合议组可以根据案情需要自行决定进行口头审理。针对同一案件已经进行过口头审理的,必要时可以再次进行口头审理。"

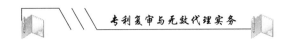

根据上述规定，在专利权无效宣告程序中，口头审理的启动有两种方式：

① 当事人请求：对于当事人双方以书面方式向专利复审委员会提出口头审理请求的，只要口头审理请求是在审查决定作出前提出的，合议组会启动口头审理程序。

② 合议组自行决定：即使当事人没有书面请求，一般情况下合议组也会自行启动口头审理程序。而且，针对同一案件已经进行过口头审理的，必要时合议组还可以再次进行口头审理。

绝大多数情况下，合议组都会自行启动一次口头审理。因此，一般而言，当事人并不需要特别提出口头审理的书面请求。

但是，存在一种例外情形，按照《专利审查指南 2010》第四部分第三章第 4.4.4 节中关于"审查方式的选择"的规定，"专利权人未要求进行口头审理，专利复审请求委员会认为请求人提交的证据充分，其请求宣告专利权全部无效的理由成立的，可以直接作出宣告专利权全部无效的审查决定；在这种情况下，请求人请求宣告无效的范围是宣告专利权部分无效的，专利复审委员会也可以针对该范围直接作出宣告专利权部分无效的决定"。

作为专利权人一方的代理人，应当注意到这种例外情形，并在必要的情况下提出口头审理的书面请求。实务中，有必要提出口头审理书面请求的情形通常包括：①专利权人自己提出无效宣告请求，请求宣告专利权部分无效，通过口头审理可以澄清必要的案件事实；②请求人的证据表面上"充分"，但是可能通过口头审理揭露暗含的案件事实，由此证明请求人请求宣告专利权全部或部分无效的理由不成立。

1.2　转达口头审理通知书和确定参加口头审理

专利复审委员会合议组决定进行口头审理后，将向双方当事人发出口头审理通知书，通知进行口头审理的日期和地点等事项，并附具口头审理回执。

代理人在收到口头审理通知书之后，应当立即将口头审理通知书、随口头审理通知书转送的答复意见和相关证据等文件转送给委托人并就以下事项与委托人进行协商：

① 是否参加口头审理。

② 口头审理参加人员。

③ 是否需要请有关人员出庭作证和演示物证等。

具体地说，代理人首先应当与当事人协商是否参加口头审理。如果决定参加口头审理，则确定参加口头审理人员的名单、身份，并按照口头审理通知书提供的相关内容确定有无证人出庭，有无物证演示等。

在确定上述事项之后，填写口头审理通知书回执，并按规定在收到口头审理通知书之日起 7 日内向专利复审委员会提交口头审理通知书回执。

由于参加口头审理可以更充分、更清楚地表述己方的观点，双方当事人通常应当参加口头审理。如果一方当事人告知专利复审委员会不参加此次口头审理，专利复审委员会仍然会在该方当事人缺席的情况下单方进行口头审理，这有可能给该方带来不利的后果。

然而，与法院审理的案件不同，专利权无效宣告程序中的口头审理并不是一个强制性的程序，因此在某种特殊情况下，如己方委托人因经济问题不愿参加口头审理时，也可以不参加口头审理。但是，此时仍应当按期提交口头审理通知书回执，告知专利复审委员会不参加口头审理。

对于请求人的代理人来说，这一点特别重要，因为按照《专利法实施细则》第70条第3款的规定，请求人对专利复审委员会发出的口头审理通知书在指定期限内未提交口头审理通知书回执，并且又不参加口头审理的，其无效宣告请求被视为撤回。专利权人不参加口头审理的，可以缺席审理。以下通过案例说明专利权人缺席口头审理时可能出现的情形。

【案例 14 - 1】

本案例引自专利复审委员会作出的第 4244 号无效宣告决定。针对专利局于 1998 年 12 月 23 日授权公告的实用新型专利，请求人于 2001 年 12 月 6 日向专利复审委员会提出无效宣告请求，其理由是涉案专利不具备新颖性和创造性，并指出与涉案专利权利要求书记载的技术方案完全相同的产品早在 1997 年 3 月已经公开销售，与此同时，请求人提交了附件 1 ~ 3 作为证据。

经形式审查合格，专利复审委员会受理了该无效宣告请求，并将无效宣告请求书及所附证据副本转送给专利权人，要求其在指定的期限内答复。专利权人对此没有答复。

请求人于 2001 年 12 月 28 日又提交了意见陈述书，补充提交了证明涉案专利在申请日之前公开销售事实的证据 1 ~ 8，其中的证据 6 - 2、证据 7 - 2 是两份经公证处公证的谈话笔录，这两份公证书中还记载了谈话笔录中所涉及的两份证据实物已被公证处公证封存。

合议组于 2002 年 2 月 6 日向双方当事人发出了口头审理通知书，定于 2002 年 3 月 7 日进行口头审理，同时将请求人补充意见陈述书及补充证据 1 ~ 8 转给了专利权人。

专利权人既未提交口头审理通知书回执，也未参加口头审理，口头审理在专利权人缺席的情况下如期进行。审理中，请求人当庭提交了上述由公证处封存的两件物证，且经合议组检验封条完好。

由于专利权人对请求人所提交的所有证据及意见陈述均未作出答复，视为专利权人已得知请求人所提出的理由、事实和证据，并且未提出反对意见。经审查，合议组认定请求人提供的附件 1、证据 1 至证据 5 - 1 及证据 5 - 3 至证据 7 - 2 均可以作为无效宣告请求的有效证据被采用。

合议组最终认定，证据 2 - 7 与证据 6 - 1、证据 6 - 2 构成的证据链足以说明涉案专利权利要求 1 和权利要求 2 所限定的产品在涉案专利申请日之前已经公开销售、使用。涉案专利已经不具备新颖性。因此，专利复审委员会最终宣告第 97238942.3 号实用新型专利权全部无效。

【案例分析】

本案中专利权人既未提交口头审理通知书回执，也未参加口头审理，口头审理是在专利权人缺席的情况下进行的。由于专利权人对请求人所提交的所有证据及意见陈述均没有作出答复，对于请求人于 2001 年 12 月 28 日提交的证明涉案专利在申请日之前公开销售事实的证据 1~8，以及请求人当庭提交的由公证处提取的两件物证，合议组视为专利权人已得知请求人所提出的理由、事实和证据并且没有提出反对意见。经审查，合议组最终认定请求人提供的证据 2 - 7 与证据 6 - 1、证据 6 - 2 构成的证据链足以说明涉案专利权利要求 1 和权利要求 2 所限定的产品在涉案专利申请日之前已经公开销售、使用，涉案专利已经不具备新颖性并据此宣告专利权全部无效。

由于专利权人缺席口头审理，对于请求人提供的用来证明涉案专利在申请日之前公开销售事实的证据以及请求人在口头审理时当庭提交的物证，专利权人都丧失了进行质证的机会。这样一来，本来通过质证完全有可能推翻的、单独看起来证明力并不强的证据，就因此能够顺利地成为使请求人的证据链得以形成的重要环节，致使涉案专利被宣告无效。这显然是代理人在办理案件中应当尽量避免出现的情形。

当然，专利权人不参加口头审理可能有多种原因导致，既可能是出于节省费用的考虑，也可能是专利权人认为专利权不可能维持或者不需要维持。值得注意的是，不出席口头审理并不意味着专利复审委员会必然作出对己方不利的决定，但如果没有特别的原因，还是建议当事人出席口头审理，争取有利的结果。

2 口头审理参加人员的确定

按照《专利审查指南 2010》第四部分第四章第 3 节的规定，参加口头审理的每方当事人及其代理人的数量不得超过四人。回执中写明的参加口头审理人员不足四人的，可以在口头审理开始前指定其他人参加口头审理。一方有多人参加的，应指定一名第一发言人进行主要发言。翻译人员不计算在上面的四人之内。

《专利审查指南 2010》第四部分第四章第 3 节还规定，当事人不能在指定日期参加口头审理的，可以委托其专利代理人或者其他人代表出庭。

当事人依照《专利法》第 19 条规定委托专利代理机构代理的，该机构应当指派专利代理人参加口头审理。

如果当事人委托公民代理的，其权限仅限于在口头审理中陈述意见和接收当庭转送的文件。

确定参加口头审理的人员之后，代理人还应当检查已提交的有关委托手续的文件和材料。如果缺少相应委托手续或缺少授权委托书原件，应告知委托人尽快补办，以便在进行口头审理时补交。

如果参加口头审理的代理人或当事人发生变更，应提前准备好相应的变更文件，以便在进行口头审理时提交。

3 口头审理文件的准备

当事人一旦确定参加口头审理，接受当事人委托的代理人就应当具体着手进行口头审理文件的准备工作。

3.1 整理和分析与本案有关的证据

参加口头审理前，代理人应当再次仔细地整理和分析与本案有关的证据。

（1）证据原件与复印件的核实

证据原件需要在口头审理中出示，因此，证据原件要保存完好。在口头审理之前，要核实所提交的复印件与保存的原件一致。

（2）证据内容的标引

请求方的代理人应当在考虑对方当事人的意见陈述（包括其反证和修改后的专利文件）的基础上，分析己方的证据是否足以支持无效宣告理由。对于需要由多个证据来证明一个待证事实的情况，应当将证据链的结构作出清晰的标引。尤其是各个证据之间互相支持和彼此关联的部分，建议作出特别的标引，以便在口头审理时可以作出脉络清晰的阐述。在分析证据时不仅要找出证据中支持己方观点的内容，还应考虑该证据中有无不利于己方观点的内容，以便在对方当事人在口头审理中提出此问题时能及时作出应答。对于专利权人一方的代理人来说，则要从相反的角度来考虑，分析对方证据所存在的问题，己方的反证是否足以反驳对方的观点，以便证明对方的证据不足以支持其无效宣告理由。

（3）证据编号和分组

对于证据较多的情况，双方代理人都应当对证据按顺序编号。将证明不同事实的证据分成几组，将证据中的有关内容或存在的问题加以标注，最好列出一张明细表。其中包括证据编号、证据名称、主要采用内容、所证明的问题，从而为下一步准备答辩提纲以及口头审理的现场陈述打好基础。

（4）补充性证据的审核

一般情况下要尽可能在举证期限内提交公知常识性证据，但是如果由于各种原因没能在举证期限内提交的，也可以在口头审理时提交。

（5）公证认证事项的核实

对于域外证据，应当核实公证认证手续。公证和认证的事项经常是质证的重要内

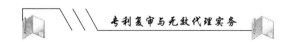

容之一，因此对公证词的内容在口头审理前要仔细研究。另外，公证认证的手续文件（包括外文手续文件的译文）最迟也可在口头审理时提交。这些手续文件在口头审理前也应进行审核，并准备好多份复印件提交。

3.2　商议口头审理对策和准备辩论提纲

整理、分析证据之后，代理人需要与委托人商议进行口头审理时的对策，包括无效宣告请求或针对无效宣告请求答辩的策略、对所提交证据最终的选用及组合方式、授权文本自身缺陷、无效宣告理由及范围等，以及是否与对方谋求当面和解。

根据商定的对策准备辩论提纲。辩论提纲应当包括以下四个部分：

① 在口头审理时第一次陈述意见的书面发言提纲。

② 针对对方所提证据或反证准备的质证提纲和针对对方对己方证据或反证进行质证的答辩提纲。

③ 针对合议组在口头审理通知书中指定的中心议题准备的辩论提纲。

④ 口头审理辩论结束时的总结发言提纲。

由于发言时间有限，提纲应当简洁、清楚，各部分的内容应各有侧重。

在第一次陈述意见时，双方代理人应当结合证据和/或反证比较全面地论述提出无效宣告的理由或者反驳对方的无效宣告理由。

证据调查阶段质证时，应重点放在核实这些证据的合法性、真实性、关联性以及证据之间或证据与待证事实之间有无矛盾上。

口头审理辩论阶段的辩论提纲，应当多考虑几种对方有可能采用的辩论方案，相应做好几种答辩的准备。如果对方的争辩在自己这一方预料之中，则己方的辩论发言就会成竹在胸，不会出现临场措手不及的情况。

辩论结束时的总结发言应当简明扼要，强调关键之处，并且应当在现场根据争辩情况作出适当补充。

辩论提纲与意见陈述书的不同之处在于其要当众发言。为了取得好的效果必须条理清楚，具有说服力。因为倾听双方争辩意见的是合议组的审查员，是有经验的技术和法律专家，代理人必须用可靠的事实和证据、符合审查指南规定的分析说理以及合乎逻辑的论述来说服合议组。

3.3　做好书证、物证、证人证言或现场演示的准备

在口头审理前还应做好书证、物证、人证或现场演示的准备。具体包括如下工作：

① 对已经主张事实的补充书证最好在口头审理之前连同口头审理回执一起寄给专利复审委员会，以便合议组事先做好准备。

② 对于已经出具过证明材料的证人，也应指导其在作证时从专利法角度说明问题，将证言说到关键之处。

③ 在现场演示专利产品的效果时，演示的专利产品实物必须与权利要求限定的产品相一致，对比的实物必须与申请日前的现有技术相一致。

④ 必要时，利用列表、画图或者其他实物演示方式作进一步的辅助说明。

此外，在口头审理的准备中还应当帮助当事人和有关技术人员做好临场发言的准备，指导他们从专利法角度进行争辩，避免陷入纯技术或学术问题的讨论。

第 2 节　口头审理四个阶段的代理

根据《专利审查指南 2010》第四部分第四章第 5 节的规定，口头审理分为四个阶段，类似于民事诉讼的庭审。

1　口头审理四个阶段介绍

下面首先对口头审理的四个阶段进行简要介绍。

1.1　口头审理第一阶段

口头审理第一阶段为口头审理的准备阶段。这个阶段主要由参加口头审理的各方完成以下事项。

在口头审理开始前，合议组首先核对参加口头审理人员的身份证件，并确认其是否有参加口头审理的资格。合议组还会在此阶段核实代理权限。

口头审理由合议组组长主持。合议组组长宣布口头审理开始后，介绍合议组成员；由当事人介绍出席口头审理的人员，有双方当事人出庭的，合议组组长询问双方当事人对于对方出席人员资格有无异议；合议组组长宣读当事人的权利和义务；询问当事人是否请求审案人员回避，是否请证人作证和请求演示物证。

在有双方当事人参加的口头审理中，合议组组长还询问当事人是否有和解的愿望。对于和解，合议组针对不同情况，分别按以下方式处理：

① 双方当事人均有和解愿望并欲当庭协商的，暂停口头审理。

② 双方和解条件差别较小的，可以中止口头审理。

③ 双方和解条件差别较大，难以在短时间内达成和解协议的，或者任何一方当事人没有和解愿望的，口头审理继续进行。

在实务中，无效阶段和解的情况是很少的，因此，合议组仅核实一下双方是否有和解愿望，口头审理一般都会如期进行。合议组也可能在后续的阶段中询问和解愿望。

合议组在第一阶段还会询问双方是否对合议组的组成人员提出回避请求。合议组成员有《专利法实施细则》第 37 条规定情形之一的，应当自行回避，当事人有权要求其回避。出现应当回避的情形是非常少见的，因为合议组会事先核实是否有应当回

避的情形。

对于合议组的组成，《专利审查指南 2010》第四部分第一章第 3.1 节规定："专利复审委员会作出维持专利权有效或者宣告专利权部分无效的审查决定以后，同一请求人针对该审查决定涉及的专利权以不同理由或者证据提出新的无效宣告请求的，作出原审查决定的主审员不再参加该无效宣告案件的审查工作。对于审查决定被人民法院的判决撤销后重新审查的案件，一般应当重新成立合议组。"

如果代理人发现合议组的组成人员存在上述情形，最好在口头审理之前就与合议组联系，说明这些情况。合议组发现这种情况通常会主动更换合议组成员。

1.2 口头审理第二阶段

口头审理的第二阶段为口头审理调查阶段。在进行口头审理调查之前，必要时，由合议组成员简要介绍案情。然后，开始进行口头审理调查。口头审理调查包括以下几个方面。

1.2.1 确定口头审理的范围

在口头审理调查中，先由请求人陈述无效宣告请求的范围及其理由，并简要陈述有关事实和证据，再由专利权人进行答辩。其后，由合议组就案件的无效宣告请求的范围、理由和各方当事人提交的证据进行核对，从而确定口头审理的审理范围。

1.2.2 增加理由或补充证据及其答辩

当事人在口头审理时当庭增加或变更理由或者补充证据的，合议组根据有关规定判断所述理由或者证据是否予以考虑。例如，请求人以《专利法》第 33 条或《专利法实施细则》第 43 条第 1 款为由请求宣告专利权无效，在口头审理辩论终结前提交了关于被请求宣告无效专利的原始申请文本或发明专利申请公开说明书，这样的证据合议组通常会予以考虑。又如，请求人以《专利法》第 5 条为由请求宣告专利权无效，在口头审理辩论终结前提供了相应的理由，这样的证据合议组通常也会予以考虑。对于决定予以考虑的上述理由或证据，合议组会给予首次得知所述理由或者收到所述证据的对方当事人选择当庭口头答辩或者以后进行书面答辩的权利。

1.2.3 举证和质证

请求人就无效宣告理由以及所依据的事实和证据进行举证，然后由专利权人进行质证。需要时专利权人可以提出反证，由对方当事人进行质证。案件存在多个无效宣告理由、待证事实或者证据的，当事人可以按照无效宣告理由和待证事实逐个举证和质证。

在口头审理调查过程中，为了全面、客观地查清案件事实，合议组成员可以就有关事实和证据向当事人或者证人提问，也可以要求当事人或者证人作出解释。

1.3 口头审理第三阶段

在第二阶段中进行口头审理调查之后，进入口头审理第三阶段，即口头审理辩论阶段。双方当事人开始进行口头辩论。

1.3.1　口头辩论的主要过程

在双方当事人对案件证据和事实无争议的情况下，可以在双方当事人对证据和事实予以确认的基础上，直接进行口头审理辩论。具体过程如下：

① 当事人就证据所表明的事实、争议的问题和适用的法律、法规各自陈述其意见，并进行辩论。

② 在口头审理辩论时，合议组成员可以根据需要就某一争议问题提问，请当事人更清楚地阐明观点和理由。

③ 在口头审理辩论过程中，当事人又提出事先已提交过、但未经调查的事实或者证据的，合议组组长可以宣布中止辩论，恢复口头审理调查；调查结束后，继续进行口头审理辩论。

④ 在双方当事人的辩论意见表达完毕后，合议组组长宣布辩论终结，由双方当事人作最后意见陈述。

1.3.2　辩论过程中当事人处置原则的适用

在口头审理辩论中以及进行最后意见陈述时，当事人可以按照当事人处置原则对自己的权利作以下处置：

① 请求人可以坚持原无效宣告请求，也可以请求撤回无效宣告请求，还可以放弃无效宣告请求的部分理由及相应证据，或者缩小无效宣告请求的范围。

② 专利权人可以坚持自己的答辩意见、请求维持专利权有效，也可以修改权利要求书以缩小专利保护范围。

③ 自行与对方和解。

1.4　口头审理第四阶段

口头审理第四阶段为合议阶段。《专利审查指南2010》第四部分第四章第5.4节对这个阶段的规定如下：

"在口头审理过程中，合议组可以根据案情需要休庭合议。

合议组组长宣布暂时休庭，合议组进行合议。然后，重新开始口头审理，合议组组长宣布口头审理结论。口头审理结论可以是审查决定的结论，也可以是其他结论，例如，案件事实已经查清，可以作出审查决定等结论。至此，口头审理结束。"

口头审理结论主要有以下两种：

① 当庭宣布审查决定的结论，并在一定期限内作出正式的书面审查决定。

② 当庭不宣布审查决定的结论。

在当前的实务中，当庭宣布审查决定结论的情况比较少，大部分是案件事实已经查清，口头审理后作出审查决定。

1.5　口头审理中其他相关程序的规定

在《专利审查指南2010》第四部分第四章中，对口头审理中的相关程序作了如

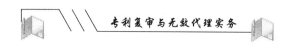

下规定。

1.5.1 口头审理的中止

有下列情形之一的，合议组组长可以宣布中止口头审理，并在必要时确定继续进行口头审理的日期：

① 当事人请求审案人员回避的。

② 因和解需要协商的。

③ 需要对发明创造进一步演示的。

④ 合议组认为必要的其他情形。

1.5.2 口头审理的终止

对于事实已经调查清楚、可以作出审查决定并且不属于需要经过主任委员或者副主任委员审核批准的案件，合议组可以当场宣布审查决定的结论。

对于经口头审理拟当场宣布审查决定结论的案件，需要经主任委员或者副主任委员审核批准的，应当在批准后宣布审查决定的结论。

合议组不当场宣布审查决定结论的，由合议组组长作简要说明。

在上述三种情况下，均由合议组组长宣布口头审理终止。此后，在一定期限内，将决定的全文以书面形式送达当事人。

1.5.3 当事人的缺席

有当事人未出席口头审理的，只要一方当事人的出庭符合规定，合议组按照规定的程序进行口头审理。

1.5.4 当事人中途退庭

在无效宣告程序或者复审程序的口头审理过程中，未经合议组许可，当事人不得中途退庭。当事人未经合议组许可而中途退庭的，或者因妨碍口头审理进行而被合议组责令退庭的，合议组可以缺席审理。但是，应当就该当事人已经陈述的内容及其中途退庭或者被责令退庭的事实进行记录，并由当事人或者合议组签字确认。

1.5.5 旁　听

在口头审理中允许旁听，旁听者无发言权；未经批准，不得拍照、录音和录像，也不得向参加口头审理的当事人传递有关信息。

必要时，专利复审委员会可以要求旁听者办理旁听手续。

2　代理人在口头审理中的应对技巧和注意事项

在上述四个阶段的口头审理过程中，代理人的工作重点主要集中在第二阶段（调查阶段）和第三阶段（辩论阶段）。因为在调查和辩论的过程中，代理人进行意见陈述和进行辩论的效果的好坏对合议组合议审查后作出的口头审理结论会产生比较大影响，所以在这两个阶段中，代理人应当尽量从各个方面考虑周全，争取为己方委托人赢得有利的结果。

2.1　始终以相关法律、法规的规定为立论依据

以事实为根据、以法律为准绳是专利权无效宣告程序中双方论述观点的基本原则。因此在口头审理的调查阶段和辩论阶段，双方代理人应当始终以《专利法》及其《专利专利法实施细则》以及《专利审查指南 2010》中的有关规定作为自己这一方论点的立足点和出发点，用事实和证据来证明这些论点，从而使自己这一方在口头审理中的答辩更具有说服力。

2.2　口头审理中出现未曾准备情形的应对

为使得口头审理能够顺利地进行，提出"突袭"证据和理由是不允许的。

《专利审查指南 2010》第四部分第三章第 4.2 节规定，请求人在提出无效宣告请求之日起 1 个月内增加无效宣告理由的，应当在该期限内对所增加的无效宣告理由具体说明；否则，专利复审委员会不予考虑。请求人在提出无效宣告请求之日起 1 个月后增加无效宣告理由的，专利复审委员会一般不予考虑，但下列情形除外：（i）针对专利权人以合并方式修改的权利要求，在专利复审委员会指定期限内增加无效宣告理由，并在该期限内对所增加的无效宣告理由具体说明的；（ii）对明显与提交的证据不相对应的无效宣告理由进行变更的。

《专利审查指南 2010》第四部分第三章第 4.3 节规定，请求人在提出无效宣告请求之日起 1 个月内补充证据的，应当在该期限内结合该证据具体说明相关的无效宣告理由，否则，专利复审委员会不予考虑。请求人在提出无效宣告请求之日起 1 个月后补充证据的，专利复审委员会一般不予考虑，但下列情形除外：……（ii）在口头审理辩论终结前提交技术词典、技术手册和教科书等所属技术领域中的公知常识性证据或者用于完善证据法定形式的公证文书、原件等证据，并在该期限内结合该证据具体说明相关无效宣告理由的。

无论是请求人还是专利权人，都不必考虑以"突袭"证据和理由来取得口头审理中的优势。一旦对方提出"突袭"证据和理由，首先应当分析其是否属于《专利审查指南 2010》规定的上述例外情形。不属于例外情形的，则向合议组陈述此事实即可，对于实质内容可以不进行答辩。对于例外情形，一般在口头审理之前应当有充分的考虑和准备。

对于专利权人，应当特别注意请求人是否在规定期限内"结合证据具体说明相关的无效宣告理由"。如果请求人引用相同证据中未曾提及的内容，这是否属于"未结合证据具体说明相关的无效宣告理由"的情形需要合议组根据案情具体判断。专利权人可以向合议组指出此问题，并按照合议组的要求作出或不作实体答辩。

请求人可能用作"突袭"证据的是公知常识性证据，因为其可以在口头审理辩论终结前提交。对此，专利权人在口头审理中首先要看请求人在无效宣告请求中是否结

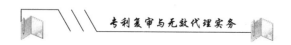

合了公知常识作为其主张的理由，并进行了具体的说明，然后应当看请求人提交的公知常识性证据是否确为公知常识性证据。对于不能马上作出判断的，可以请求在口头审理后对这些当庭提交的证据进行核实和提交书面答辩意见。对于专利权人当庭提交公知常识性证据的情况，请求人也可采用相同的方式处理。

2.3 口头审理答辩中的注意事项

（1）代理人在进行辩论时应当力求主动，有针对性地陈述观点

一方面要理清对方发言的思路和逻辑，以便针锋相对地进行答辩；另一方面要注意对方发言中的薄弱环节和漏洞，在对方发言之后经过合议组同意作出反驳，以引起合议组对该问题的重视。

（2）回答合议组提出的问题时，需要考虑合议组询问的目的、内容，慎重考虑后再作回答，切勿仓促应答

针对补充的证据（例如当庭收到的公知常识性证据、合议组转送文件通知书），认为当庭回答没有把握的，可以请求庭后书面答复。

（3）在辩论过程中，应当尊重事实，不要言过其实、强词夺理，并且应当面向合议组提出事实和理由

向对方提问时，最好是自己知道答案的问题。在辩论中注意不可进行人身攻击、谩骂与恐吓，这样做实际上只会起到相反的效果。

（4）在争辩过程中应随机应变，沉着应战

在口头审理时，代理人既要陈述己方的主张，又要反驳对方的主张。因此，在对方陈述意见时代理人应保持头脑清醒，必要时做好记录。

（5）避免重复，绕开不必要的争辩

对于己方观点的陈述要突出重点，避免重复。陈述己方重点内容时可稍放慢速度，以便书记员做好记录。对于对方观点，并非需要逐一反驳，而是对与涉案的无效宣告理由有直接关系的观点作出反驳意见即可。

（6）代理人在作最后意见陈述时，应当主要说明通过上述调查和辩论后目前己方对此案的观点有无变化，不必重复调查和辩论时的陈述，至多简要列出支持己方观点的理由

2.4 核对口头审理笔录

代理人应当注意对"口头审理笔录"进行核对。"口头审理笔录"是口头审理的全程记录，包括如下重要的审理事项：

① 专利权人一方当庭声明放弃的权利要求。

② 请求人一方当庭声明放弃的无效宣告请求的范围、理由或者证据。

③ 双方当事人均认定的重要事实。

④ 其他需要记录的重要事项（无效宣告请求的范围、证据、证据的组合方式等）。

这些重要事项往往对无效宣告请求的审查结果有比较重大的影响，因此，当合议组在口头审理结束时请当事人阅读核对口头审理笔录时，一定要认真进行核对。对其中的差错、尤其是对于对己方有利的重要事项的遗漏，应当要求进行更正或补充。

2.5　把握口头审理中的和解机会

口头审理是双方谋求和解的一次机会。无论在口头审理开始前还是口头审理辩论结束后，专利复审委员会合议组通常会询问双方当事人是否有和解愿望。双方代理人应当站在己方委托人的立场上，珍惜口头审理中的和解机会。这是因为在口头审理阶段，争议的事实会更为清楚，双方都比较容易判断出案件的结果，并且此时双方当事人在场，便于磋商，因此双方只要能够在合议组组长宣布结论之前和解，通常可以达到很好地解决纠纷的目的。

通常，认为无效宣告请求审查决定对己方不利的可能性偏大一些的，可以争取在口头审理前谋求和解；而认为无效宣告请求审查决定对己方比较有利的，可以待口头审理结束时谋求和解，此时可能取得对己方比较有利的和解条件。

3　口头审理后的代理意见

在口头审理结束之后，根据合议组作出的口头审理结论，代理人可以根据委托人的需要、结合具体案件的实际情况为委托人提供相应的代理意见。按照当事人在无效宣告程序中所处地位的不同，具体考虑提交口头审理后的代理意见。绝大多数问题都应当在口头审理中得到解决，但是，如果某些问题在口头审理中没有陈述清楚，或者有必要作补充说明，则可以考虑在口头审理后提交代理意见进行补充、澄清。口头审理后，合议组经常会说明通过口头审理，案件事实已经调查清楚，双方的意见已经陈述清楚，因此不再接受代理意见。合议组表明不再接受代理意见的主要意义在于不考虑双方没有陈述的事实和观点。即使在此情形下，代理人认为必要的，仍可提交口头审理后的代理意见，特别是在当事人有此要求的情况下。

口头审理后的代理意见与之前提交的请求书正文及意见陈述书有所不同。一般而言，口头审理之前提交的请求书及意见陈述书应当全面、详实；而口头审理之后的代理意见则应当重点考虑口头审理的情况，就口头审理过程中确定的焦点性问题发表意见。口头审理后的代理意见应当力求简明，突出重点。

理想的情况是口头审理之前对案件各个方面的问题都有详细的准备，从而在口头审理过程中解决所有的焦点性问题。然而，由于口头审理是请求人和专利权人共同参加的活动，相对方有可能在口头审理过程中提出某些意外的主张。对于这些意外的主张，如果没有在口头审理中陈述清楚，则可以就这些问题在口头审理后的代理意见中发表。

第15章　无效宣告请求审查决定作出后的代理

无效宣告请求审查决定作出后，专利权人和请求人任何一方或者双方对该决定不服的，均可寻求司法救济，即向北京市第一中级人民法院提起行政诉讼。专利权人、请求人以及专利复审委员会对于北京市第一中级人民法院作出的行政判决不服的，还可以向北京市高级人民法院提起上诉。本章旨在说明在无效宣告请求审查决定作出后，代理人在向当事人转达专利复审委员会的决定，并且为当事人提供法律意见时所需要进行的分析以及对于提出行政诉讼的准备。

第1节　无效宣告请求审查决定的效力

1　无效审查决定效力的确定

专利复审委员会对无效宣告案件审理完毕后，将会作出书面的无效宣告请求审查决定书，并送达给请求人和专利权人。

无效宣告请求审查决定是一种行政决定，决定对其不利的一方当事人，享有司法救济的权利，对专利复审委员会作出的无效宣告请求审查决定不服的，可以自收到通知之日起3个月内向人民法院起诉。

因此，在当事人收到无效宣告请求审查决定的3个月期限届满之前，或者当事人向人民法院起诉后，无效宣告请求审查决定将处于效力待定的状态。同时，《专利审查指南2010》规定，专利复审委员会作出宣告专利权无效（包括全部无效和部分无效）的审查决定，只有当事人未在收到该审查决定之日起3个月向人民法院起诉或者人民法院生效判决维持该审查决定的，才由专利局予以登记和公告。

如果一项被宣告无效的专利还涉及专利侵权诉讼，那么无效宣告请求审查决定会对专利侵权诉讼程序产生何种影响呢？

一种观点认为，即使专利复审委员会作出了宣告一项专利权无效的决定，在该无效宣告请求审查决定的效力最终确定之前，审理侵权诉讼的法院也不能直接判决驳回原告的诉讼请求，而应中止诉讼，待无效宣告请求审查决定的效力最终确定后再继续

审理。❶

但较新的另一种观点认为，在民事裁判作出前，专利复审委员会作出宣告涉案专利无效的决定的，可以根据案件具体情况裁定驳回专利权人的起诉。宣告专利权无效的决定在随后的行政诉讼程序中被判决撤销的，专利权人可以在判决生效后重新起诉。❷

需要注意的是，此处所讲的是"可以裁定驳回专利权人的起诉"，而不是"判决驳回专利权人的诉讼请求"。就是说，法院并不对当事人的实体权利作出判断，裁定驳回起诉的裁定发生法律效力后，原告再次起诉的，如符合起诉条件，人民法院应予以受理。而判决驳回诉讼请求是法院对当事人权利的实体判决，判决书生效后，同一诉讼主体不能就同一诉讼请求和事实向人民法院重新提出诉讼。

鉴于专利复审委员会作出的无效宣告请求审查决定的稳定性、权威性较高和行政机关行政决定的公定力原则，在兼顾效率和公平的基础上，法院在民事裁判作出前，专利复审委员会作出宣告涉案专利无效的决定的，可以根据案件具体情况裁定驳回专利权人的起诉。如果宣告专利权无效的决定在随后的行政诉讼程序中被判决撤销的，专利权人可以在判决生效后重新起诉，对专利权人的实体权利也没有太大的影响。

2　宣告专利权无效的决定的溯及力

《专利法》第47条规定：

"宣告无效的专利权视为自始即不存在。

"宣告专利权无效的决定，对在宣告专利权无效前人民法院作出并已执行的专利侵权的判决、调解书，已经履行或者强制执行的专利侵权纠纷处理决定，以及已经履行的专利实施许可合同和专利权转让合同，不具有追溯力。但是因专利权人的恶意给他人造成的损失，应当给予赔偿。

"依照前款规定不返还专利侵权赔偿金、专利使用费、专利权转让费，明显违反公平原则的，应当全部或者部分返还。"

根据上述规定，宣告专利权无效的决定的溯及力包括以下四个方面的含义。

2.1　无效宣告请求审查决定具有追溯力的总原则

《专利法》第47条第1款规定，宣告无效的专利权视为自始即不存在。即无效宣告请求审查决定具有溯及力是总原则。

宣告专利权无效包括宣告专利权全部无效和部分无效两种情形。对于宣告专利权全部无效的情形，该专利的所有权利要求都视为自始即不存在。而对于一项被宣告部

---

❶ 参见最高人民法院（2009）民申字第1753号民事裁定书。
❷ 参见最高人民法院奚晓明副院长在2011年全国法院知识产权审判工作座谈会上的讲话。

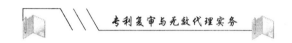

分无效的专利，被宣告无效的部分应视为自始即不存在，但是被维持的部分（包括维持有效的原部分权利要求和修改后的权利要求）也同时应视为自始即存在。

2.2　具有溯及力的例外

《专利法》第47条第2款规定，宣告专利权无效的决定，对在宣告专利权无效前人民法院作出并已执行的专利侵权的判决、调解书，已经履行或者强制执行的专利侵权纠纷处理决定，以及已经履行的专利实施许可合同和专利权转让合同，不具有追溯力。

根据上述规定，虽然一项专利权由于被宣告无效而视为自始即不存在，但是，对于宣告专利权无效前人民法院作出并已执行的专利侵权的判决、调解书，已经履行或者强制执行的专利侵权纠纷处理决定，并不能因为专利权无效而被认为存在错误，请求撤销或改判。对于已经履行的专利实施许可合同和专利权转让合同，也不能仅因为专利权无效而认为是无效的合同。在以上情况下，专利权无效宣告请求审查决定不具有溯及力具有合理性。这是因为人民法院和专利行政管理机关在处理专利纠纷时，均是以专利有效为前提的，由于无效宣告请求可以在授权后的任何时间提起，甚至在专利权期限届满后仍可以提出。因此，在现实中，经常出现在专利侵权判决或专利处理决定执行完毕后相当长的时间后，专利权才被宣告无效的情况，如果此时规定宣告专利权无效的决定具有溯及力，被告可以再次起诉撤销原来的侵权判决或决定，要求专利权人返还赔偿金，将会导致本来已经得到解决的纠纷又要重新处理，这既不利于经济秩序的稳定，也不利于专利权人对自己权利预期的判断。因此，《专利法》第47条第2款规定，宣告专利权无效的决定对在宣告专利权无效前已经履行或强制执行的判决、调解书、相关处理决定以及专利实施许可合同和专利权转让合同，原则上不具有溯及力。

这里需要注意《专利法》第47条第2款所述的"宣告专利权无效前"和"已执行"的含义。

"宣告专利权无效前"是指专利复审委员会宣告专利权无效的决定日前（不包括该决定日），而不是专利复审委员会宣告专利权无效的决定的效力最终确定日前，当然也不是当事人收到无效宣告请求审查决定的日期，也不是无效宣告请求审查决定扉页上注明的发文日期。❶ "已执行"指的是专利侵权判决、裁定确定的被诉侵权人应承担的全部给付法律责任均履行完毕，及全部的专利侵权赔偿金均已由申请执行人实际收到。

2.3　例外之例外

《专利法》第47条第3款进一步规定，依照《专利法》第47条第2款规定不返

---

❶　参见最高人民法院（2010）民申字第184号民事裁定书。

还专利侵权赔偿金、专利使用费、专利权转让费，明显违反公平原则的，应当全部或者部分返还。例如，一个独占许可的被许可人刚刚向专利权人支付了一笔入门费，还未开始实施或才刚刚开始实施该专利，该专利权就被宣告全部无效。这时，专利技术就成为自由公知的技术，任何人都可以实施，且不需要支付任何费用，被许可人实际上已丧失了独占权，不返还使用费，对被许可人来说显然是不公平的。这种情况下，依据民法的公平原则，专利权人就应当返还被许可人支付的使用费。

2.4　例外之例外的补充/加重

《专利法》第47条第2款还规定，因专利权人的恶意给他人造成的损失，应当给予赔偿。

专利权人具有恶意的情况，例如专利权人在提出专利申请时，明知其申请的专利技术不符合授予专利的要求，例如抄袭别人已经公开发表的技术文献，申请外观设计或实用新型专利，利用我国对外观设计或实用新型专利不进行实质审查的制度，获得专利授权，然后利用获得的专利权去控告他人侵权，法院或专利管理机关作出侵权的判决或处理决定。又例如专利权人明知专利权即将因缺乏新颖性而被宣告无效，仍然与被许可方签署专利实施许可合同并且通过仲裁方式索要许可费。在此情况下，无效宣告请求审查决定应当具有溯及力，当事人应当提供证明专利权人具有恶意的证据，向人民法院通过诉讼方式，请求撤销原来的判决或者决定，索赔因此而受到的损失。

第2节　无效宣告请求审查决定的分析

专利复审委员会作出的无效宣告请求审查决定，包括以下三种类型：①宣告专利权全部无效；②宣告专利权部分无效；③维持专利权有效。

这里，所谓"维持专利权有效"，是指所有授权权利要求未经修改全部维持有效。所谓"宣告专利权部分无效"，是指所有权利要求中部分权利要求被宣告无效、部分被维持有效的情形；这里既包括在无效宣告程序中专利权人对权利要求未作修改的情况，也包括专利权人在无效宣告程序中主动修改权利要求后专利被维持的情形。

从专利权人的角度，专利权能够被维持，显然是最有利的结果，但是从权利行使的角度，如果被维持的权利要求能够实现权利人的经济目的，也未尝不是可以接受的结果。从请求人的角度也是同样，即便不能宣告全部无效，如果能够将专利权限制到对自己实施类似技术方案不构成威胁的程度，同样也是令人满意的结果。反之，如果无效宣告请求审查决定的最终结果并非如所愿，当事人则需要代理人提供进一步的专业服务。

因此，在收到无效宣告请求审查决定、特别是对委托人不利的无效宣告请求审查决定之后，代理人首先需要分析无效宣告请求审查决定的相关情况，在此基础上提出自己的专业意见。

一般来说，在分析无效宣告请求审查决定的时候，可以从程序方面、实体（事实认定）方面、法律适用方面着手。

1 程序合法性问题

依法行政是现代法治国家政府行使权力时普遍奉行的基本原则，是依法治国的必然要求和根本标志。依法行政的核心是依程序办事，按照预设的程序规范行为。行政机关必须遵守法定程序，行政行为在程序上的公正合理与否，将直接影响到行政行为的成立和结果能否有效。依据《行政诉讼法》第54条规定，对违反法定程序的具体行政行为，法院可以判决撤销或者部分撤销，并可以判决被告重新作出具体行政行为。

代理人在收到无效宣告请求审查决定后，首先要做的事情，就是认真研读该无效宣告请求审查决定，并且按照从程序到实体的顺序进行分析，找到无效宣告请求审查决定中的问题，并且尽快报告给当事人。关于如何找出无效宣告请求审查决定的问题，以下案例给出了很多提示。

下面是专利复审委员会的无效宣告请求审查决定书因程序问题被撤销的例子。

【案例 15 - 1】

本案例引自第 8353 号无效宣告决定。

本案口头审理的日期早于公告送达被请求人的日期导致程序违法。请求人于2004年11月24日向专利复审委员会提出无效宣告请求。专利复审委员会受理后，于2005年3月2日将请求人的无效宣告请求文件的副本转送专利权人。

2005年4月6日，专利权人提交意见陈述指出专利权人没有收到无效宣告请求的相关文件，请求专利复审委员会将文件直接寄给专利权人。

2006年3月10日，专利复审委员会向双方当事人发出了无效宣告请求口头审理通知书，定于2006年4月19日在专利复审委员会进行口头审理，并将请求人提交的无效宣告请求文件转送给专利权人。因专利权人的联系地址迁移，口头审理通知书和转送的文件被退回。专利复审委员会于2006年5月3日进行了地址不详公告，同时向专利权人再次转送了请求人提交的无效宣告请求相关文件。

2006年5月8日和22日，专利权人在收到无效宣告请求文件后两次提交了意见陈述。专利复审委员会在此基础上作出了宣告涉案外观设计专利权无效的决定。

专利权人不服，起诉至北京市第一中级人民法院。北京市第一中级人民法院经审理，撤销了原无效宣告请求审查决定。北京市第一中级人民法院在行政判决书中指出，专利复审委员会作出无效宣告请求审查决定的审理程序违法。口头审理程序至少应当在公告之日起1个月后举行，本案中，口头审理通知书载明的口头审理的日期是

2006 年 4 月 19 日，该口头审理通知书因地址不详被退回后，对该通知书因地址不详而进行公告的日期是 2006 年 5 月 3 日，但公告的口头审理的日期仍然是 2006 年 4 月 19 日。专利复审委员会的上述行为背离了公告应有的法律意义，属程序违法。

【案例分析】

专利复审委员会应当在充分提前的时候发出口头审理通知书，以给予当事人双方充分准备的时间。本案中，由于合议组没有考虑到专利权人之前就没有收到无效宣告请求文件的情况，按照普通情况发出了口头审理通知，在文件被退回之后才发出地址不详公告，公告按照正常出版流程出版，导致公告时间晚于口头审理的时间，构成程序上的违法。

【案例 15 - 2】

本案例引自第 8663 号无效宣告决定。

本案涉及专利权人变更后应当针对无效宣告理由听取现专利权人的意见。涉案专利原专利权人为王胜五，后变更为现专利权人哈尔滨通能电气股份有限公司，登记生效日为 2006 年 9 月 1 日，法律状态公告日为 2006 年 10 月 11 日。

针对该专利，请求人于 2005 年 9 月 8 日向专利复审委员会提出了宣告专利权无效的请求，并相应提交了证据。

专利复审委员会受理后，于 2006 年 1 月 9 日向双方当事人发出口头审理通知书，定于 2006 年 2 月 23 日在专利复审委员会进行口头审理。双方当事人结合证据就各自的观点进行了充分的论述。在上述程序基础上，专利复审委员会于 2006 年 9 月 13 日作出了维持发明专利权有效的无效宣告请求审查决定。

请求人不服上述决定，向北京市第一中级人民法院提起行政诉讼。北京市第一中级人民法院经审理认为，在专利权人已经变更后，专利复审委员会既未通知现专利权人参加行政程序，也未听取现专利权人的意见陈述，即作出审查决定，不符合《审查指南 2001》第四部分第三章的规定，违反法定程序，因此判决撤销该无效宣告请求审查决定。

专利复审委员会、原专利权人不服，向北京市高级人民法院提起上诉。北京市高级人民法院经审理认定，专利复审委员会在明知涉案专利权权属已发生变更的情况下，未采取有效措施听取现专利权人的意见，即作出无效宣告请求审查决定，违反法定程序，因此维持了一审判决。

【案例分析】

专利复审委员会进行口头审理的时间早于专利权人变更的时间，但是无效宣告请求审查决定的发文日在专利权人变更请求之后，因此专利复审委员会是应当知晓专利权人已经发生变更的事实。在此情况下，专利复审委员会没有听取现专利权人的意见，已经构成了程序违法。虽然涉案无效宣告请求审查决定本身对于现专利权人是有利的，但是这不能成为不听取现专利权人意见的理由。

第15章

【案件 15 - 3】

本案例引自第 3697 和第 5341 号无效宣告决定。

本案涉及专利权中止期间作出的无效宣告请求审查决定违法的问题。本案涉案专利是名称为"薄壁筒填充式现浇砼空心楼盖"的实用新型专利。2001 年 2 月 14 日，涉案专利的专利权人由邱则有（原专利权人）变更为长沙巨星轻质建材有限公司（新专利权人）。2001 年 4 月 27 日，请求人针对涉案专利向专利复审委员会提出无效宣告请求，专利复审委员会经审理于 2001 年 9 月 17 日作出了第 3697 号无效宣告请求审查决定，宣告涉案专利权全部无效。

新专利权人不服，提起行政诉讼。2003 年 8 月 13 日北京市高级人民法院判决撤销专利复审委员会作出的第 3697 号决定。

2003 年 7 月 31 日，原专利权人（案外人）就涉案专利向国家知识产权局提出中止程序请求。2003 年 8 月 22 日，国家知识产权局发出中止程序审批通知书，决定自 2003 年 7 月 31 日起，对本案启动中止程序。

2003 年 9 月 4 日，专利复审委员会作出了第 5341 号决定，再次宣告涉案专利权全部无效。

新专利权人不服第 5341 号决定，起诉称：因与案外人存在权属纠纷，国家知识产权局已于 2003 年 7 月 31 日对本案启动中止程序。二审判决的判决日期是 2003 年 8 月 13 日，专利复审委员会应优先执行中止程序，而其却强行启动了无效宣告程序，作出第 5341 号决定，其行政程序违法，请求撤销第 5341 号决定。

一审法院经过审理认为，根据当时《专利法实施细则》第 86 条的规定，当事人因专利申请权或者专利权的归属发生纠纷，已请求管理专利工作的部门处理或者向人民法院起诉的，可以请求国务院专利行政部门中止有关程序。按照《审查指南 2001》的规定，中止的范围包括停止全部审查、复审、无效宣告请求审查程序，只有在中止终结或被撤销并通知当事人后，才能继续原程序。本案中，国家知识产权局已经决定对涉案专利启动中止程序。该决定是国家知识产权局作出的具体行政行为，在未经法定程序予以撤销或者变更之前，对专利复审委员会具有约束力。专利复审委员会应当对该决定予以遵守和服从，停止涉及涉案专利的无效宣告请求审查程序。在没有依法撤销或变更该具体行政行为的情况下，专利复审委员会作出第 5341 号无效宣告请求审查决定，违反法定程序。法院判决撤销第 5341 号决定，责令专利复审委员会重新作出无效宣告请求审查决定。❶

【案例分析】

由于无效宣告审查直接影响专利权人的权利，为了避免真正的专利权人未能进入无效审查程序，从而损害其合法权益，法律专门规定了中止程序，以待专利申请权或

❶ 参见北京市第一中级人民法院（2004）一中行初字第 143 号行政判决书。

专利权权属纠纷解决后，让真正的专利权人进入无效审查程序，确保其权利的行使。这是行政机关在作出具体行政行为时应当遵循的法定行政程序，为实体公正提供了制度上的保障。如果一项行政决定是在违反法定程序的情况下作出的，该具体行政行为的合法性以及决定所涉及的实体处理的公正性，将无法得到法律的肯定。

【案件 15 - 4】

本案例引自第 11312 号无效宣告决定。

本案涉及认定公知常识未给予专利权人答辩机会导致决定被撤销。请求人以涉案专利不具备新颖性和创造性为由向专利复审委员会提出无效宣告请求，并提供了对比文件。

专利复审委员会认为，涉案专利权利要求 1 与对比文件存在的区别技术特征包括"涉案专利权利要求 1 的火焰探测器、水平探测器和垂直探测器的信号进入同一放大电路，而证据 1 中的红外接收管启动器、水平扫描器、俯仰扫描器的电信号分别输入电脑 IC1 的 P1、P2、P3 放大端"。请求人主张该区别技术特征被同一篇对比文件公开，没有主张上述区别技术特征为公知常识，也没有主张用公知常识和有关的证据结合来评价涉案专利的权利要求。专利复审委员会依职权引入并认定"火焰探测器、水平探测器和垂直探测器的信号进入同一放大电路"，对本领域技术人员来说将多路电信号通入同一放大电路进行放大以集成模块、简化结构属于公知常识。据此，专利复审委员会决定宣告涉案专利全部无效。

专利权人不服，提起行政诉讼。法院经审理认为，专利复审委员会在作出宣告涉案专利无效的决定之前，没有给予审查决定对其不利的当事人即专利权人就该公知常识的认定陈述意见的机会。在专利权人未对引入的公知常识进行意见陈述，专利复审委员会也未举证证明"火焰探测器、水平探测器和垂直探测器的信号进入同一放大电路"属于公知常识的情况下，专利复审委员会的做法违反了无效审查程序中的听证原则。据此，判决撤销该无效宣告请求审查决定。

【案例分析】

听证原则是程序公正的一种体现，在无效宣告程序中听证原则也是无效审查的基本原则之一。

根据听证原则，在作出审查决定之前，专利复审委员会应当给予审查决定对其不利的当事人针对审查决定所依据的理由、证据和认定的事实陈述意见的机会，即审查决定对其不利的当事人已经通过通知书、转送文件或者口头审理被告知过审查决定所依据的理由、证据和认定的事实，并且具有陈述意见的机会。违反听证原则，实质上是剥夺了当事人陈述意见的机会，难以保证案件审理的客观性、公正性。

2　事实认定问题

无效宣告程序中认定的事实应当是法律事实。法律事实是能用证据证明的事实。

下面是因为事实认定错误而被法院撤销的案例。

【案件 15-5】

本案例引自第 8552 号无效宣告决定。

本案涉及对使用公开事实的认定错误导致无效宣告请求审查决定被撤销。无效宣告请求人向专利复审委员会请求宣告涉案专利无效,并以证据证明:①在申请日之前,请求人已经生产了同样的产品;②在申请日之前,已经在请求人客户的库房内可以看到装有请求人生产的同样产品。

专利复审委员会审理后认为,单纯的生产行为尚不能认定在进行公证时其所公证的加力管钳已处于使用公开状态即处于公众中任何一个人都可以得知的状态,而加力管钳位于库房内的公证事实只能证明其中所公证的加力管钳在公证时以及被公证前的一段时间内被存放在某个库房内。由于库房应当属于一种特定的非公开的区域,因此上述证据不能证明库房内所存放的加力管钳在进入库房前是否已处于使用公开的状态。基于上述理由,专利复审委员会作出了维持专利权有效的审查决定。

无效宣告请求人不服无效宣告请求审查决定提起行政诉讼。法院审理后认为:"本案需要的待证事实是库房中加力管钳作为劳动工具是否会投入到油田的生产使用中,而非'可不可以任意拿取'的问题。该事实显然可以通过常理获得证实,油田不是加力管钳的生产制造者,而是加力管钳的需求者和使用者,显然存放在库房中的加力管钳就是为了油田的生产使用,使用是必然导出的结论"。基于这样的认定,法院判决撤销了涉案决定。❶

【案例分析】

在本案中,请求人提供的证据已经能够证明在涉案专利申请日前"加力管钳"已处于使用公开的状态这样的事实,而专利复审委员会的无效宣告请求审查决定没有认可这一事实,属于认定事实错误。

3 法律适用问题

3.1 新旧《专利法》的适用

2008 年我国《专利法》进行了第三次修改,新修改的《专利法》于 2009 年 10 月 1 日生效。国家知识产权局发布的《专利法过渡办法规定》,申请日在 2009 年 10 月 1 日前的专利申请以及根据该申请授予的专利权,除该办法另有规定的外,适用修改前的《专利法》的规定;申请日在 2009 年 10 月 1 日以后的专利申请以及根据该申请授予的专利权,适用修改后的《专利法》的规定。该《专利法过渡办法》中,对无效宣告请求并无特别规定。

---

❶ 参考北京市第一中级人民法院(2006)一中行初字第 1338 号判决书。

《专利法实施细则》也于 2009 年进行了修改，并于 2010 年 2 月 1 日生效。国家知识产权局发布的《专利法实施细则过渡办法》规定，修改前的《专利法实施细则》的规定适用于申请日在 2010 年 2 月 1 日前（不含该日）的专利申请以及根据该专利申请授予的专利权；修改后的《专利法实施细则》的规定适用于申请日在 2010 年 2 月 1 日以后（含该日，下同）的专利申请以及根据该专利申请授予的专利权（除该办法中对申请日在 2010 年 2 月 1 日前的专利申请以及根据该申请授予的专利权的特殊规定外）。2010 年 2 月 1 日以后以不符合《专利法》第 23 条第 3 款的规定为理由提出无效宣告请求的，对该无效宣告请求的审查适用修改后的《专利法实施细则》第 66 条第 3 款的规定。

2010 年 2 月 1 日以后提出无效宣告请求的，对该无效宣告请求的审查适用修改后的《专利法实施细则》第 72 条第 2 款的规定。

在无效宣告程序中，应根据涉案专利的申请日（有优先权的，指优先权日）来确定应当适用修改前还是修改后的《专利法》和《专利法实施细则》，并据此对专利复审委员会所引用的法条进行分析，看是否存在适用法律版本的错误。

3.2　专利权无效宣告的法定理由

《专利法实施细则》第 65 条第 2 款列出了一项被授权的专利可能被宣告无效的所有理由。专利复审委员会在无效宣告程序中，依据上述法律条款作出无效宣告请求审查决定。但是如果当事人不服的话，该无效宣告请求审查决定中的法律适用是否正确还要接受法院的审查；而法院可能会基于相同的事实，得出不同的法律适用结论。这也是代理人在收到无效宣告请求审查决定书后需要认真研读的方面。下面是一些案例。

【案件 15 - 6】

本案例引自第 3209 号无效宣告决定。

本案涉及《专利法》第 9 条、《专利法实施细则》（2001 年修改）第 13 条第 1 款（2001 年修改前的《专利法实施细则》第 12 条第 1 款的适用。专利权人舒学章于 1992 年 2 月 22 日申请了"一种高效节能双层炉排反烧锅炉"发明专利，该发明专利的授权公告日为 1999 年 10 月 13 日，专利号为 92106401.2。针对该发明专利，请求人于 2000 年 12 月 22 日向专利复审委员会提出无效宣告请求，其理由是本发明专利不符合修改前的《专利法实施细则》第 12 条第 1 款的规定，所提交的对比文件为 1992 年 2 月 26 日公告的公告号为 CN2097376U 的实用新型专利说明书。该实用新型专利的发明人和专利权人均为舒学章，申请日为 1991 年 2 月 7 日，1999 年 2 月 8 日起终止。

专利复审委员会于 2001 年 3 月 26 日作出第 3209 号无效宣告请求审查决定，维持 92106401.2 号发明专利权有效。请求人不服该无效宣告请求审查决定，在法定期限内向北京市第一中级人民法院提起诉讼。北京市第一中级人民法院判决维持第 3209 号无效宣告请求审查决定。请求人不服一审判决，向北京市高级人民法院提起上诉。北京市高级人民法院经审理推翻了一审判决，判决撤销专利复审委员会作出的第3209号无效宣告请求审查决定。舒学章和专利复审委员会均不服二审判决，向最高人民法院申请再审。

最高人民法院认为，92106401.2号涉案发明专利与作为对比文件的91211222.0号实用新型专利并不属于同样的发明创造；专利法上的禁止重复授权，是指同样的发明创造不能有两项或者两项以上的处于有效状态的专利权同时存在，而不是指同样的发明创造只能被授予一次专利权。最高人民法院最终判决撤销北京市高级人民法院（2002）高民终字第33号行政判决，维持专利复审委员会第3209号无效宣告请求审查决定。❶

【案例分析】

禁止重复授权是许多国家专利制度所确认的一项基本原则。因为专利权具有排他性，允许在同样的发明创造之上存在多项专利权，对于不同的权利人而言，就会发生专利权之间的冲突，而对于同一权利人而言，就会发生专利权之间的重叠。对于禁止重复授权原则的目的，一般认为是为了防止对同样发明创造的权利之间发生冲突，但也有观点认为其根本目的是为了克服专利保护期限被延长。最高人民法院在本案中认为："在现行的制度安排下，同一申请人就同样的发明创造既申请实用新型专利又申请发明专利的，只要两项专利权不同时存在，就不违反禁止重复授权原则。"但是，最高人民法院同时指出："允许同一申请人就同样的发明创造既申请实用新型专利又申请发明专利的做法也存在一些有待完善的问题。如按照《审查指南公报第6号》的规定，沿用在后申请本身的申请日计算专利保护期，将可能导致对同一技术的专利保护期限变相延长。又如《专利审查指南2010》要求前一专利权自申请日起予以放弃，该专利权视为自始不存在，这在实际上产生了相当于前一专利权被无效的后果，将导致曾依据被放弃的专利权而行使权利行为的法律效力的确认等复杂问题，可能会造成当事人的诉累和权利保护上的实际困难。这些问题，应当通过修改有关规定和进一步明确有关规则加以解决。"

2008年修改的《专利法》对禁止重复授权原则进行了完善，其中第9条规定："同样的发明创造只能授予一项专利权。但是，同一申请人同日对同样的发明创造既申请实用新型专利又申请发明专利，先获得的实用新型专利权尚未终止，且申请人声明放弃该实用新型专利权的，可以授予发明专利权。"

【案件15-7】

本案例引自第6228号无效宣告决定。

本案涉及《专利法》第26条第3款的适用。本案涉及名称为"用于治疗阳痿的

---

❶ 参见最高人民法院（2009）行提字第4号行政判决书。

吡唑并嘧啶酮类"的发明专利。2001年，请求人针对涉案专利向专利复审委员会提出无效宣告请求。

专利复审委员会员审理后认为，根据涉案专利说明书中记载的技术内容并结合所属领域的现有技术，本领域技术人员不花费创造性劳动，无法确信涉案专利化合物能够治疗或预防雄性动物勃起机能障碍。故不能认为涉案专利说明书对于权利要求书中技术方案的公开是充分的，涉案专利不符合《专利法》第26条第3款的规定（参见《审查指南2001》第二部分第十章第3.3节有关化学产品用途发明的充分公开的规定："如果本领域技术人员无法根据现有技术预测该用途，则应当记载对于本领域技术人员来说，足以证明该物质可以用于所述用途并能解决所要解决的技术问题或者达到所述效果的实验数据"）。据此，专利复审委员会作出决定，宣告涉案专利全部无效。专利权人不服该无效宣告请求审查决定，向北京市第一中级人民法院起诉。北京市第一中级人民法院审理后认为：涉案专利说明书是以递进的方式分别给出了第一级至第五级化合物范围，本领域技术人员可以自然地理解所谓优选级别的确定应当是与发明目的的实现密切相关的，标准应当是一致的，也就是说特别优选的个别的本发明化合物即第五级化合物的治疗效果是最佳的。涉案专利说明书中记载了一种特别优选的化合物的体外试验，并发现它们是对cGMP有专一性的PDEv的很强的选择性抑制剂；同时，说明书还记载了体内临床试验结果，即一种特别优选的化合物诱发了阳痿男性的阴茎勃起。尽管此级化合物有100多种，而说明书在此并未明确是哪一个具体的化合物得出了上述结果，但是应当注意的是，一般情况下，说明书中给出的具体化合物的数据或试验结果是由效果较好的化合物得出的。由此可知，较优选的第四级化合物具有体外和体内活性。第五级化合物作为说明书给出的最优选级别，其中的9种化合物结构相似，其药理学活性应当是近似的，因此，本领域技术人员确认作为这9种化合物之一的涉案专利权利要求化合物具有说明书所述的治疗效果是合乎情理的，而无需进一步花费创造性劳动。专利复审委员会在无效宣告请求审查决定中认为治疗效果与第五级化合物以及权利要求所涉及的化合物缺乏关联，从第四级化合物中筛选和确认权利要求化合物具备治疗效果需要付出创造性劳动忽视了上述情况，理由不充分，本院不予支持，其在上述判断的基础上认为涉案专利不符合《专利法》第26条第3款的规定是错误的，故该决定应予撤销。❶ 二审法院支持了北京市第一中级人民法院的上述观点。

【案例分析】

本案是一个著名的案件，专利复审委员会在无效宣告请求审查决定中对《专利法》第26条第3款在第二医药用途发明专利说明书公开是否充分的标准上如何适用进行了解析，法院确认了专利复审委员会在决定中所解析的标准。然而，法院认为，

---

❶　参见北京市第一中级人民法院（2004）一中行初字第884号行政判决书。

第五级化合物作为说明书给出的最优选级别，其中的 9 种化合物结构相似，其药理学活性应当是近似的，因此，本领域技术人员确认作为这 9 种化合物之一的本专利权利要求化合物具有说明书所述的治疗效果是合乎情理的，而无需进一步花费创造性劳动。专利复审委员会在第 6228 号决定中认为治疗效果与第五级化合物以及权利要求化合物缺乏关联，从第四级化合物中筛选和确认权利要求化合物具备治疗效果需要付出创造性劳动忽视了上述情况，理由不充分。可见，在案件事实的认定上法院和专利复审委员会有所不同。

代理人应该理解的是，法院具有对法律进行解释和适用的职能。法院判案应当遵照法律和行政法规，并参照行政规章。审查指南在法律位阶上是行政规章，专利复审委员会在审查中应当严格遵守，而法院在个别情况下对法律法规的解释甚至可以超越审查指南。因此，代理人在处理专利行政案件时思路也应开阔。在本案中，原告行政诉讼的理由除了事实认定以外，对适用法律方面提出了多个方面的问题：①决定中专利复审委员会所主张的针对《专利法》第 26 条第 3 款的适用标准是否恰当；②药品上市标准与《专利法》第 26 条第 3 款公开充分标准之间的关系；③专利复审委员会对《专利法》第 26 条第 3 款公开充分的标准与《与贸易有关的知识产权协议》（TRIPS）第 29 条第 1 款是否冲突。

【案件 15 - 8】

本案例引自第 11291 号无效宣告决定。

本案涉及《专利法》第 33 条的适用。本案涉及名称为"墨盒"的发明专利。涉案专利是在先专利申请的分案申请，该在先专利申请的公开文本中并未出现独立使用的"存储装置"用语，而是使用了"半导体存储装置"或者指代"半导体存储装置"的"所述外部存储装置"的概念。在提交分案申请的时候，修改文件的权利要求书中未再出现"半导体存储装置"，而是使用了"存储装置"的术语。无效宣告程序中，专利复审委员会以修改超出原说明书和权利要求书记载的范围，违反《专利法》第 33 条的规定为由宣告本案专利全部无效。

行政诉讼过程中，北京市第一中级人民法院一审判决维持专利复审委员会的无效宣告请求审查决定。上诉过程中，北京市高级人民法院认为，本领域技术人员通过阅读原权利要求书及说明书，可以毫无疑义地确定本案专利申请人在说明书中是在"半导体存储装置"意义上使用"存储装置"，专利权人的修改符合《专利法》第 33 条的规定，故判决撤销一审判决，责令专利复审委员会就此重新作出审查决定。请求人不服，向最高人民法院申请再审，最高人民法院最终裁定驳回了再审申请。❶

最高人民法院审查认为，《专利法》第 33 条包括两层含义：一是允许申请人对专利申请文件进行修改，二是对专利申请文件的修改进行限制。《专利法》第 33 条的立

---

❶ 参见最高人民法院（2010）知行字第 53 号行政裁定书。

法目的在于实现专利申请人的利益与社会公众利益之间的平衡，即：一方面使申请人拥有修改和补正专利申请文件的机会，尽可能保证真正有创造性的发明创造能够取得授权和获得保护；另一方面又防止申请人对其在申请日时未公开的发明内容随后补入专利申请文件中，从而就该部分发明内容不正当地取得先申请的利益，损害社会公众对原专利申请文件的信赖。基于前述立法目的，对于"原说明书和权利要求书记载的范围"，应该从本领域技术人员角度出发，以原说明书和权利要求书所公开的技术内容来确定。凡是原说明书和权利要求书已经披露的技术内容，都应理解为属于原说明书和权利要求书记载的范围。既要防止对记载的范围作过宽解释，乃至涵盖了申请人在原说明书和权利要求书中未公开的技术内容，又要防止对记载的范围作过窄解释，对申请人在原说明书和权利要求书中已披露的技术内容置之不顾。从这一角度出发，原说明书和权利要求书记载的范围应该包括如下内容：一是原说明书及其附图和权利要求书以文字或者图形等明确表达的内容，二是本领域技术人员通过综合原说明书及其附图和权利要求书可以直接、明确推导出的内容。只要所推导出的内容对于本领域技术人员是显而易见的，就可认定该内容属于原说明书和权利要求书记载的范围。与上述内容相比，如果修改后的专利申请文件未引入新的技术内容，则可认定对该专利申请文件的修改未超出原说明书和权利要求书记载的范围。由此可见，判断对专利申请文件的修改是否超出原说明书和权利要求书记载的范围，不仅应考虑原说明书及其附图和权利要求书以文字或者图形表达的内容，还应考虑本领域技术人员综合上述内容后显而易见的内容。在这个过程中，不能仅仅注重前者，对修改前后的文字进行字面对比即轻易得出结论；也不能对后者作机械理解，将本领域技术人员可以直接、明确推导出的内容理解为数理逻辑上唯一确定的内容。

【案例分析】

本案以及最高人民法院提审的另外几件案件从某种程度上与审查指南所确定的《专利法》第33条的适用有所不同，而且专利复审委员会的无效宣告请求审查决定、北京市高级人民法院的判决和最高人民法院的判决中的观点都有所不同。本书在此引用此案例并不希望对案件的结论和内容给出评判，而是希望代理人能开阔思维，在做实际代理业务的时候不拘泥于规范性法律文件的规定和先前判例，而要根据具体案情为当事人寻求更多的争辩空间。

【案件15-9】

本案例引自第6928号无效宣告决定。

本案涉及《专利法》第26条第4款、2002年修改的《专利法实施细则》第20条第1款的适用。涉案专利是名称为"一种新型金融自助服务亭"的实用新型专利。无效审查过程中，专利复审委员会经审理认定，对涉案专利权利要求1、权利要求2限定的技术方案可有两种理解，因而并不能确定想保护的是哪一种技术方案。此外，专利权人对权利要求1自相矛盾的两种解释也进一步证明，专利权人对此问题也没有确定的认识，其可以根据情况对其权利要求的保护范围作出不同的解释，不符合《专利法实施细则》第 20 条第 1 款的规定，因此宣告涉案专利权全部无效。专利权人不服该决定，向北京市第一中级人民法院起诉。法院审理后认为，《专利法实施细则》第 20 条第 1 款规定："权利要求书应当说明发明或者实用新型的技术特征，清楚、简要地表述请求保护的范围。"根据《审查指南 2001》的相关规定，权利要求应当清楚包括权利要求所确定的保护范围应当清楚。权利要求的保护范围应当根据其所使用词的词义来解释。只有在特定情况下，即说明书中指明了某词汇具有特定的含义，在权利要求中使用了该词汇，并且权利要求的范围由于说明书中对该词汇的说明而被限定得足够清楚时，才可以根据说明书来解释权利要求中的词汇。本案中，涉案专利权利要求 1 中"设置显示与操作不面向服务区的自动存取款机"的记载并不属于上述情形，因此应当按照权利要求中的词义来解释权利要求的保护范围。为了确保权利要求能够清楚地确定专利的保护范围，其在措辞上应避免使用含义不确定的词语，如"强""必要时""约"等，但并不禁止使用"不"等表示否定含义的词语。涉案专利权利要求 1 记载"设置显示与操作不面向服务区的自动存取款机"，即表示该自动存取款机除了不能面向服务区以外，可以是面向设备区或其他方向的，且涉案专利中的多媒体查询机也是不面向服务区的。因此，权利要求 1 中记载的技术方案是清楚的，其保护范围也是明确的。虽然涉案专利说明书记载了两种不同的技术方案，原告选择其中的一种方案请求给予保护并不违反法律的相关规定，且本领域技术人员在阅读说明书后，对权利要求 1 本身限定的技术方案并不会产生误解。专利复审委员会基于说明书存在两种不同表述继而得出权利要求不清楚的结论，没有事实和法律依据。专利复审委员会认定涉案专利权利要求 1 不符合《专利法实施细则》第 20 条第 1 款的规定，并进而认定从属权利要求 2 也不符合上述规定是错误的，故判决撤销专利复审委员会的第 6928 号无效宣告请求审查决定。

【案例分析】

本案再一次证明了法院在法律适用上的灵活性，为代理人在法院提出行政诉讼提供了非常好的思路。

第3节　行政诉讼的建议和准备

《专利法》第 46 条第 2 款规定："对专利复审委员会宣告专利权无效或者维持专利权的决定不服的，可以自收到通知之日起 3 个月内向人民法院起诉"。这 3 个月的起诉期限是不可延长的。因此，当事人或代理人在收到专利复审委员会的无效宣告请求审查决定后，应尽快全面分析无效宣告请求审查决定所认定的事实和专利复审委员会作出无效宣告请求审查决定的理由，为可能的后续诉讼程序做好准备。

1 诉讼建议

作为无效宣告请求审查决定对其不利的一方当事人的代理人，应客观分析无效宣告决定结论，向客户提出下一步的建议。

对于无效宣告请求审查决定事实认定错误的情况，代理人应建议客户积极向法院起诉，寻求通过法律途径改变专利复审委员会的决定。

在无效宣告程序违反法定程序的情况下，由于违反法定程序的无效宣告请求审查决定属于可撤销的行政决定，因此代理人应结合违反程序的性质和无效宣告案件的背景，决定是否提起诉讼。如果虽然存在程序上的错误，但这种程序上的瑕疵并不影响案件的实质结果，即使提起诉讼，法院也有可能仅对程序问题予以纠正，而维持专利复审委员会的无效结论。这种情况从诉讼成本的角度考虑，可以不向法院起诉。如果程序上的错误将可能导致审查结论的错误，例如违反听证原则，使当事人失去了陈述意见的机会，而如果作出了意见陈述，专利复审委员会完全有可能作出相反的决定，这种情况应建议客户向法院起诉，请求法院撤销无效宣告请求审查决定，由专利复审委员会重新对案件进行审理。

对于无效宣告请求审查决定中的无效宣告理由比较充分的情况，代理人应如实告诉客户有向法院起诉的权利，但通过诉讼程序推翻无效宣告请求审查决定的可能性不大。如果客户和对方之间没有民事纠纷，从诉讼成本的角度考虑，可以不向法院起诉。如果客户和对方之间有正在进行或潜在的民事纠纷，作为商业策略，希望继续无效宣告程序，则可以选择向法院起诉。

2 诉讼准备

如果客户决定或有意针对无效宣告请求审查决定向法院起诉，应尽快做好诉讼的准备。

2.1 起草起诉书

起诉书是当事人针对专利复审委员会的无效宣告请求审查决定向人民法院提起行政诉讼时提交的书面请求。

起诉书首部应当写明原告、被告、第三人的有关情况。是自然人的，要写明姓名、性别、年龄、民族、籍贯、地址等情况。是法人或其他组织的，要写明单位全称、地址，以及其法定代表人或负责人的姓名、职务。

诉讼请求部分是原告提起行政诉讼所希望达到的目的，即请求法院撤销专利复审委员会的无效宣告请求审查决定。有时在请求法院撤销专利复审委员会的无效宣告请求审查决定的同时，往往也写明请求法院责令专利复审委员会重新作出审查决定，在法庭审理时，法官通常会告知当事人如果撤销原无效宣告请求审查决定，专利复审委员会自然会重新作出审查决定，因此这一条是不必要的。

事实和理由部分要全面指出无效宣告请求审查决定在认定事实、适用法律以及审查程序等方面的错误之处，结合证据、法律法规以及审查指南的规定，清楚简明地阐述自己的观点，论证无效宣告请求审查决定的错误之处。

起诉书尾部写明致送法院名称，即北京市第一中级人民法院，并有原告签名或盖章。对于外国以及香港、澳门、台湾地区的当事人提起的诉讼，也可以由经授权的委托代理人代为签署。

2.2　证据的收集

虽然在针对专利无效宣告请求审查决定的行政诉讼程序中法院仅就无效宣告请求审查决定所依据的事实和理由进行审理，通常不接受新的证据，但是，针对无效宣告请求审查决定认定事实的错误之处，应积极收集反证，特别是关于公知常识认定方面的证据，以有助于对事实作出正确的认定。

如前所述，专利复审委员会认为，在专利案件中，"公知常识"以及不必有争议的技术内容，属于专利复审委员会所必须具有的"智力装备"和判断前提，可以依职权引入并且认定。❶ 一般来说，只有众所周知的事实才是司法认知的对象，对于专利所涉领域的公知常识，需要借助于明确的资料才能予以认定，而且这些类型的资料出现在诉讼阶段，并不是传统意义上的"新证据"，因此，无论是专利权人还是请求人，均可以在诉讼阶段通过举证的方式，引入新的公知常识，以维护自己的合法利益。

因此，如果无效宣告请求审查决定对公知常识认定存在错误之处，当事人应寻找更多的证据，来证明专利复审委员会的认定是错误的。

2.3　涉外及港澳台证据的公证和认证／查证

《最高人民法院关于行政诉讼证据若干问题的规定》第16条第2款的规定："当事人向人民法院提供的证据系在中华人民共和国领域外形成的，该证据应当经所在国公证机关予以证明，并经中华人民共和国驻该国使领馆予以认证，或者履行中华人民共和国与该所在国订立的有关条约中规定的证明手续。当事人向人民法院提供的证据是在香港、澳门、台湾地区形成的，应当履行相关的证明手续。"

根据《专利审查指南2010》的规定，除"（1）该证据能够从除香港、澳门、台湾地区外的国内公共渠道获得的，如从专利局获得的国外专利文件，或者从公共图书馆获得的国外文献资料；（2）有其他证据足以证明该证据真实性的；（3）对方当事人认可该证据的真实性的"之外，当事人提供的证据在其他法域形成的，均应该履行相关的证明手续。

---

❶ 国家知识产权局专利复审委员会. 专利行政诉讼概论与案例精解［M］. 北京：知识产权出版社，2011：45.

为了减低对域外形成的公开出版物的证明要求，简化域外形成的公开出版物的证明程序，法院随后的要求又有所放松。2007 年 1 月 11 日最高人民法院发布了《最高人民法院关于全面加强知识产权审判工作为建设创新型国家提供司法保障的意见》，该意见的第 15 条规定："对于域外形成的公开出版物等可以直接初步确认其真实性的证明材料，除非对方当事人对其真实性能够提出有效质疑而举证方又不能有效反驳，无需办理公证认证等证明手续。"

　　根据这一意见，在法院诉讼的过程中，如果当事人提供的是出版物原件，而对方当事人不能就其真实性提出有效质疑的，该原件不需要经过公证认证手续，其真实性就可以获得法院的认可。

　　另外要特别注意的是，对于在台湾形成的证据手续，《专利审查指南 2010》和《最高人民法院关于行政诉讼证据若干问题的规定》中并没有明确规定。结合目前无效宣告请求案件的审查实践，对于当事人提交的在台湾形成的证明手续包括公证和查证。所谓公证是指该证据应该先由当事人在台湾地区进行公证，并取得公证书正本，完成公证手续，然后将公证后的文书经过中国公证员协会或者省、自治区、直辖市公证员协会与台湾海基会寄送的副本进行比对查证，相互认证后确认其真实性。但是鉴于两岸政治的敏感性，对于公证文书上加盖有"中华民国"字样的印章或者钢印的，则不予接受。❶

　　无论如何，域外证据的公证、认证/查证是一个非常复杂的程序，各个法域对公证的要求不尽相同，而且从对诉讼充分准备的角度讲，将在域外形成的证据进行公证、认证/查证，对于确保证据形式的合法性是非常必要的。此外，公证认证手续办理需要花费较长的时间，应提醒客户尽快办理。

　　知识产权制度是市场经济制度下的一种法律手段，其作用在于实现社会和专利权人之间的利益平衡，从而对社会进步产生促进作用。作为整个专利制度的一部分，无效宣告制度是专利市场经济中的重要一环，它既可以是矛也可以是盾，如果专利无效程序无法避免，当事人就应充分利用上面介绍的这些策略，以最小的代价获取最好的结果。

---

❶　邵伟. 中国大陆专利诉讼纠纷处理实务［M］. 2 版. 台湾:"经济部智慧财产局"，2011：67.